Kindler
Taschenbücher

Geist und Psyche

René Allendy
Die Liebe

4. Auflage

Kindler
Taschenbücher

GEIST UND PSYCHE
Herausgegeben von Nina Kindler

Die französische Originalausgabe ist unter dem Titel *L' amour* im Verlag Editions Denoel, Paris, erschienen. Die Übertragung aus dem Französischen besorgte Melitta Wiedemann.

Gesamtherstellung: Friedrich Pustet, Regensburg
Printed in Germany 1975
ISBN 3 463 02003 3

INHALT

Für

Swami Siddheswarananda
der mich in qualvollen Tagen durch
die ewige Weisheit Indiens wiederaufgerichtet hat,
in der Verbundenheit der Herzen.

I

Die Liebe als psychische Funktion

Keineswegs auf geschlechtliche Anziehung beschränkt, ist die Liebe eine der verbindenden Kräfte, wie sie auf allen Ebenen der Natur — typischen Lebensprozessen gemäß — Teile zu Synthesen zusammenschließen, die dennoch individuell bleiben. Im psychischen Bereich erscheint sie in mannigfacher Gestalt, von den Besitzformen, die den Ernährungsvorgängen zugeordnet sind, über Zusammenarbeit und Identifizierung, die den sozialen Instinkten entsprechen, bis zum Opfer, das als die eigentlich sexuelle Form erscheint. In Verbindung mit der Evolution ergibt das Gesamte dieser verschiedenen Erscheinungsformen ein Mittel zur seelischen Vervollkommnung eines jeden Individuums. Die Liebe sichert die innere Einheit des Wesens, bewirkt den Einklang des Physischen und Psychischen, des Bewußten und Unbewußten; an ihr orientieren sich die Gefühle, präzisieren sich die Geschlechtscharaktere, die physischen sowohl wie die sittlichen; sie vereint das Subjekt mit der Außenwelt, überwindet die sozialen Gegensätze, verbindet das Einzelwesen mit den Zielen der Gattung und mit all dem, das mehr ist als es selbst, mit dem »Göttlichen«, von dem es besessen ist, und so gewinnt der Tod einen Sinn.

Es ist angebracht, zu Beginn dieser Arbeit eine Begriffsbestimmung unseres Gegenstandes zu versuchen, der Liebe eine Differentialdiagnose zu stellen. Natürlich erscheint eine solche Aufgabe als undurchführbar. Sobald man sie sorgfältig untersucht, wirkt die Liebe wie eine umfassende Wesenheit, so umfassend wie das Leben selbst (das ebenfalls fast undefinierbar ist); auf der psychischen Ebene, die vielleicht das Zentrum aller Existenz überhaupt ist, verkörpert die Liebe die wesentliche Offenbarung dieses Lebens selbst. Es ist schwer vorauszusagen, bis zu welchen äußersten Grenzen des Alls diese Wesenheit reicht, schwer, durch die kosmischen Kräfte hindurch, zu ihren Quellen vorzudringen.

Es gilt daher, zu enge Bestimmungen, nicht zwingende Aufgliederungen des Gesamtproblems mit besonderer Sorgfalt zu vermeiden, damit das Ganze nicht abgeschwächt, sein ursprüngliches Wesen, d. h. seine Universalität, nicht verschleiert werde. Es wäre naiv, die Liebe — ganz eng gesehen — als psychische Begleiterscheinung des Fortpflanzungstriebes zu betrachten, als

Ergänzung der physikalisch-chemischen Regulatoren in der Sexualität, d. h. als biologischen Tropismus zur Sicherung der Art-Erhaltung. Begriffsbestimmungen dieser Art, die dem Intellekt so überzeugend erscheinen, so ermutigend, wenn man eine Frage mit geringstem Aufwand umgehen möchte —, sie verführen oft durch den Anschein des gesunden Menschenverstandes, durch ihre scheinbare Evidenz; und gerade davor sollten wir uns hüten. Anstatt von vornherein einen engen Bereich abzustecken, um dann mit sozusagen gutem Gewissen das Wichtigste beiseite schieben zu können, nämlich die Vorstellungen von den wirklichen Dimensionen der Liebe, scheint es uns wichtiger, zu Beginn alle ihre Aspekte in ihrer Vielfalt und Widersprüchlichkeit zu untersuchen, auf die Gefahr hin, den Kern erst zum Schluß entdecken zu können; damit wäre die tatsächliche Begriffsbestimmung erst zugleich mit den Schlußfolgerungen unserer Arbeit möglich.

Die Liebe erscheint uns keineswegs als Hilfsfunktion der Annäherung der Geschlechter, sondern als gewaltige Naturkraft. Manche Biologen, die sich besonderer Wissenschaftlichkeit rühmen, versuchen die Liebe zu verallgemeinern, ihre Verwandtschaft mit allen Kräften der Anziehung und der Zusammenfassung zu betonen, wie sie in sämtlichen Bereichen der Natur zutage treten; und sie suchen Analogien zwischen jenen Kräften, welche die Elektronen, die Atom- und Planetensysteme zusammenfügen, und jener Kraft, welche die jungen Menschen zueinanderführt. Die gleichen Biologen entdecken erleichtert, daß die Paarung der Tierchen in ihren Aquarien der Affinität zwischen Säuren und Basen entspricht oder der gegenseitigen Anziehung negativ und positiv elektrisch geladener Körper. Darüber sind diese Biologen befriedigt, als sei das Geheimnis der Liebe nichts anderes als sexuelle Anziehung und diese wiederum schlicht und einfach ein physikalisch-chemischer Vorgang, und nichts mehr als dieser, kurz, als hätten sie ihren Gegenstand auf die einfachste Formel zurückgeführt, während sie ihm tatsächlich eine neue Dimension eröffnen. Merken sie nicht, daß statt einer Reduzierung oder Vereinfachung dadurch eine Analogie sichtbar wird, die das Problem so erweitert, daß man schließen könnte, es sei die gleiche universale Kraft, welche die Atome verbindet, die Moleküle zusammenschließt, die Küsse junger Menschen anregt, unter Erwachsenen dramatische Verwicklungen hervorruft, alle Reaktionen der organischen Chemie ebenso bewirkt wie alle Antriebe und die das psychische Leben bestimmen: Élan vital, Libido, Eros?

Es beglückt viele Gelehrte, welche die Widersprüchlichkeit nicht merken, die vielschichtigen Erscheinungen des Lebens auf primitivere Mechanismen zurückführen zu können; sie begreifen nicht daß sich die Probleme damit zu fast metaphysischen Verallgemeinerungen steigern. Allzu oft besteht die wissenschaftliche Methode, wie sie heute verstanden wird, darin, Teilgebiete des gesamtbiologischen Geschehens willkürlich herauszulösen, Fragmente, die geeignet erscheinen, sich in simple Formeln fassen zu lassen, um dann diese Ausschnitte und die sich aus ihnen ergebenden künstlichen Antworten auf die Fragen der Forschung als das Ganze der Sache vorzustellen: eine subalterne Zielsetzung und eine intellektuelle Unredlichkeit!

Wäre wissenschaftlicher Geist tatsächlich von solcher Art, wir müßten uns eilends von ihm befreien, statt uns ihm unterzuordnen, wenn es sich um eine Frage handelt wie die nach der Liebe — ein weites Feld, wie das Leben selbst. Sie übersteigt alle Begriffsbestimmungen, alle Formeln, schon diese Weite selbst erscheint als zauberisches Geheimnis.

Wir wollen also vorweggenommene Abgrenzungen ebenso vermeiden wie akademische Begriffsbestimmungen oder literarische Spekulationen; wir wollen aber die lebendige Realität beobachten, den Gegenstand unserer Forschung.

Nun, eine erste Tatsache verblüfft uns: Es ist die Vielzahl der Bedeutungen, welche die Sprache dem Begriff des Liebens gegeben hat. Man liebt nicht nur seinen Sexualpartner, sondern auch seine Kinder, seine Eltern, seinen Nächsten, Gott; man liebt ebenso sein Land, eine Farbe, einen Duft, eine Melodie; man liebt ein Getränk oder ein Spiel, wie man die Gerechtigkeit liebt oder die Wissenschaft.

Gewiß, einige Sprachen verwenden zwei verschiedene Bezeichnungen, je nachdem, ob in der Tatsache des Liebens das Element des Gefühls oder ein geistiges Element überwiegt, aber stets sind die Grenzen verwischt, und der Sinn greift vom einen ins andere über. Nach allgemeiner Erfahrung empfindet man also die Anziehung durch sehr verschiedenartige Dinge als analogen und gleichartigen Reiz, als wären es nur vielfältige Aspekte des Gefühls der einen Liebe. Erst in zweiter Linie und durch das Gewohnheitsmäßige dieser Begriffserweiterung konnte das Wort Liebe als Tatbestand des Liebens, den Sinn einer bestimmten Vereinigung, einer Gefühlsrealität gewinnen, etwa wenn man von einem Menschen sagt, er habe in seinem Leben zwei Lieben gehabt. Am häufigsten behält die Liebe die reine Bedeutung eines Gefühls, einer Empfindung, die Annäherung meint, Vereinigung, den Wunsch oder das Bedürfnis nach Einheit. Zucker lieben, das ist der Wunsch, den Zucker im Akt der Nahrungsaufnahme seiner eigenen Substanz einzuverleiben. Blumen lieben, das heißt, sein Dasein mit ihnen schmücken wollen. Sein Vaterland lieben, das bedeutet, dessen Interessen mit den eigenen zu identifizieren. Die

Tugend lieben, das ist das Bemühen, sie in sich selbst zu verwirklichen. Diese Gemeinsamkeiten, die sich aus der Sprache ergeben, müssen als sehr bedeutungsvoll gewertet werden, denn die Sprache ist im Wesentlichen kein Ergebnis des Intellekts, sondern vielmehr eine vitale Funktion, aus dem Instinkt stammend, Entfaltung des gemeinsamen Fühlens der Menschen, also eine psychische Realität und vielleicht auch ein natürlicher Ausdruck der Tiefenverbindung aller Dinge. Nun, die Sprache sagt also auf alle Fälle eine gewisse Gleichartigkeit der verschiedenen Formen des Liebens aus und scheint zu bestätigen, daß dies Gefühl sowohl die sexuelle Begierde als auch die Leidenschaft eines Gelehrten für seine Bücher meinen kann. Der erotische Bestandteil würde in manchen Fällen also die allgemeine und tiefere Anziehung der Liebe nur vervollständigen, ohne sie wesensmäßig zu bestimmen. Die Fragestellungen der Psychoanalyse machen es möglich, Vorhandensein oder Fehlen dieses sexuellen Elements zu verfolgen, indem Fortdauer oder auch Verschiebung der Liebesanziehung von einem vollkommen asexuellen Gegenstand auf ein Objekt erotischer Kategorie beobachtet wird, d. h. also die Transformationen, die Verwandlungen der Libido.

Dieser Libidobegriff der Psychoanalyse, der alle Triebstrebungen auf eine allgemeine Kraft zurückführt, eine Art psychobiologischer Energie oder vitaler Kraft, macht den inneren Zusammenhang der verschiedenen Begierden verständlicher, welche von der Sprache als »Liebe« zusammengefaßt werden. Die Psychoanalyse hat als erste erklärt, was gemeinsam und was grundsätzlich gleichartig ist an der Liebe zu Kuchen, zu einer Frau oder zur Gerechtigkeit.

Die Psychoanalyse hat sich, von diesem Standort her, seit ihren Ursprüngen wesentlich entwickelt; sie hat den Pansexualismus ihres Beginns, als man alle Erscheinungsformen der Affekte, als ihre Wurzel und ihr Zentrum, auf Sexuelles zurückführte, überwunden. Insbesondere die englische Schule, von Abraham geführt, heute durch Melanie Klein, Nr. Brierley, E. Glover, J. Rivière, E. Jones usw. vertreten, war darauf gerichtet, alle Triebe vom Selbsterhaltungstrieb, von den Erfordernissen der Ernährung abzuleiten, die als Ausgangspunkt betrachtet wurden; das bietet den Vorteil der Übereinstimmung mit der ursprünglichen Entwicklung der Funktion der Nahrungsaufnahme, wie sie von der Biologie, der Embryologie und der Humangenetik festgestellt wurde. Nach der englischen Schule bestünde das gesamte Gefühlsleben des Kindes — analog den Funktionen der Nahrungsaufnahme und der Entleerung — aus den Prozessen der psychischen Introjektion und Projektion. Durch Introjektion würde das Kind in gewisser Weise die Objekte seiner affektiven Reaktionen sich einverleiben, es würde also die Dinge, die es interessieren, als Teil seines Selbst empfinden, als verdaut und in sich einbezogen, in der eigenen Individualität aufgegangen. Durch die Projektion würde, im Gegensatz dazu, ein Teil des eigenen Ich an die Person oder das Ding fixiert, welche das Kind beschäftigen, womit das Objekt etwas vom eigenen Leben oder vom eigenen Bewußtsein erhielte; es überschritte damit die Grenzen seines Ich und dehnte sie auf das Gegenüber aus, das als ein abgelöster Teil des eignen Ich empfunden wird; so würden die eigenen Eigenschaften nach außen versetzt, das Bewußtsein, sie selbst zu besitzen, ginge verloren. Insgesamt handelt es sich bei diesen beiden Prozessen um Verschiebungen der Grenzen des Ich-Bewußtseins, die sich — bei der Introjektion — ausdehnen und Fremdes in sich einbeziehen, oder sich — bei der Projektion — schließen, wobei tatsächliche Eigenschaften einer Person als Eigenschaften anderer Wesen wahrgenommen werden, woraus sich eine Art von Übertragung oder ein Verschwinden des eigenen Wesens ergibt.

Das psychische Ich ist tatsächlich ein. Begriff von außerordentlich wandelbarer Ausdehnung, der auf bestimmte Teile der eigenen Person eingeengt, aber auch auf fremde Wesenheiten übertragen werden kann. In Wirklichkeit besteht das Ich aus aufeinanderfolgenden Elementen, von denen einige erworben oder einverleibt sind, während andere verworfen, vergessen, verdrängt, verlorengegangen sind. Der Aufbau des psychischen Ich läßt sich mit dem Aufbau des Körpers vergleichen, dessen Bestandteile sich erneuern, die zuerst durch die Nahrung herangebracht, der lebenden Substanz einverleibt, später, in Gestalt der Exkremente ausgeschieden, aufhören, Teil der belebten Materie zu sein.

Das Ich eines kleinen Kindes besitzt nicht entfernt die Festigkeit und den inneren Zusammenhalt, die man bei einem normalen Heranwachsenden erwartet, der zu Objektivität erzogen ist. Das Kind empfindet bestimmte Personen und Dinge als einen Teil seiner selbst, oder aber es sieht die Wiederspiegelungen — die Projektion — seiner selbst in diesen Personen und diesen Dingen. Damit sind wir Zeugen der ersten Vorzeichen der Liebesgefühle, und wir können ihre wesentlichen Muster entdecken. Das Kind identifiziert sich sowohl mit dem, was es sich einverleibt, als auch mit dem, was es abstößt; die Wurzeln seines Gefühlslebens decken sich in allen Teilen mit diesen Funktionen des Ernährungsprozesses. So liegen die Begierde, welche die Nahrung liebt, und das Gefühl, das eine Person liebt, entwicklungsgeschichtlich nahe beieinander und vor dem Erscheinen aller Sexualität. Bei allen Erscheinungsformen der Liebe handelt es sich auch später um Weisen des Teilhabens an diesem Gefühl des Eins-Seins, das jeder von sich selbst besitzt, von seinem Ich. Somit hat die intuitive Einsicht der Sprache vor langen Zeiten die Ergebnisse der eingehenden Befragungen der Psychoanalyse vorweggenommen und die wesensmäßige Übereinstimmung, die Identität aller Arten des Liebens erahnt.

Es bliebe noch zu fragen, ob die Vielzahl der Anwendungsmöglichkeiten des Wortes Liebe in der Sprache nicht lediglich eine symbolische Ausweitung eines durchaus engumgrenzten Begriffs sein könnte, ohne daß damit eine wesensmäßige Identität dieser verschiedenartigen Erscheinungen gemeint wäre; doch alle symbolische Ausweitung ergibt sich aus der Ähnlichkeit der Gefühle; damit haben wir einen psychologischen Gleichrichter, der aufschlußreicher wirkt als die feinsten Analysen unseres Intellekts. Sollte diese vom Instinkt aufgezeigte Nähe, die zugleich für psychische Tatsachen wie für Gefühle gilt, damit nicht eine psychische Wirklichkeit widerspiegeln, also eine tatsächliche Identität beweisen?

Die landläufige Beobachtung entdeckt die grundlegende Verwandtschaft aller Formen des Liebens am deutlichsten durch die Vertauschbarkeit, die gegenseitige Stellvertretung zweier besonders unterschiedlicher Liebesarten durch einander, also durch ihre praktische Gleichwertigkeit. Marie Bonaparte, die so gründlich die kranke Seele Edgar Allen Poes erforschte, hat gezeigt, mit welcher Regelmäßigkeit die Liebe zum Weibe und die Liebe zur Flasche miteinander abwechseln können. Diese Wandelbarkeit der Liebe läßt sich an vielen Beispielen nachweisen. Wie oft trifft man Menschen, die — enttäuscht in ihren sexuellen Wünschen — ihre Leidenschaft an Völlerei, Sammlerwut, an Drogen, an religiöse Schwärmerei verschwenden! Es darf aber nicht übersehen werden, daß diese so vielfältigen Arten von Anziehungen, Begierden, Interessen sich gegenseitig nur ersetzen können, soweit sie unter dem Aspekt eines allumfassenden Gefühlskomplexes stehen. Zusammenfassend stellen wir fest, daß die Liebe, indem sie ihren Gegenstand wechselt, sehr leicht ihren sexuellen Charakter verlieren kann, als sei er gar nicht wesentlich. Während die Psychoanalytiker die Verschiebungen der Liebesbeziehung aus dem sexuellen Bereich in den des Verdauungsapparats beschreiben, lehren die Theologen, daß die Lüsternheit in vielfältiger Gestalt erscheinen kann; dabei scheuen sie sich nicht, diese Gleichsetzung verschiedener Formen des Liebens so weit zu treiben, daß die Liebe zum Nächsten und die Liebe zu Gott als wesensgleich erscheinen. So kommen die Metaphysik und die Psychologie der Instinkte merkwürdigerweise zum gleichen Ergebnis: Es gibt nur eine einzige Liebe, gleichgültig, auf welchen Gegenstand sie sich auch richten mag.

So ist nicht nur die Ausdehnung der Liebe von den fest an

die Sexualität gebundenen bis zu völlig von ihr unabhängigen Formen verständlich, sondern es müssen auch alle Forschungen, die sich nur mit Sexualität befassen, als künstlich eingeengt und unvollständig erscheinen. Der allgemeine Begriff, der von diesen besonderen Gesichtspunkten absieht, erkennt in der Liebe eine Kraft, die Einheitlichkeit und Einheit bewirkt. Liebe zielt immer auf Besitz, auf Einverleibung ihres Gegenstandes; sie will in ihm aufgehen, sich mit ihm identifizieren oder eine beständige Vereinigung eingehen.

Daß in der sexuellen Liebe chemische und elektrische Kräfte evident werden, ist eine Tatsache, die keineswegs die Anziehung der Liebe zerstört; dadurch enthüllt sich vielmehr der große Zusammenhang aller aufbauenden Kräfte der Natur, von denen die Liebe schließlich nur eine unter vielen ist.

Hier muß bemerkt werden, daß der typische Schaffensprozeß der Natur auf organisierte Ganzheiten gerichtet erscheint, welche die vielfältigen Teile übersteigen; diese höheren Einheiten sind durch physiologische und psychische Autonomie ausgezeichnet.

Aus Strahlungen schuf die Natur stabile Elektronen, aus den Elektronen so feste Atome, daß man diese lange für letzte Einheiten hielt; dann die Moleküle, die Zellkerne —, die Zellen, die Organismen — eine Schöpfung, die immer komplexer, immer vielfältiger und zugleich individueller wird.

Im Zuge der Evolution der lebenden Gestalten sehen wir primitive Einzeller, die sich als Individuen zu Kolonien zusammenschließen, dann zu komplizierten Organismen, die aus vielfältigen Zellen bestehen und sich zu verschiedenartigen Organen entfalten; diese, zuerst unausgebildet, ergeben etwa Zwischenformen, die mehr oder weniger fähig sind, für sich zu existieren (wie die Ringe bestimmter Würmer, vor allem der taenias). Die Organisation entwickelt sich weiter, die Teile werden immer abhängiger voneinander, und schließlich ergeben sich Organismen, die so kompliziert sind wie der unsere. Mehr noch: jede Tierart, die so entstanden ist, scheint bestrebt, mit der Zeit an Umfang zuzunehmen, bis ein Höhepunkt erreicht ist, der dem Zerfall vorausgeht, bei dem eine große Zahl von Zellen freigesetzt wird. Manchmal sehen wir diese vielzelligen Individualitäten — das sind die Tiere — sich zu so vollkommenen Gesellschaften zusammenschließen, daß das Leben des Einzelnen außerhalb des Kollektivs unmöglich wird. Man kann sagen, daß der Bienenstock oder der Ameisenhaufen, als Ganzes, große Organismen sind, während die einzelnen Bienen oder Ameisen nur als Baustoff ohne Eigenständigkeit erscheinen. Auch der Mensch neigt dazu, in Gesellschaften zu leben, zwar in verschiedenem Maße, aber doch so durchgängig, daß man ihn als soziales Wesen bezeichnen konnte.

Diese zusammenschließende Organisation, die in der Morphologie der Lebewesen erscheint, findet ihre Entsprechung in der chemischen Organisation der Materie, insbesondere der belebten. Wir wissen, daß die Riesenmoleküle des Protoplasmas mehr oder weniger geordnete Sammelpunkte sind, an denen sich vorübergehend einfachere Moleküle oder Atome zusammenfinden; das Ganze ist vom ununterbrochenen Strom bewegter Elektronen umkreist, die den Austausch der Nahrung besorgen und das Leben aufrechterhalten. Übrigens können wir Analogien zwischen der Welt des unendlich Kleinen der Atome und der astronomischen des unendlich Großen feststellen, als wirkten die gleichen Ordnungsgesetze auf allen Stufen der Natur. Diese ganze Entwicklung drückt die aufbauende, zusammenführende Tendenz in der Schöpfung aus, die auch für die Liebe gilt.

Noch haben wir lediglich den materiellen oder chemischen Bau der Organismen ins Auge gefaßt, doch gilt das gleiche im Blick auf ihre Dynamik. Auch die kleinste lebende Zelle enthält nicht nur — und sei es in geringen Spuren — alle Elemente des Alls, sie wird auch von allen Formen der Energie bewegt, die es in der Natur gibt: Licht, Wärme, Elektrizität, Magnetismus, Radioaktivität, wahrscheinlich sogar die Wellenbewegung der Strahlungen.

Aus der modernen Atomphysik wissen wir, welche unglaublichen Energien in diesen Konstruktionen wirken, und sei es auch nur für kurze Dauer. In allen einzelnen Energieformen, die von den Fachleuten erforscht werden, der Schwerkraft, den radioaktiven Strahlungen, der »Lebenskraft« und hinter allen einzelnen Wirkungsmechanismen scheint ein einziger Plan erkennbar zu werden, der Individualitäten zu größeren Einheiten zusammenfügt, diese Einheiten durch unaufhörlichen Austausch erhält (indem neue Stoffe aufgenommen und alte abgestoßen werden) und nach dem sie dann in einem bestimmten Rhythmus zerstört werden (das Phänomen des Todes). »Die starke Kraft aller Kräfte«, heißt es in den »Smaragdenen Tafeln«.

Die Liebe ist ein Ausdruck dieser allgegenwärtigen einigenden Kraft, wie es die Platoniker geahnt haben. Was die Psyche des Menschen bewegt, unterscheidet sich nicht von den Ordnungskräften des Weltalls, und durch diese bewegende Kraft können wir uns rühmen, am gesamten Kosmos teilzuhaben.

Im besonderen Bereich des Menschlichen ist die Liebe eine Urkraft. Sie hält die Ehen zusammen und die Familien, dann die Gesellschaft, die ihrerseits aus Familien besteht; sie gibt den Gemeinschaften die notwendige seelische Gemeinsamkeit des gleichen Geschmacks, der gleichen Feinde, der gleichen Ideale. In ihren bescheideneren Strebungen bindet sie die Menschen an ihre Umwelt, an ihre Schönheitsideale, an ihre Gewohnheiten, an ihren ethnischen Typ, während sie sie zugleich, auf höherer Ebene und durch höhere Ziele, auf ein kosmisches Bewußtsein ausrichtet und ihren Gefühlshorizont erweitert, um sie zu Bürgern des Weltalls werden zu lassen. Sie ist eine Bedingung der Beständigkeit und zugleich eine Triebkraft des Fortschritts. »Wir sehen die Liebe überall in der Natur«, sagt der Inder Vivekananda. »Alles, was in der Gesellschaft gut, groß, hoheitsvoll ist, kommt aus der Liebe; alles, was in der Gesellschaft böse, ja dämonisch ist, entsteht als Ergebnis irregeleiteter Liebesgefühle ... So offenbart sich die Liebe, diese glühende Sehnsucht zweier Wesen, eins zu werden, und vielleicht einmal die Sehnsucht aller Wesen, sich in ein einziges zu ergießen, allüberall, verschieden je nach den Umständen, mehr oder weniger rein, aber dennoch als die eine Liebe.« (Swami Vivekananda, *Bhakti Yoga*. Französisch von L. Reymond und J. Herbert, Paris, Maisonneuve, 1939 pp. 156—157.)

Nachdem wir die Liebe als Ganzes betrachtet haben, wollen wir sie nach ihren einzelnen Erscheinungsformen unterscheiden. Dabei können wir eine Art Hierarchie feststellen. Einige der Formen sind auf begrenzte, konkrete, engere Ziele gerichtet; andere auf weitere, uneigennützigere. Wir kennen die besitzgierige Liebe, die begehrt, die nimmt, und die großmütige Liebe, die gibt oder sich opfert. Wir begreifen nun ihren gemeinsamen Ursprung in den ersten tastenden Trieben und ihre Möglichkeiten, sich ineinander zu verwandeln.

Die neuesten psychoanalytischen Forschungen zielen darauf ab, den Ursprung des Liebesgefühls vom sexuellen Bereich herzuleiten, wobei sich ergibt, daß es keine entscheidenden Beziehungen zur Fortpflanzung hat. Zu Beginn seiner Untersuchungen, noch unter dem Einfluß üblicher Vorurteile, meinte Sigmund Freud, daß Liebe und Haß — beim kleinen Kinde noch mehr oder weniger ununterschieden und vermischt —, sich polar aufgliedern, sobald eine Wahl getroffen werden muß, sobald im Bereich der Affekte etwas vorgezogen werden muß: Der Vater oder die Mutter, um dem einen Zärtlichkeit, dem anderen Furcht zuzuwenden; diese Wahl werde meist kraft der tiefen psychischen Polarität getroffen, die Männliches und Weibliches zueinander zieht. Nach dieser Theorie wäre die Liebe ihrem Wesen nach mit etwas Sexuellem verbunden, gerade dieser psychischen Polarität, die demnach bereits den Säugling bestimmt; das Ergebnis ist der Ödipuskomplex, Folge der Gefühlsbindung des Knaben an die

Mutter und des Mädchens an den Vater, jeweils von einer gewissen Abneigung gegen den anderen Elternteil begleitet.

Aus dieser Sicht wäre die Liebe vom Ursprung an durch die Nachteile solcher Gegensätze belastet: durch die inneren Kämpfe, die dazu gehören, durch den Widerstand gegen das moralische Gebot (das Freud den Sozialinstinkten zuordnet), durch die rasenden Selbstbestrafungswünsche, die dann wiederum zum Triebwunsch führen, den Rivalen zu überwältigen (zu kastrieren), um dann — im Rückschlag — zu fürchten und schließlich zu wünschen, selbst vom Gegner überwältigt (oder gezüchtigt) zu werden.

Wir verdanken es der englischen Schule der Psychoanalyse, daß sie bei Erkenntnis der kindlichen psychischen Entwicklung und der kindlichen Liebesmöglichkeiten hinter die klassische Periode des Ödipuskomplexes und der Kastrationsvorstellungen zu einem viel älteren Zustand zurückgegangen ist, dem der oralen, der Ernährungs- und Verdauungsvorgänge des jungen Wesens.

Die Untersuchungen von Melanie Klein und Joan Rivière (Melanie Klein und Joan Rivière, *Love, Hate and Reparation*, London, Hogarth Presse, 1937.) zeigen das wenige Monate alte Kind, wie es den Gegenstand, den es liebt oder für gut hält, in sich hineinversetzt, es als ein Ding empfindet, das in ihm selbst existiert, dem es sogar eine Art beginnenden Kults widmet. Aus dieser ganz primitiven Art des Gefühls erklärt sich die ursprüngliche Identität zwischen der Vorliebe für ein bevorzugtes Nahrungsmittel und der Anziehung durch eine geliebte Person. Dies gefühlsmäßige Nachinnenversetzen läßt uns die Schizophrenie verstehen, als einen Rückzug in eine Zuflucht, die bei diesem inneren Gegenstand gesucht wird; die Melancholie wäre eine Art der Identifizierung mit diesem verlorenen Gegenstand (den Toten, dem entschwundenen Glück). Der Selbstmord wäre ein Angriff gegen ein Objekt, einen bösen Gegenstand, den man mit sich selbst verwechselt und den man in sich selbst zerstören will. Das gesamte sich später entfaltende Gefühlsleben wäre vom anfänglichen Ernährungsinstinkt abhängig: Die Identifizierung mit bestimmten Personen und Gegenständen wäre durch dieses »vereinigende Insichhereinversetzen« bestimmt. Demnach führt die Entwicklung von der begehrlichen Liebe, die verschlingen, besitzen, den erwünschten Gegenstand als solchen in sich hereinversetzen will, zu den psychischen Formen der normalen Liebe, die nur bestimmte Eigenschaften ihres Gegenstandes an sich ziehen will. Zum Schluß wird der Mensch, auf Grund der Vorarbeit seiner Triebe, fähig, auf vielerlei Arten zu lieben, mehr oder weniger primitiv oder in einer höher entwickelten Form.

In der primitiven Liebe ist das Ich voller Gier, dem All zu entnehmen, was es bekommen kann. Es hat Lust auf alle Dinge, aus denen es seine Persönlichkeit aufbauen wird. Zuerst liebt es Nahrungsmittel und Getränke und alles, was seinem materiellen Leben dienen kann. Diese Art und Weise sieht man am deutlichsten bei den einfachsten Wesen. Infusorien, Aufgußtierchen sind nichts anderes als geöffnete Mäuler zum Verschlingen. In der Entwicklung des menschlichen Individuums, das die Entwicklung der Gattung wiederholt, besteht die ganze Lebenstätigkeit des Neugeborenen, sind alle seine Wünsche, ist seine ganze »Libido« auf ein einziges Streben beschränkt: Saugen, sich einverleiben.

Psychisch wenig entwickelte Menschen behalten ihr Leben lang diese Art Liebe bei, die vom Verschlingen und Sich-Nähren bestimmt ist. Sie lieben nur, was sie essen, und sie wollen fressen, was sie lieben. Es gibt Menschen, die kaum von anderem erzählen als davon, was sie bei den verschiedenen Vorfällen ihres Lebens — bei jener Hochzeit, bei dieser Bestattung usw. — gegessen haben. Eine Reise erscheint in ihrem Gedächtnis als eine bloße Folge von Mahlzeiten. Ihr gesamtes Verhalten hängt davon ab, ob sie mehr oder weniger satt sind. Ihr Gefühl wird vom Bauch beherrscht. Was man Bürgerlichkeit nennt, ist die Übertragung der Liebe zur Nahrung — die auch nicht fehlt — auf das Geld, das man allen neidet; aber man verachtet natürlich auch die gepflegte Küche nicht! Bei allzuvielen gehört zum steigenden Selbstbewußtsein Überfluß im Keller oder in ihrer Brieftasche, und ihr wachsender Appetit; ihre Liebe beschränkt sich darauf, Magen und Panzerschrank möglichst gut zu füllen. Die Sammler und die Geizigen gehören in diese Gruppe. Die Raffinierteren ziehen die geistige Gefräßigkeit vor. Sie stürzen sich gierig auf den Erwerb von Kenntnissen. Sie können ihre Bücher so leidenschaftlich lieben, daß sie Tafel und Flasche darüber vergessen. Oder aber, sie wollen »ihre Augen mit Erinnerungen anfüllen«, und sie ziehen aus, alle Ecken und Enden der Welt zu erforschen... Sie wollen alles kennen, alles betrachtet haben, sie wollen zu allen Dingen Verbindung haben, sie »mit den Augen essen«, um ihr psychisches Wesen durch alle nur denkbaren Erfahrungen zu bereichern. Es gibt auch eine Neu-Gier nach allem, was das Leben anderer ausmacht (eine Keim- oder Entartungsform der wissenschaftlichen Neugier), wie sie jene kennzeichnet, die wenig wissen. All dies gehört zur verschlingenden Liebe, die von den Theologen als böse Begierde, als Lüsternheit, bezeichnet wird. Es ist jene Liebe, von der die Thomisten sagen, daß sie einem Gut nachfolge, nicht um dieses Guten willen, sondern um der Vorteile willen, die es uns oder anderen bringt (wie man Reichtum um der Vorteile willen liebt, den er uns oder unseren Freunden bringen kann).

Auf alle Fälle ist die verschlingende Liebe nicht wohltatig für das geliebte Wesen. Auf dieser primitiven Stufe stehengebliebene Menschen sind in ihren Gefühlsbeziehungen egoistisch, tyrannisch, eifersüchtig. Sie lieben ihren Partner so ähnlich, wie der Jäger seine Beute liebt: um sie zu töten und zu verspeisen. Liegt bei einem Menschen die Betonung auf diesem Verschlingenden oder Verdauenden, so bleibt die seelische Entwicklung stehen oder wird rückläufig, regressiv. Man neigt zur Grausamkeit, zu Zwangsvorstellungen, zu Exzessen.

Auch die verschlingende Liebe sucht die Vereinigung des Ich mit dem Gegenstand seiner Liebe, doch sie sucht sie nach Art der Verdauung und Einverleibung. Eine solche Liebe sucht das Außen in das Ich einzubeziehen. Sie ist wirklich primitiv, unreif, denn sie entspricht der Art, wie ein neu entstandenes Wesen Bewußtsein seiner selbst gewinnen, sich festigen, sich entfalten, sich an allen zugänglichen Quellen bereichern, sich zum Lebenskampf ausrüsten, sich im All orientieren und seinen Standort in der Welt suchen muß. Erst wenn das Ich sich seinen Platz in der Welt gesichert hat, im Lebenskampf gefestigt ist, kann es zu anderen Formen der Liebe übergehen.

Nach der verschlingenden Liebe, und bevor man zum Opfer fähig wird, gibt es einen Übergang, den man Identifizierung nennen könnte. Das Ich weitet den Bereich seiner Interessen aus. Das Ich-Bewußtsein überschreitet noch weiter die Grenzen des Körpers, weil es die Person mit einschließt, die es liebt. Hinfort genügt die Befriedigung der eigenen Begierden nicht mehr; das Wohl und die Zufriedenheit des Geliebten (wenn es ein lebendes Wesen mit Bewußtsein ist) wird wichtig. Schon wenn die verschlingende oder überwältigende Liebe sich verschiebt, etwa vom Magen zum Panzerschrank oder zu sonstigem Besitz, kann sie fast die Grenzen der Identifizierung erreichen. So identifiziert sich der Geizige Molières mit seinem Geldsack. Das kleine Kind identifiziert sich manchmal mit seiner Puppe oder dem Teddybären, den es geschenkt bekam: Es wünscht, daß dieser Gegenstand ernährt, bekleidet, gestreichelt oder gescholten werde, wie es selbst. Der Wilde identifiziert sich mit seinem Totem — doch ist dies bereits komplizierter. Die Liebe, die identifiziert, folgt ebenso natürlich der verschlingenden Liebe, wie die Nahrung zum Körper selbst wird, den sie erbaute, wie bei der Ernährung das fremde Element, nachdem es einverleibt wurde, assimiliert wird.

Die sich identifizierende Liebe verbindet vor allem Eltern mit ihren Kindern. Deshalb sind sie zu jedem Opfer bereit, sofern die Kinder keine Gedanken äußern, keine Neigungen zeigen, die von ihren eigenen abweichen; das würde nämlich den Zauber der Identifizierung stören. Es gibt ganz passive Identifizierungen. So erleben manche Mütter, als Gefühlsparasiten, alle Empfindungen ihrer Töchter, die ihnen ähneln, mit: alle Erregungen, alle Hoffnungen, alle Kümmernisse; durch ihre Töchter hindurch beginnen sie ein neues Leben.

Bei den drei möglichen Arten zu lieben: dem grausamen Verschlingen seines Objekts, dem liebenden Zusammenschluß mit ihm oder dem religiösen Sich-ihm-Opfern, bildet die sich identifizierende Liebe eine vermittelnde Form. Sie kann aktiver erscheinen, noch geprägt von der brutalen Besitzgier des ersten Stadiums, oder passiv und schon auf die großmütigen Liebesformen ausgerichtet. Wie viele Verliebte der ersten Art bilden sich nicht ein, ihr Partner könnte gar nichts anderes wünschen, als was ihnen selbst gefällt; oder sie erwarten, ihm den eigenen Geschmack aufzwingen zu können, als ginge es dabei um die gewaltsame Eroberung der Persönlichkeit des Du. So sind die jungen Ehemänner, die ihre Frauen zum Fußballkampf schleppen, wo sie sich nur langweilen.

Und umgekehrt: Durch passive Identifizierung will das Ich dem Geliebten ähnlich werden; nicht nur die Vorzüge, sondern auch nebensächliche Eigenheiten, ja Fehler, werden nachgeahmt. Man übernimmt alle Strebungen des anderen und richtet sich nach ihnen. Man verschlingt nicht mehr durch Zwang, sondern man gleicht sich an, um zu folgen und zu dienen. Es geht dabei immer um Verinnerlichung, doch auf einer Ebene, die weder abstrakt noch geistig ist.

Die Nachahmung, als Identifizierung in der Liebe, führt manchmal zu Homosexualität. Diese Form tritt häufig bei Frauen auf, aber auch Männer bilden keine Ausnahme. Nur ist vielleicht bei ihnen die Liebe als Nachahmung stärker von den sexuellen Zielen geschieden. Knaben ahmen Kameraden nach, die Ansehen besitzen. Man trifft Identifizierungen bei zahlreichen Paaren, die durch den Alltag aneinander gebunden sind: Sie zeigen gleiche Gewohnheiten, gleichen Geschmack, gleiche Haltung. Solche Entwicklungen schwächen in der Regel die sexuelle Anziehung ab, indem sie die Polarität verwischen: Die sozialen Bande ersetzen die sexuellen. Die Nachahmung ist tatsächlich von großer Bedeutung innerhalb der Sozialinstinkte; sie spielt als Kraft des Zusammenhalts eine bedeutende Rolle innerhalb einer Gemeinschaft. Es darf wohl gesagt werden, daß die sich identifizierende Liebe mit den der Verdauung zugeordneten Trieben verbunden ist. Die Liebe durch Vergesellschaftung folgt normalerweise auf die verschlingende Liebe während der Entwicklungszeit der Sozialinstinkte des Kindes im Alter zwischen fünf und vierzehn Jahren. Sie führt zur Brüderlichkeit, zum Mitleid, zur menschlichen Solidarität. Sie ist die Grundlage der Moral: Was du nicht willst, daß man dir tu, das füge keinem anderen zu!

Die höchste und selten verwirklichte Form der Liebe, die wir die selbstlose nennen könnten, kann an ihrer Bereitschaft zum Opfer gemessen werden. Sie deckt sich in gewisser Weise mit der »Liebe des guten Willens«, des Wohlwollens, der Theologen; sie gilt dem Guten, als ihrem Gegenstand, und ist der Liebe zu uns selbst vergleichbar. (A. N. Meynard, »Vom inneren Leben«, Paris, Lethielleux. 1923 t. I. S. 143.) Sie entspricht der vollen Entfaltung der Sexualität und setzt eine vorausgegangene psychische Entwicklung voraus. Diese Art von Liebe in ihrer vollkommenen Form scheint nur unter sehr hoch entwickelten Individuen vorzukommen, doch schon bei Tieren kann man ähnliche Regungen, in Form des Elterntriebes, feststellen, d. h. ebenfalls als höchstes Ergebnis der Sexualität. Manche höheren Tiere eilen dem bedrohten Weibchen oder den Jungen zu Hilfe und opfern ihr Leben zu deren Verteidigung, auch wenn sie sich selbst durch Flucht retten könnten. Man kennt Hunde als Retter und Tiere, die heroische Taten vollbringen, um ihren Herrn wiederzufinden, von dem sie getrennt wurden. Selbstlosigkeit und die Bereitschaft zum Opfer sind kein Monopol des Menschen; aber der Mensch sollte selbstverständlicher und nicht nur in Ausnahmefällen diese Haltung erreichen, ohne die so häufigen psychopathologischen Zwischenfälle während des Reifungsprozesses seiner Triebe. Diese Selbstlosigkeit wird durch eine Verschiebung der Triebrichtung vom Ich nach außen bewirkt, durch Projektion des Gefühls oder Verbreiterung des Libido-Bereiches in der Weise, daß das Ich seine eigenen Wünsche nach Beglückung und Befriedigung auf das geliebte Du richtet; die engen egoistischen Interessen werden dabei in dem Maße geopfert, als sie mit diesem Ziel nicht vereinbar sind. Es gilt, der geliebten Sache oder dem geliebten Wesen zu dienen und sich selbst zu vergessen.

Damit verläßt das Gefühlszentrum des Ich die Grenzen seines Körpers; es weitet sich aus und schließt andere Wesen in sich ein. Nicht mehr, indem man es verschlingen will, wird die Vereinigung mit dem anderen erstrebt, auch nicht durch Übereinstimmung, sondern durch das Überströmen des sehnsüchtigen Ich zum Du hin. In diesem Vorgang beginnt das Individuelle seinen starren Zusammenhalt zu verlieren; die selbstlose, opferbereite Liebe bereitet die letzte Auflösung der Persönlichkeit vor, wie sie sich einmal im Tode vollziehen muß. Man versteht, warum Liebende so oft und so leicht zum Freitod bereit sind. Eine solche Liebe bahnt auf jeden Fall den Weg zum schicksalhaften, unausweichlichen Ende. Dennoch ist sie nicht weniger vital als der Trieb zu verschlingen, der das Ich dem All gegenüber festigt; denn auch der Tod gehört zum natürlichen Kreislauf allen Seins. Man kann sagen, daß die verschlingende Liebe den aufbauenden Funktionen entspricht, die — im Phänomen der Ernährung — aus Stoffen der äußeren Welt die lebende Materie produzierten, während die selbstlose Liebe dem Abbau-Prozeß analog ist, der das Lebendige auseinanderbricht und belebte Körper zu verbrauchtem Abfall werden läßt — also jener zerstörenden Wirkkraft, die zum Schluß den Sieg davonträgt.

Dies sind die wesentlichen Stufen der Liebe, die durch das Vorherrschen dieser Tendenzen bestimmt sind: Einverleiben, zusammenschließen, mit dem All verschmelzen. In Wirklichkeit bestehen alle drei Formen vermutlich in jedem Individuum ständig nebeneinander, jedoch in verschiedenartigen Proportionen und je nachdem mehr oder weniger aktiv. Diese Koexistenz müssen wir annehmen, um den dynamischen Charakter der Liebe begreifen zu können, ihre unaufhaltsame Entwicklung, die sie in keinem Augenblick des Lebens die gleiche bleiben läßt; wäre es anders, so wären die Liebesbeziehungen ewig, und die Entzückungen des Beginns würden nie ein Ende finden. Wie dem auch sei: Es kann festgestellt werden, daß das Liebesgefühl eine Reihe von Phasen durchläuft. Bevor die Sehnsucht voll gestillt wurde, erscheint es im wesentlichen als verschlingend und besitzgierig; es ist die häufigste Form bei Jugendlichen. Später führt die volle Befriedigung der Triebe — falls die Entwicklung nicht gehemmt wird — zur Identifizierung, zur Solidarität, die den Trieb dämpft und im Grunde den sexuellen Anreiz erschöpft. Und zum Schluß — sei es zugleich mit, sei es nach der Erfüllung — strebt die Liebe ganz natürlich der Selbstlosigkeit zu, immer vorausgesetzt, daß die Psyche normal ist. Die Liebe reifer Menschen ist in der Regel am selbstlosesten.

* * *

Allein die Tatsache, daß die Gefühlsentwicklung des Menschen durch verschiedene Formen der Liebe hindurchführt, die einander ersetzen, Formen, die von der materiellen Ebene des Liebesobjekts als solchen aufsteigen zur Ebene seiner psychischen Vorzüge, d. h. von der Besitzgier zur Gemeinschaft und zum Opfer — diese Tatsache bewirkt, daß die Liebe ein Mittel der Verwandlung ist, der seelischen Entwicklung und Vervollkommnung; sie ist die dynamische Antriebskraft dieser fortschreitenden Bewegung.

Die Liebe ist für die Seele, was die Nahrung für den Körper ist: ein Mittel, Form zu gewinnen, sich zu festigen, sich zu bereichern, die eigene Individualität zu finden, um schließlich dieser Individualität, die uns im All isoliert, wieder zu entfliehen; endlich ist sie die Stimme, die uns in den Kosmos zurückruft. Die Liebe ist kein Zustand, sie ist eine Bewegung. Man kann sagen, daß sie die Funktion ausübt, zu einigen: Zuerst sichert sie den inneren Zusammenhalt des Ich (die kleine Synthese), dann die Beziehungen des Ich zur Umwelt; schließlich seine endgültige Verschmelzung mit dem All (die große Synthese). So muß die Liebe ihren Gegenstånd wechseln, während sie von der einen ihrer Formen zur Vorherrschaft der nächsten übergeht. Was der Säugling liebte, wird der Jugendliche nicht lieben, auch nicht der Erwachsene in den Stürmen seiner Sexualität; während der Greis sich von der Zeit all das abstreifen läßt, was das Glück seiner Persönlichkeit bedeutete, bereitet er sich in der opfervollen Liebe zu seinen Nachkommen darauf vor, sich selbst ganz zu vergessen, wenn seine letzte Stunde schlägt.

So erscheint die Liebe als die auf Einheit gerichtete Funktion der Seele, deren Zentrum sich verschiebt, während ihr Bereich sich erweitert. Als einigende Kraft ist die Liebe darauf gerichtet, alle Widersprüche des Lebens aufzulösen.

Zuerst bringt sie, von den ersten Lebenstagen an, die Psyche mit dem Organismus in Einklang; daß zwischen beiden Diskrepanz entstehen kann, beweisen manche Geistesstörungen, wie die Schizophrenie. Normalerweise bilden das Bewußtsein der leiblichen Bedürfnisse und das Streben nach ihrer Befriedigung — das von Natur affektiv ist — ein Bündel von Trieben, die sich mit den primitivsten Formen der Liebe decken. Das Gesamt der Triebe, die Libido, wird zum Kristallisationspunkt der psychischen Person. Das Ichbewußtsein bildet sich durch die Zusammenballung von Merkmalen und Identifikationen, die durch das Liebeszentrum, die Libido, gegliedert werden. So dient die Liebe der Einswerdung der menschlichen Persönlichkeit. Wille oder Trieb — auf alle Fälle ist es eine in ganz präziser Richtung wirkende und bestimmende Absicht, die durch die Liebe dem Menschen die Bedingungen bietet, sich in der Alleinheit zu verwirklichen. Bis zu einem bestimmten Grade hebt die Liebe die unauflösbaren Antinomien zwischen Bewußtem und Unbewußtem auf. Selbst wenn Bergson Recht hätte und die Vernunft nur Spiegelung früherer Triebe auf höherer Ebene wäre, bleibt es richtig, daß das Bewußtsein ein logisches System von Erkenntnissen oder Meinungen darstellt, das sich völlig von den Triebwünschen lösen kann, und zwar um so mehr, als bei seiner Ausformung, vom Lebensbeginn an, manche Triebe, so gerade die Sexualtriebe, nur in ersten Ansätzen vorhanden sind und ihre Macht noch nicht eingesetzt haben. Die Liebe, dieser Lebenstrieb, zutiefst mit den Instinkten verhaftet und mit unglaublicher Energie begabt, setzt ihren undurchsichtigen, aber machtvollen Einfluß in der gleichen Richtung ein wie das Bewußtsein.

Normalerweise sind es die Stöße der Liebe, welche das Bewußtsein emporreißen, den Intellekt durchdringen, das herrenlose Unbewußte über die Existenz der Welt verständigen und es anregen, sich ihrer zu bemächtigen. Indem er das Gleichgewicht sucht und findet zwischen den dunklen Wogen des Gefühls und den bewußten Reaktionen, lernt der Mensch, die psychische Einheit seines Wesens zu verwirklichen. Dieser Kampf stärkt die Persönlichkeit in dem Maße, wie er in das Bewußtsein gelangt. Die Verdrängungen dagegen, die unbewußte, ungewollte, automatische Prozesse sind, bewirken Risse und Brüche zwischen dem Ichbewußtsein und dem Unbewußten, woraus — zum Schaden der Geschlossenheit des Menschen — Neurosen oder Psychosen entstehen.

Tatsächlich ist das Aufblühen der Liebe in ihrer sexuellen Gestalt die große Bewährungsprobe der psychischen Entwicklungshöhe des Menschen. Diese Bewährung vervollständigt seine innere Einheit, oder aber es kann ein Zerfall seiner Persönlichkeit eintreten, weil in diesem Augenblick die Anforderungen der vielfältigen Lebensbereiche zusammentreffen: der leiblichen, der gefühlsmäßigen, der sozialen, der geistigen. Man könnte sagen, daß sich an diesem Kreuzweg alle Kräfte der Natur und alle körperlichen und seelischen Möglichkeiten seines Wesens begegnen. Hier ist Gelegenheit geboten — einzigartig in der gesamten Lebensbahn — die totale Synthese zu verwirklichen: den Zusammenklang, die Harmonie aller Wesensbestandteile des Menschen, der körperlichen und seelischen, der bewußten und der unbewußten! Oder aber — die Bewährung wird verfehlt. Dies Erwachen der Liebe im Gefühl und im Sexus ist wie eine Prüfung, die man nur ein einziges Mal ablegen darf und deren Ergebnis das ganze Schicksal entscheidet. Daher entstehen alle Neurosen nach dem Schock der Pubertät und enthüllen in der Psychoanalyse ihre sexuelle Komponente. Und man kann weiter zu sagen wagen, daß es vor allem die selbstlose Liebe ist, welche über die Bewährung entscheidet. Jene, welche diese Probe nicht bestanden haben, können nur noch zurückfallen, zurückblicken und sich in einem Egoismus verschanzen, der zunehmende Angst vor Alter und Tod mit sich bringen muß.

Alles geht ähnlich vor sich, wie vor der Geburt, als die Elemente, welche das Individuum bilden, wie die Kräfte, von denen es beseelt ist, noch ein Chaos waren. Nicht nur Körper und Psyche, nicht nur Bewußtsein und Unbewußtes sind noch nicht aufeinander eingestellt, sondern auch in den Tiefen der unbewußten Affekte selbst spielen die verschiedenartigsten Richtungen noch ineinander und durcheinander ihre Rolle; das Ergebnis ist Anarchie. Das junge Wesen liebt und haßt, begehrt und fürchtet umschichtig, gereizt durch gegensätzliche und gewaltsame Antriebe.

Dies ist der Zustand schwankender Gefühle oder der Gefühlsambivalenz, der von der Psychoanalyse als charakteristisch für diese Entwicklungsphase erkannt worden ist, welche dem Erwachen der Liebe vorausgeht. Der geringste äußere Reiz läßt die Begierden von Ablehnung zu Anziehung wechseln; wie auch bei der Kollektiv- und Sammelseele der Massen. Die Liebe ist es, die — wenn sie sich entwickelt — eine gewisse Ordnung in dieses Chaos bringt, das Verhalten formt, die Richtungen festlegt. Und doch ergibt sich wiederum eine Einheit der Gegensätze, weil die Liebe das Unbestimmte und Wandelbare auflöst, das Gemisch der Anziehungskräfte festigt, das zu Beginn besteht. Die Phase des »Familienkomplexes«, wenn das Kind sich für den Vater oder die Mutter entscheidet und den anderen Elternteil ablehnt, zeigt schon die endgültige, wahlfähige Liebe, welche ihre Gefühle in gewisser Weise polar aufgliedert. Das am besten ausgestattete Ich ist normalerweise jenes, das gewählt hat und in jeder Lage zu wählen fähig ist. Wenn der Neurotiker weder zu wählen, noch zu riskieren, noch mit Festigkeit und dauerhaft zu wollen vermag — wie es richtungweisend Ch. Baudouin in seiner Pathologie des Wagens aufgezeigt hat — so können wir feststellen: Dies ist die Folge der Tatsache, daß er nicht gelernt hat, wirklich zu lieben oder zu hassen.

Bevor die Liebe möglich wird, besteht der Mensch aus turbulenten Gegensätzen, die sich bekämpfen wie feindliche Parteien in einem aufgewühlten Parlament. Nun, viele dieser Gegensätze entspringen dem sexuellen Bereich. Das junge Wesen kennt noch nicht seine echten inneren Verwandtschaften, weiß nicht, was ihm entspricht und was ihm fremd ist; es kann Schädliches nicht von Nützlichem unterscheiden, es weiß nicht, was es lieben und was es hassen soll. Es weiß nicht, wozu es neigt; es ist unorientiert und asexuell; indem es sich sexualisiert, wird ihm sein eigener Weg bewußt.

Nicht nur der Embryo zeigt am Ursprung männliche wie weibliche Merkmale, die von Wolff und Müller gefundenen Gänge, als Reste eines ursprünglichen Hermaphroditismus (was wir an manchen Invertierten beobachten können), sondern auch der Erwachsene behält eine Reihe sekundärer Geschlechtsmerkmale, körperlicher wie seelischer, die dem Gegengeschlecht zugehören. Im Hinblick auf diese Merkmale ist kein Individuum zu hundert Prozent männlich oder weiblich; es gibt nur eine Vorherrschaft der Merkmale eines Geschlechts, die seiner genitalen Ausformung entsprechen — oder auch nicht. Die Biologen haben unvollständige, wechselhafte, unstabile Unterscheidungen sogar an den Geschlechtsdrüsen selbst festgestellt. Marañon hat u. a. eine Tafel der zwischengeschlechtlichen Zustände aufgestellt, welche die ganze

Skala der Stufen und alle möglichen Kombinationen enthält. Er hat bemerkt, daß im Körper die männlichen Merkmale rechts, die weiblichen links vorherrschen. Die Sekundärmerkmale zeigen eine abweichende Entwicklungskurve; die weiblichen Merkmale reifen bedeutend früher und beginnen auch früher mit dem Verfall als die männlichen.

Es ist notwendig, eine Reihe biologischer Vorurteile über den tiefen Gegensatz von Männlich und Weiblich zu korrigieren; es sind eher Abweichungen, welche die Geschlechter voneinander unterscheiden. Champy und seine Schüler haben den Begriff der Ambosexualität geprägt und gezeigt, daß die Geschlechtsunterschiede keineswegs eine so weit zurückführbare, ursprüngliche Anlage darstellen, wie man angenommen hatte, auch nicht, was das Sexualverhalten betrifft. Dennoch bleibt wahr, daß dieser Unterschied zwei Gegenpole bestimmt, sowohl innerhalb der Art als auch im Aufbau eines jeden Individuums, zwei Gegenpole, zwischen denen das Gleichgewicht immer neu gesucht werden muß.

Man kann meist eine tiefgehende Verwandlung in der äußeren Erscheinung eines Menschen beobachten, der von der Liebe berührt wurde, aber es dürfte schwierig sein, diesen Eindruck objektiv und meßbar festzulegen. Jedenfalls ist der seelische Bereich zweifellos entscheidend und bestimmt vermutlich auch das Körperliche; und es kann nicht bezweifelt werden, daß die sexuelle Liebeserfahrung ein Mittel ist, das Geschlecht endgültig zu bestimmen, indem die Vorherrschaft der tatsächlichen oder anatomischen Sexualität sich durchsetzt und die anderen Elemente zurückgedrängt werden. Bevor es geliebt hat, erscheint jedes Wesen in seinem Gefühl mehr oder weniger als Hermaphrodit, als zweigeschlechtlich; später wächst es in seine wahre Bestimmung hinein. Gelingt die Bewährung nicht, so kann man in die Homosexualität abgleiten, die eine Sonderform der sexuellen Unbestimmtheit, der Ambivalenz ist. Die Liebe strebt also danach, die Widersprüchlichkeit der Doppelgeschlechtlichkeit aufzuheben. Alle Vorgänge vollziehen sich so, als ob die geschlechtliche Unbestimmtheit des Individuums ihre harmonische Auflösung im Paar fände. Jeder der Partner kann sich dem anderen anschließen, als wäre dieser ein Teil seiner selbst, der im eigenen Körper bloß keinen Platz gefunden hat. Dadurch wird es möglich, sich sowohl in unilateraler Weise zugunsten seines inneren Gleichgewichts abzusondern, als auch sich mit den Mitteln der Identifikation in bestimmter Weise mit dem anderen zu vereinigen. Sofern die sexuelle Entsprechung weitgehend vollkommen ist, kann ein Gefühl der Solidarität, der Einigkeit zwischen beiden Partnern entstehen, die ihr Schicksal vereinigen; sonst beginnt das Paar, im Kriegszustand zu leben.

Die Liebe verwischt auch die gesellschaftlichen Gegensätze im gewaltigen Lebenskampf, der die lebenden Geschöpfe gegeneinander richtet, bis jedes sein Leben nur erhalten kann, indem es fortlaufend andere aufopfert. Mit der Liebe beginnen Gemeinschaft und Zusammenarbeit. Der erste Waffenstillstand auf dem allgemeinen Schlachtfeld scheint zwischen dem Männlichen und dem Weiblichen geschlossen zu werden, in jener Weise, die wir geschildert haben. Die Familie ist das erste Bindemittel des Friedens innerhalb der Arten (die Mehrzahl aller Tiere vermeidet es, Seinesgleichen zu fressen). Die Liebe könnte also, zugleich mit der späteren Entwicklung der Kollektivseele, einen erweiterten Friedensbereich zwischen verwandten Arten ermöglichen.

Schließlich gibt es bei zahlreichen Menschen Strebungen, welche ihre individuellen Interessen übersteigen, die weiter reichen als ihre unmittelbaren persönlichen Bindungen, also eine Art Menschheits-Sinn, ja, einen kosmischen Sinn, der vor allem die Mystiker beseelt. Es ist ein Bedürfnis, das eigene Ich auf andere Wesen auszudehnen; dies ist auch der Ausgangspunkt der religiösen Gefühle. Hat man die Religion als universale gesellschaftliche Tatsache erkannt, dann muß man ihr unter diesen überindividuellen Strebungen der menschlichen Psyche ihren Platz zuerkennen. Vielleicht sollte man darin — mit C. G. Jung — eine Art von kollektivem Unbewußten erkennen, einen Genius der Art, der sich durch das Medium des einzelnen Individuums und seiner begrenzten Persönlichkeit Ausdruck verschafft; das Bedürfnis nach Fortpflanzung, so eng mit der Liebe verbunden, wäre dann auf diesem Wege zu verstehen. Dieses kollektive Unbewußte, durch die gesammelten Experimente des Lebens seit dem Ursprung der Welt erarbeitet, durch die »avatars«, die Genien, die Art, bestimmt, die spezifischen Erfahrungen der Art, welcher der Einzelne zugehört, verfolgt durch das Leben des Individuums hindurch Ziele, die ebenso weit gesteckt sind, wie ihr Ursprung zurückreicht: Es wäre universal und ewig. Vielleicht fließt es zum Teil mit dem geistigen Prinzip, dem »Göttlichen«, zusammen, das im Menschen west und das ihn — im Einklang mit einer unfaßbaren Vorsehung — durch die Jahrmillionen hindurchführt, seit den dunklen Ursprüngen der Zelle, bis hin zu einer transzendenten Entwicklung des Psychischen, die am Schluß kommen soll? Diese Sehnsucht, die »den Himmel sieht«, stimmt mit den egoistischen, animalischen Wünschen, die die »Erde erstreben«, nicht immer überein; dies wäre die religiöse und methaphysische Qual, welche den Menschen zerreißt. Nur die Liebe kann diesen tiefsten Widerspruch ausgleichen, und zwar in der gleichen Weise, wie sie die beiden Geschlechter befriedet: durch das Übergreifen des Gefühls, indem sie in jedem Geschöpf das Gefühl der Gemeinschaft und der persönlichen Teilhabe an den höheren Zielen der Entwicklung des Lebendigen weckt, sein abgetrenntes und enges Dasein mit den Aufgaben des kosmischen Fortschritts in Einklang bringt.

Weil der Mensch unfähig ist, sich dieser höchsten Strebungen in ihm selbst unmittelbar bewußt zu werden, da sie — trotz ihrer Allmacht — zu unbegreiflich, zu mächtig sind, projiziert, überträgt er sie auf den Gegenstand seiner Liebe. Er idealisiert seinen Partner, um in ihm jenen Kern der Vollkommenheit zu entdecken, der auch in ihm selbst lebt; wie in einem Spiegel gewahrt er das Licht seiner Seele in der geistigen Substanz des Geliebten. So vermag die Liebe, das Zentrum des Bewußtseins auf die geheimsten Ebenen des inneren Lebens hinaufzuheben, bis hinauf zur Ebene der Kollektiv-Seele, die keine Grenzen des Fleisches, keine Grenzen in Raum und Zeit mehr kennt. Eine solche Liebe gewinnt den Vorgeschmack des Alls und der Ewigkeit, sie eröffnet den Zutritt zum Leben des Geistes. Indem sie Verbindung des Individuellen mit dem ermöglicht, das höher ist als es selbst, erstreckt die Liebe ihre verbindende Funktion bis zu den fernsten Grenzen. Sie sichert der Seele die vollständigste Harmonie unter allen möglichen, und den höchsten Frieden. So kann die Liebe das Innen des Göttlichen betrachten, wie es Hanuman in »Ramayana« ausgedrückt hat: »Ich weiß, daß der Gott der Sri und der Gott der Janaki, beide, Erscheinungsformen des einen höchsten Wesens sind; dennoch, mein Alles, mein Höchstes ist Rama mit den Lotus-Augen.« Leider ist diese höchste Liebes-Weihe nur einer kleinen Elite vorbehalten.

Ohne so weit zu gehen, kann man auf alle Fälle feststellen, daß die Liebe, sogar in ihren alltäglichsten Formen, die höchsten Möglichkeiten des Einzelnen freisetzt, indem sie die wollüstigen Wünsche weckt und an ein einziges, bestimmtes Wesen heftet. Bevor dies geschieht, bestimmt die sexuelle Begierde unterschwellig, unfaßbar die gesamte Psyche, beeinflußt das objektive Urteil, tönt durch ihre Leidenschaft kräftig jede Meinung und verwirrt vor allem den Verstand durch ihre triebhaften Schwankungen; hat sich die Begierde einmal auf einen Gegenstand festgelegt, so verliert sie zwar nichts von ihrer Kraft — im Gegenteil —, aber sie wird faßbarer, präzisierter und beschränkt sich auf ihren Bereich. Die Liebe weist in bestimmter Weise dem Fleisch und dem Geist je seinen Ort zu. Zweifellos wird diese festgelegte Begierde anspruchsvoll und bedarf zu ihrer Befriedigung des Großteils der psychischen Energie. Dies ist der Grund, warum die christlichen Asketen sich bemühen, sie zu ertöten, in einem Kampf, der allerdings oft schlimm für sie selbst ausgeht; doch das näherliegende Ziel ist es eher, sie zu zähmen, wie man wilde Tiere zähmt, indem man sie füttert. Der Mensch, bevor er liebt, ist weder Engel noch Tier; während er liebt, ist er beides zugleich. Ist der Trieb aber einmal gestillt (sei es, daß man ihn auslöscht, sei es, daß man ihn befriedigt), dann kann der Mensch seinen inwendigen Engel in fast reiner Gestalt wiederfinden. Darin scheint die Funktion der Liebe als Katharsis und Erlösung auf.

Auf alle Fälle erscheint die Liebe als psychisches Geschehen, das für die Weiterentwicklung des Ich unerläßlich ist, um der Persönlichkeit eine immer weitergehende Harmonie zu sichern.

Wir haben gesehen, in welchen verschiedenartigen Formen die Liebe auftreten kann — als Verschlingen, als Sich-Identifizieren, als Opfer —, und daß sie zahlreiche Widersprüchlichkeiten auflösen kann. In Wirklichkeit ist sie nie auf diese oder jene bestimmte Methode, auf eine einzige Art festgelegt, es sei denn, es handle sich um eine pathologische Hemmung der Entwicklung (eine Psychose oder Neurose). Im Gegenteil: Als zentrale Lebensfunktion ist sie darauf gerichtet, nach und nach alle Formen zu durchlaufen und alle Widersprüche, alle Antinomien, eine nach der anderen aufzulösen. Insbesondere dient sie in einzigartiger Weise der Vereinigung, der Einswerdung. In einem Werk, das Albertus Magnus zugeschrieben wird, heißt es: »Es gibt nichts Durchdringenderes, nichts Feineres, nichts Überwältigenderes als die Liebe. Es gibt keine Zuflucht, die sie nicht ganz und gar durch das Wesen des Geliebten ausfüllen würde. Sie will nur eins mit ihm werden, um schließlich selbst das Geliebte zu werden, soweit dies möglich ist.« (De adhaerendo Deo, Kap. XII.)

Die Liebe zwingt das Ich zur Erfüllung seiner Urbedürfnisse und hilft ihm dadurch, seine Persönlichkeit aufzubauen. Später bewirkt sie das geordnete Zusammenwachsen der vielfältigen Bestandteile, aus denen es gebildet ist. Wenn die selbstlose Form erreicht ist, führt die Liebe dzu, daß der Außenwelt vom Ich zurückgegeben wird, was ihr genommen wurde. Und schließlich einigt sie das Bewußtsein mit einem Schicksal, das die Grenzen der gegenwärtigen Person überschreitet, sie versetzt den Kristallisationspunkt des Wesens und läßt es dadurch über die eigenen Grenzen hinauswirken.

So vorbereitet, kann der schicksalhafte Daseinskreislauf, der unausweichlich dem Tode zustrebt, sich schließen; die Liebe schenkt jene Haltung, die diesem Ende einen Sinn gibt, ohne den es ins Nichts führen würde.

Daraus ergibt sich in gewisser Weise, daß die Liebe auch den unauflösbaren Widerspruch überwindet zwischen dem unbegrenzten kosmischen und dem begrenzten individuellen Leben, dessen Auftrag es ist, im Größeren aufzugehen.

II

Der Körper in der Liebe

Alle Möglichkeiten der Liebe begegnen sich im Sexualakt; hier ist die Hinwendung zur Opferbereitschaft wichtiger noch als die Sicherung der Fortpflanzung. Man kann Opferbereitschaft durch geschlechtsferne Liebe erreichen, etwa durch die Religion, doch die Ablehnung der körperlichen Liebe ist meist krankhaft. Die Gesellschaft sieht die Liebe zwiespältig; man weiß nichts und hat falsche Vorstellungen. Furchtbare Phantasievorstellungen beherrschen die Kindheit. Die Erziehung wirkt schädlich. Zwischen den Geschlechtern herrschen Mißverständnisse und Verständnislosigkeit: die jungen Männer meinen, Sexualprotzen sein zu müssen, die jungen Frauen haben falsche Vorstellungen von dem, was Männer von ihnen erwarten: Fruchtbarkeit, Schönheit, Reinheit oder wollüstiges Raffinement. Mann und Frau reifen psychisch nicht gleichzeitig. Gefühlswerte werden zu gering eingeschätzt, die gesellschaftlichen Wertungen sind falsch. Das Liebesideal der Kindheit begründet die echten Liebeswünsche, die Typen, die einander zugeordnet sind.

Die Liebe ist also eine Funktion der Seele, die das ganze Dasein der Individuen beherrscht; man soll dem Geschlechtsleben nicht in künstlicher Eingrenzung eine Macht zusprechen, die alles übrige überdeckt, obwohl alle Formen der Triebwünsche untereinander unlöslich zusammenhängen und sich gegenseitig ergänzen und stützen. In der primitiven Form, der Gier, zu verschlingen, wird die Liebe vor allem vom Selbsterhaltungstrieb, von den Ernährungsinstinkten, angeregt; sobald sie zur Identifizierung neigt, wirken mehr die Sozialinstinkte, so auch in der Selbstlosigkeit; es wird dann Zeit den Sinn für Religion und den Todestrieb zu entwickeln.

Wenn die Anziehung zwischen Mann und Frau, mehr oder minder rasch vom Sexualakt gefolgt, die zentrale und wichtigste Form der Liebe bleibt, so zweifellos nicht deshalb, weil sie ihre einzige Quelle oder das wesentliche Ziel wäre, sondern vor allem, weil diese sexuelle Anziehung den Gipfel der individuellen biologischen Entwicklung darstellt, in der gleichen Weise, wie die Liebe als solche der Brennpunkt aller psychischen Möglichkeiten und Energien ist. Man darf sagen, daß aus der Art und Weise, wie an diesem Punkt der biologische Vorgang und die psychischen

Strebungen zusammenfallen, das gesamte Entwicklungsschicksal eines Wesens zu beurteilen ist.

Die körperliche Liebe vereinigt tatsächlich am gleichmäßigsten alle Liebesmöglichkeiten überhaupt. Dem »Verschlingen« entspricht der »Durst« des Begehrens, diese Sonderart des Wunsches nach einem bestimmten Geschmack, was dazu geführt hat, daß manche Afrikaner ihre Sexualbefriedigung als »essen« bezeichnen (wie manche Lebemänner vom »Vernaschen« einer Frau sprechen); was weiter dazu führt, daß bei uns der Kuß der erste Schritt zur Inbesitznahme ist. Dieser innere Bezug bringt es mit sich, daß manche wenig entwickelte Menschen ihren Partner als ihr Eigentum betrachten; dazu gehört die kriminelle Perversion, diesen Partner mit dem geringsten Vorwand wie eine Beute zu opfern, von jenen nicht zu reden, deren höchste Triebbefriedigung gerade durch solche Verbrechen erreicht wird, bis hin zu den Ungeheuern der Kriminalgeschichte, wie etwa Haarmann, der sich vom Fleisch seiner Opfer ernährte.

Zur Identifizierungsliebe gehören die Wünsche solcher Menschen, die mit dem Partner ihr Leben teilen, die gleichen Erlebnisse haben, die gleichen Bücher lesen, an den gleichen Aufgaben mitwirken, den geringsten Gedanken austauschen wollen, um zu einer geistigen Einheit zu gelangen. Die beunruhigende und schmerzliche Spannung des Begehrens mildert sich durch solche Identifizierung. Diese Art der »sozialen« Liebe sichert am besten die Dauerhaftigkeit einer Verbindung, allerdings auf Kosten der Lebendigkeit des Begehrens. Die biologische Wurzel dieser Identifizierung ist zweifellos die Tatsache, daß die Liebeslust, um vollkommen zu sein, gegenseitig, von beiden Seiten angeregt sein muß, etwa ähnlich elektrischen Entladungen.

Dem Opfer entspricht es, daß man sich im Akt der Befruchtung völlig verlieren muß, obwohl die Folgen außerordentlich schwerwiegend sind. Impotenz und Frigidität zeigen einen gewissen »Handel« an, ein Zögern, während man sich schenkt. In Wahrheit umfaßt dieser Akt, der Leben gibt, zahllose Opfer an die Nachkommenschaft, welche das Erbe antreten und die Erzeuger ins Grab stoßen soll. Das Einzelwesen, das sich fortpflanzt, löst ein Teil von sich ab, das überleben soll; dies ist ein Anlaß, sich der eigenen Sterblichkeit deutlich bewußt zu werden. Man läßt den Zustand des Kindes, das heranwächst, des Erwachsenen, der sich im Vergleich zu seinen alternden Eltern entwickelt, hinter sich und wird selbst zum Erzeuger, der angesichts seiner heranwachsenden Kinder altern wird. Der Akt der Zeugung ist dieser höchste Augenblick, da der Sinn des Lebens sich umkehrt. In der Spanne zwischen der Suche nach einem Partner und dem Geschlechtsakt durchläuft die Liebe rasch die Entwicklung vom Ichbezogenen Luststreben zur Du-bezogenen Bereitschaft, viel vom eigenen Selbst zu opfern. Deshalb steht die Vereinigung der Geschlechter im Zentrum der Ausstrahlung aller Möglichkeiten der Liebe; wie töricht daher, die Liebe nur für Luststreben zu halten. Ein Paar zu werden ist ein schwerwiegendes Ereignis, ein noch schwerer wiegendes für die Tiere, die ihrer Natur nachleben, als für den Menschen, der in seinem Bewußtsein mit den von ihm geschaffenen Gesetzen, Verträgen und Formalitäten eine Stütze findet. Es ist so: die ein Paar bilden, ändern völlig den Sinn ihres individuellen Lebens; die isolierte und freie Existenz geht mit einer ähnlichen (dem Gatten) eine biologische und soziale Verbindung ein, die das Entstehen weiterer Existenzen (der Kinder) erwarten läßt; es handelt sich insoweit um ein Sterben als Individualität, während ein vielfältiges und solidarisches Wesen geboren wird, die Familie. Das Kind, ein lebendes Wesen, dem Opfer seiner Erzeuger entsprossen, versinnbildlicht und verwirklicht diese Verbindung. Darin offenbart sich vielleicht das Entscheidende des Opfers, das im Sexualvollzug beschlossen ist.

Alle drei Formen der Liebe sind in diesem Vollzug eng verbunden. Die Identifizierung mit dem Partner ist wie eine Einverleibung, die der verschlingenden Überwältigung nachfolgt. Sofern — im Vergleich zum Tierleben in seiner Gesamtheit — nicht ein naturferner Widerstand einsetzt, ziehen die normalen Folgen der sexuellen Verbindung eine Reihe von selbstlosen Opfern nach sich. Man kann sogar sagen, daß es das Wunder der Liebe auf der Ebene des Sexuellen ist, die drei Liebesformen harmonisch zu verbinden, was dann geschieht, wenn gesunde Voraussetzungen gegeben sind, die dies möglich machen. Ist das Ziel erreicht, so ändert die Liebe ihren Charakter; der ursprüngliche Trieb erlischt durch seine Befriedigung und wird durch ein Gefühl der Fülle und Gestilltheit ersetzt, das nichts mehr mit den zärtlichen Entzückungen des Beginns gemeinsam hat.

Die Entstehung der Familie ist sowohl ein Mittel, um die erotische Spannung zu neutralisieren, als auch um Opferbereitschaft zu wecken und zu entwickeln, indem die Eltern-Instinkte zu wirken beginnen, diese natürliche Bestrebung, die Nachkommenschaft aufzuziehen und zu verteidigen. Gehören solche Instinkte ausgesprochen zur Sexualität, als ihre Fortsetzung und Konsequenz, oder stellen sie eine Verbindung des Geschlechtlichen und des Gesellschaftlichen dar? Das ist eigentlich eine Frage der Begriffsbestimmung oder einfach der Terminologie. Das Wichtigste ist jedenfalls jene Alchimie der Liebe, die aus betont egoistischen Trieben durch eine rasche, fast sofortige Verwandlung das Opfer — im Dienst des Lebens — erwachsen läßt.

So ist es vor allem die körperliche Liebe, die den Wendepunkt in der seelischen Individualentwicklung bezeichnet. Dies wird noch dadurch bestätigt, daß äußere Schwierigkeiten diese normale Entwicklung der Liebe nicht zu stören vermögen. Man findet häufig Menschen, die auf kindlichen Entwicklungsstufen stehengeblieben sind, die sie nicht überschreiten können; jede mißglückte Bewährung führt hier dazu, daß die Triebe endlos, immer von neuem ihre unfruchtbaren Wiederholungsversuche beginnen, wie jene Insekten, von denen Fabre berichtet, die in ihren Metamorphosen gestoppt worden waren. Manche, die als Säuglinge bei der Entwöhnung, der sie nicht gewachsen waren, so verletzt wurden, daß sie ihre Besitzgier nie stillen konnten, bleiben darin stecken; andere kämpfen darum, ein altes Minderwertigkeitsgefühl zu korrigieren, das sozusagen chronisch und unheilbar geworden ist. Werden starke Triebbedürfnisse nicht befriedigt, so verlegen sie den Durchgang zur nächsten Entwicklungsstufe. So kann die Last eingebildeter Schuld auch berechtigte Wünsche neurotisch belasten und die Entwicklung hemmen.

Ähnliche Hemmungen der Lebensbahn können auch das Zusammenwirken zwischen dem Unbewußten und seinen Trieben einerseits und dem Bewußtsein mit seinem Willen andererseits stören und auf diese Weise neurotische Zustände schaffen. Auch der Zusammenfluß der einzelnen Fähigkeiten kann gestört sein; die physiologische Begierde kann völlig von den selbstlosen Regelungen getrennt sein und — dieses wesentlichen Elements beraubt — völlig auf die Gelüste nach Art des Verdauungsapparats zurückfallen, also auf wesensmäßigen Egoismus, ja sogar Grausamkeit; dies ist die Geburtsstunde der sadistischen oder sadomasochistischen Perversionen, während die selbstlosen Strebungen — der tragenden Kraft der lebendigen Erotik beraubt — in unfruchtbare Bereiche abgedrängt werden, in die Askese oder Mystik, oder einfach verkümmern: dies ist der wahre Tod der Seele. Der Sündenfall Adams, als er vom Apfel aß, ist so zu verstehen, als Liebesschuld, welche die Ambivalenz, das Ineinanderfließen der Gefühle, klärte und die Erkenntnis von gut und böse mit sich brachte. Weiß man, daß bei den sadistischen Perversionen die Grausamkeit sich nicht nur der Energien der Ernährungstriebe, des Selbsterhaltungstriebes bemächtigt, sondern daß sich die gesamten sexuellen Antriebskräfte in sie ergießen, und daß diese Möglichkeit der traurige Vorzug des Menschen ist, so begreift man, daß alle Übel, die das Menschenleben in ein Jammertal verwandeln, ihren Ursprung in dieser Urschuld haben. Würde die menschliche Grausamkeit durch opferbereite Liebe ersetzt, so würde die Erde sich in ein Paradies verwandeln. Die menschliche Art ist aber in ihrer Gesamtheit tatsächlich so neurotisch, daß die große psychische Entwicklungslinie dadurch unterbrochen wird und daß auch die individuelle Entwicklung vieler Einzelner dadurch gestört ist. In ihren wahren Möglichkeiten eingeschränkt, ihres Geistes beraubt, bietet die Liebe heute dem Menschen mehr Gelegenheiten zum Absturz, während sie — heil und ganz — seine Rettung gesichert hätte.

Man sollte nicht sagen, daß geschlechtliche Vereinigung und Fortpflanzung die höchsten Ziele der Liebe seien; sie sind lediglich natürliche, konkrete, rasche und verhältnismäßig einfache Wege, um zur Selbstlosigkeit vorzustoßen. Es stellt sich sogar die Frage, ob die Geschlechtsunterschiede nicht mehr der psychischen Entwicklung dienen sollen, als der Fortdauer der Art; denn wenn es sich nur um Fortpflanzung handelte, wäre es unverständlich, warum die Natur den Weg des primitiven Hermaphroditismus verließ, als das Bewußtsein der Lebewesen erste Fortschritte zu machen begann.

Tatsächlich! Wenn bei allen höheren Arten die Gebärmutter nicht nur über benachbarte Eierstöcke, sondern auch über Hoden verfügen könnte, wie die Blumen ihren Stempel neben den Fruchtknoten tragen, wie sehr könnte die Fruchtbarkeit gesteigert werden; welche biologische Kräfteersparnis würde es bedeuten, wenn diese Kräfte nicht bei der Partnersuche, beim Liebeswettbewerb und in all den Sexualdramen vergeudet würden! Es ist unmöglich, in den getrennten Geschlechtern einen physiologischen Vorteil zu entdecken; da wir aber der Weisheit der Natur jeden Kredit einräumen dürfen, da sie überall, wo wir ihr folgen können, den zweckmäßigsten Weg wählt, scheint es, daß diese Trennung sozialen Bedürfnissen bzw. Aufgaben dienen soll: der Errichtung von Ehen, von Familien, den Notwendigkeiten der Zusammenarbeit, der Solidarität, als dem Grundstein der Vergesellschaftung, vor allem aber wohl seelischen Erfordernissen, insbesondere der Entwicklung des Gefühlslebens, das mit den sexuellen Vorgängen verbunden ist.

Der Sexualverkehr treibt auf eine natürliche, übliche, alltägliche Weise die Entwicklung zur Selbstlosigkeit voran. Die Selbstlosigkeit wäre damit mehr Ausdruck, biologisches Ergebnis, als Ursache. Selbstverständlich erschöpft sich die gesamte Opferfähigkeit eines Menschen oft ausschließlich im ehelichen Zusammenleben und in der Aufzucht der Kinder (und sogar dies ganz normale Ziel wird selten genug erreicht), aber man begreift dennoch, daß sie dazu bestimmt ist, über den Familienverband hinaus zu wirken.

Die Liebe kann auch auf anderen Wegen zur Opferbereitschaft gelangen, wenn diese Wege auch hart sind und selten begangen werden. Dies erstreben zum Teil die Ordensangehörigen, wenn sie Keuschheit als Lebensform wählen und auf Familie verzichten.

Ursprünglich ist für eine enge Liebesbindung zweier Menschen aneinander nicht unbedingt der Geschlechtsunterschied erforderlich. Aus Platos Werken können wir erfahren, daß in der griechischen Antike die homosexuelle Liebe für höherwertig gehalten wurde, für besser geeignet, edle seelische Fähigkeiten zu wecken, als die sogenannte normale Liebe. In unseren Tagen erscheint die Homosexualität eher als neurotische Abartigkeit, die im allgemeinen zuviel Ambivalenz enthält, um diesen Charakter der Reinheit zu behalten; aber vielleicht handelt es sich bei diesem Eindruck nur um die Wirkung moralischer Auffassungen. Eine solche platonische Liebe kann aber ausnahmsweise dennoch vorkommen. In meiner psychoanalytischen Praxis sind mir mindestens zwei oder drei Fälle von Invertierten begegnet, die regelmäßigen sexuellen Verkehr hatten. Viel zahlreicher sind die Fälle homosexueller Verbindungen, bei denen die sexuellen Wünsche völlig latent sind und verleugnet werden. Auch diese Freundschaftsformen tragen die gleichen Möglichkeiten besitzgieriger Eifersucht, der Identifizierung oder des Opfers in sich wie die klassische heterosexuelle Liebe. Es genügt, etwa die Bücher La Bruyères über diese Art Freundschaften zu lesen, um zu begreifen, daß es sich — trotz der Keuschheit — eindeutig um Liebe handelt. Zweifellos entdeckt eine psychoanalytische Untersuchung des Unbewußten in solchen Fällen, in der Verdrängung verborgen, das latente erotische Element; man entdeckt es sogar in der gegenseitigen Liebe zwischen Eltern und Kindern, Brüdern und Schwestern, ja in zahlreichen Fällen sogar in der Liebe zwischen den Tieren und ihren Herren. Aber es gibt noch andere Liebesarten, denen jede sexuelle Nuance fehlt, in denen jedes wollüstige Wünschen unfaßbar wäre, sogar wenn gewisse sexuelle Symbole, die auch sonst allgemein verwendet werden, zur Not aufgewiesen werden könnten. Es sind dies die Liebe des Sammlers zu seinen Gegenständen, des Gärtners zu seltenen Pflanzen usw. Auch solche Liebe kann so mächtig sein, daß der Liebende sich eher töten lassen würde, als zu verlassen, was er liebt. Wohl muß man bei solchen Einschätzungen sehr vorsichtig sein, denn es ist durchaus möglich, in der Psychoanalyse Symbole zu entdecken, Projektionen zu sehen, ohne daß es deshalb erlaubt wäre, eine Liebe als sexuell zu beurteilen, die keinerlei erotische Verwirklichung zuläßt. Auch die Liebe des Schöpfers zu seinem Werk, sei es künstlerisch, wissenschaftlich, sozial oder sonstwelcher Art, eine Liebe, die zum Gefühlsantrieb eines ganzen Lebens werden und jede andere Bindung ausschließen kann, darf tatsächlich als Beispiel einer total sexualfernen Liebe gewertet werden; und dennoch bringt sie die gleichen Fähigkeiten und zum Schluß die gleichen Ergebnisse der Bereitschaft zum Opfer und der Entwicklung zur Selbstlosigkeit mit sich. Und schließlich gibt es den rein asketischen, mystischen Weg, eine Art von wagendem Sprung in den Todestrieb und in die letzte Selbstentäußerung, über alle üblichen Wege der üblichen Liebe hinweg. Sehr selten sind jene, die es auf solche Weise vermocht haben, zu jener heiteren Loslösung zu gelangen, die das wahre Ziel ist, weil ein solches Ergebnis der hohe Lohn — über viele Stufen hinweg — eines ganzen Lebensweges ist. Es ist vermessen, ihn schon von Jugend an erreichen zu wollen und die Etappen zu überspringen...

Übrigens entsagt man der sexuellen Liebe nicht ohne gewichtige Gründe, und solche Gründe müßten für ein ganzes Leben gelten.

Die Geschlechtsliebe ist die höchste Entfaltung des Biologischen im Menschenleben; sie ist der Kulminationspunkt der Schöpfung, der magische Knoten, in dem alle hohen und niederen Grundkräfte verbunden sind. Sie ist unter allen Vitalfunktionen die edelste und an Möglichkeiten reichste. Sie ist ein geöffnetes Tor, das zu einer transzendenten Existenzebene führt. Man verzichtet nicht auf sie, es sei denn, man habe ihre Größe nicht begriffen, oder irgendeine Entwicklungsabweichung habe ihre Erfüllung unmöglich gemacht: also Mißverständnis oder Unvermögen!

Oder aber, ohne ihr zu entsagen, erreicht man dennoch nicht ihre köstlichste Frucht: Dies ist leider der Fall bei der großen Mehrheit; denn »Viele sind berufen, aber Wenige auserwählt«...

Wenn die Liebesvereinigung das kostbarste Gut ist, so ist sie auch das verletzlichste. Die gleichen Schwierigkeiten, die es verhindern, das Ziel — sei es ganz, sei es teilweise — zu erreichen, sind es auch, die es verfälschen. Unsere Kultur ist in dieser Hinsicht entartet.

Wir sind Zeugen einer wahrhaft paradoxen Lage: Die Liebe nimmt in den innersten Gedanken der Menschen einen ersten Rang ein, sie wird oft zur Besessenheit; sie erfüllt zu neun Zehnteln die Literatur, das Theater, die schönen Künste und die privaten Gespräche, während sie zugleich als etwas Schimpfliches betrachtet wird, das nicht eingestanden werden darf, oder einfach als etwas Leichtfertiges und Lächerliches. Im allgemeinen gesteht man sehr viel müheloser Haßgefühle ein, ja, man rühmt sich ihrer, während stets eine gewisse schamvolle Furcht, Schwäche zu bekennen, im Spiel ist, wenn Liebesgefühle bekannt werden sollen. Hier ist die Umwertung der wahren Werte total. Alles, was den geschlechtlichen Bereich berührt, wird mit Abscheu betrachtet. Es sind die »Schamteile«. Das Gesetz bestraft das Nackte schwerer, als eine Reihe von Gewaltdelikten und die Unehrlichkeit. Die Bezeichnungen der Genitalorgane sind zu schlimmsten Schimpfworten geworden, zu verwerflichsten Anwürfen. Ungebundenes Sexualverhalten wird als tiefster Fall betrachtet. Die Allerweltsmoral kann das Verbrechen verzeihen, den Verrat, die Grausamkeit — nicht aber die sogenannte Libertinage. Es sind die Überwältigungen durch »das Fleisch«, gegen welche die Priester fast alle ihre Ermahnungen richten. Außerhalb der Ehe gilt die Sexualfunktion als kriminell. Die Familien haben das Recht, ihre illegal entjungferte (deflorierte) Tochter zu verfluchen; Vorgesetzte, welche ein Mädchen in der gleichen Lage entlassen und dem Elend aussetzen, gelten als brave Leute. Es ist ein seltsames Schauspiel, die Blüte des Lebens von den gleichen Menschen heuchlerisch zertreten zu sehen, die sie doch besonders bewundern, wenn sie von den Dichtern besungen wird, wenn Priester die Liebe und Fruchtbarkeit der Ehepaare segnen, ja sogar wenn die Liebesabenteuer der sogenannten Gesellschaft mitfühlende Neugier erwecken.

Die Ursache dieses Widerspruchs muß in der Ambivalenz, in der Widersprüchlichkeit des Menschen selbst gesucht werden. Immer, wenn der Mensch einem Gegenstand begegnet, der größer ist, als er selbst, empfindet er das doppelte Bestreben, ihn auf einen Altar zu erheben, oder aber mit Verachtung abzulehnen; nur objektive Gleichgültigkeit scheint unmöglich. Jedenfalls teilt die Liebe mit dem Göttlichen den Vorzug, der Blasphemie zugänglich zu sein; und schon dies allein, diese einzigartige Spiegelung in der elenden Menschenseele, könnte ein Beweis ihrer übernatürlichen Größe sein.

Diese Ambivalenz ist vor allem im Bereich der vom Christentum bestimmten Kulturen allgemein; das führt zu merkwürdigen Konsequenzen, die ebenso paradox sind, wie die geschilderten Zustände. So pflegen Leute, die seit ihrer Schulzeit nicht aufgehört haben, Zoten auszutauschen, die vorgeben, die Frauen zu kennen, weil sie ständige Gäste in Bordellen waren, um dort einschlägige Erfahrungen sammeln zu können, dennoch mit vierzig Jahren die gesamte, sexuell relevante Anatomie und Physiologie völlig zu vergessen. Familienväter wissen nicht mehr, daß Frauen einen Uterus (Gebärmutter) haben und daß sie beim Coitus normalerweise Orgasmus erleben sollten; sie glauben, daß das Sperma unmittelbar aus dem Rückenmark stamme und sonstigen Unfug, der sogar bei einem vierzehnjährigen Kinde erstaunlich wäre. Die Mehrzahl der Männer verbindet so Neugier mit Ahnungslosigkeit; sie schwätzen, um nicht lernen zu müssen. Die Wissenden tun nichts, um andere zu belehren; die Ignoranten machen keine Anstrengungen, um zu lernen, als ob die Wirklichkeit erschreckender sein könnte als ihre Phantasiegebilde. Es kommt immer noch vor, daß zehn von hundert Jungvermählten keine Ahnung davon haben, was ihnen bevorsteht, oder aber völlig unmögliche Vorstellungen darüber. Auch junge Leute, die sich für sehr aufgeklärt halten, wissen kaum mehr, auf jeden Fall nicht ausreichend; das muß einmal ausgesprochen werden. Dabei spreche ich jetzt von gebildeten Personen, die ein Universitätsstudium absolviert haben.

Auch die ersten Informationen, die ein Kind über sexuelle Fragen erhalten kann, sind meist ungenau; sie stellen die Tatsachen erschreckend oder gemein dar, was natürlich eine schwere traumatische Belastung bedeutet und eine verborgene Entwicklung der Triebe nach sich zieht. Man kann nicht eindringlich genug auf die Bedeutung dieser kindlichen Phantasievorstellungen hinweisen; sie stören in der Kindheit das Reifen der sich entwickelnden Triebe und stören, auch wenn der Erwachsene sie vergessen glaubt, später das Unbewußte.

Ich habe viele Menschen zu diesem Thema befragt. Eine junge Frau, die im Alter von sieben oder acht Jahren durch ein Drama in der Nachbarschaft beunruhigt worden war (ein Mann hatte seine Geliebte getötet) berichtete, daß die Liebe ihr damals als eine Mischung von Verbrechen und etwas Unbekanntem erschienen sei. Sie glaubte, die Männer wollten den Frauen etwas Furchtbares und Schamloses antun —, was sie aber nicht hinderte, von den Männern angezogen zu werden.

Eine andere konnte sich erinnern, aus einem Pensionat entfernt worden zu sein, weil sie einer Mitschülerin enthüllt hatte, der Liebesakt könnte mit dem Verschließen eines Druckknopfes verglichen werden. Sie erzählte, mit zwölf Jahren habe sie sich die Liebe als einen gegen sie gerichteten Angriff vorgestellt. Die Männer erschienen ihr als Rohlinge, die sie angreifen wollten; und dennoch empfand sie ein wirres Zärtlichkeitsgefühl für sie.

Eine Medizinstudentin im letzten Semester, verlobt, mußte mir kurz vor ihrer Hochzeit ihre völlige Ahnungslosigkeit bekennen. Obwohl sie aus Büchern theoretische Kenntnisse vom Sexualakt gewonnen hatte, war ihr völlig unklar, wie er in der Praxis vollzogen werden könne. Als ich sie nach ihren Vorstellungen fragte, bekannte sie, seit ihrer Kindheit ein zugleich erschreckendes wie aufreizendes Bild bewahrt zu haben. Sie stellte sich eine Frau vor, die aufrecht stehend ihren Verrichtungen nachgehe, worauf ein Mann sich wie ein Tiger auf sie stürze, sie zu Boden werfe und trotz ihrer Schmerzensschreie durchbohre.

Eine andere Frau, fünfunddreißig Jahre alt, gestand mir, daß sie mit zwölf oder dreizehn Jahren sich die Hochzeitsnacht als entsetzliche Folter gedacht habe, die so fürchterlich sein müsse, daß jede Frau von Glück sagen könne, wenn sie sie lebend überstehe. Deshalb habe sie in jenen Jahren den festen Entschluß gefaßt, nicht zu heiraten. Ihre Mutter hatte diese Schreckensvorstellungen sorgsam gehütet, um sich wegen des »guten Benehmens« ihrer Tochter in Zukunft keine Sorgen machen zu müssen.

Bei den Knaben trifft man die entsprechenden Bilder. Einer erzählte mir, daß er sich mit etwa zehn Jahren eingebildet habe, der Penis des Mannes durchdringe den Nabel der Frau und reiße ihn auf, was nicht nur schmerzhaft, sondern auch lebensgefährlich sei. Ein anderer vermutete, etwa im gleichen Alter, der Mann müsse mit einem Messer eine Öffnung in den Leib der Frau bohren, damit sie ein Kind empfangen könne. Ganz allgemein stellten die Knaben sich den Sexualakt als etwas Schmutziges vor, als eine Demütigung und ein Leid für die Frau.

Diese verrückten Bilder werden von Kind zu Kind weitergegeben und dabei immer reicher an furchtbaren und widerwärtigen Details. Es sind diese Vorstellungen, auf die sie ihre erwachende Sexualität abstimmen müssen, und man begreift den Umfang sadistischer und masochistischer Abartigkeiten, von den neurotischen Reaktionen, Impotenz und Frigidität, nicht zu reden, von denen der Großteil unserer Zeitgenossen befallen ist.

Diese kindlichen Phantasien sind so zähe, daß sie ihre Spuren in den üblichen sexuellen Vorurteilen auch der Erwachsenen hinterlassen. So glaubt die Mehrzahl der Erwachsenen noch an das Märchen von den Blutungen bei der Defloration, was der Realität so selten entspricht.

Die Erzieher tun nicht nur nichts, um diese Bilder, ein wahres Gift für die kindliche Sexualität, zurückzudrängen, sondern sie machen sich meist ein Vergnügen daraus, sie zu bewahren, sei es durch Bestätigung (wie die erwähnte Mutter), sei es — zumindest — durch ihr geheimnisvolles Schweigen und ihre unangebrachte Prüderie. Man darf sagen, daß drei Viertel der Leiden, an denen die Menschheit krankt, dieser neurotischen Atmosphäre entspringen. Denn ein Erwachsener, dessen Sexualität so verdorben wurde, bleibt zeitlebens unglücklich und im allgemeinen auch bösartig.

Stets hängt die spätere Sexualität von den kindlichen Vorstellungen ab. Man kann ihnen gar nicht genug Bedeutung beimessen, da sie fast stets gegeben sind, und dies aus verschiedenen Gründen.

Erstens entdeckt das Kind die sexuellen Probleme in seinem Brutalitätsalter; zumindest gilt dies für die Knaben, deren Haupttätigkeit in jenen Jahren im Schlachten besteht, und die von nichts anderem träumen als von Wunden und Beulen. Die Mädchen kennen, als Vertreter der werdenden Männlichkeit ihres eigenen Alters, nur kleine, entfesselte Wilde. Die einen wie die anderen sind kaum der ersten Kindheit entschlüpft, die noch vom Sadismus der verschlingenden Triebe geprägt ist. Es ist natürlich, daß ihre Phantasie wie bei den Wilden arbeitet, da ihnen genaue und vollständige Aufklärung fehlt. Später entwickeln oder vervollständigen sich die Enthüllungen in den Kindergesprächen, wobei der Schrecken gegenseitig gesteigert wird. Man fürchtet stets, was man nicht kennt, vor allem, wenn man ahnt, daß es sich um Wichtiges handelt. Wenn Kinder die Sexualität Erwachsener beobachten, handelt es sich in der Regel um Seufzer, die an das Röcheln Sterbender erinnern, oder um beunruhigende Geräusche bei Nacht, die sowieso von Schrecknissen erfüllt ist. Was sie dann aus Unterhaltungen der Großen aufschnappen, sind nicht die Beschwörungen lustvoller und bezaubernder Erlebnisse (darüber schweigt man vor Kindern aus Prüderie), sondern es sind die Widerspiegelungen von Eifersuchtstragödien, von Verbrechen aus Leidenschaft; es sind die Taten von Lustmördern und Lüstlingen, welche die Zeitungsspalten füllen. Es gibt auch noch die blutigen Bettücher nach einer Entbindung, die Schreie kreischender Mütter oder auch nur die blutige Wäsche in der Toilette. Natürlich vermischen sich die Eindrücke von Streitigkeiten der Eltern — auch wenn es keine Drohungen und Schläge gibt — und die Furcht, die sie bewirken, mit allen übrigen Elementen des Schrekkens. Man muß beachten, daß man vor den Kleinen die Freuden der Liebe verbirgt, ohne ihnen die Leiden zu ersparen; man bietet ihnen einseitige Beweise im Sinn des Pessimismus. Darüber hinaus steigert sich die Verwirrung durch die religiöse Erziehung, die Geschichte vom Fluch über Adam und Eva, die Keuschheitspredigten, die verheuchelte Atmosphäre der Klöster, durch all dies, das so kraß den Vorschlägen der Vettern und älteren Brüder (wenn nicht gar solchen der Erwachsenen selbst) zuwiderläuft. Die maßlosen Strafen für eine angedeutete Masturbation (die oft gar nicht vorhanden ist), deren sexuellen Sinn die Kinder zur Not ahnen, ohne ihn begreifen zu können, rufen Entsetzen hervor.

Auch gibt es den »Croquemitaine«, jenen Herrn, der die kleinen Mädchen verschleppt, um wer weiß was mit ihnen zu tun, oder der die kleinen Jungen züchtigt. (Man wird dir die Zunge abschneiden, wenn du lügst, den Finger, wenn du in der Nase bohrst, und den weiteren üblichen Unsinn.)

Es gibt die Märchen der Kindermädchen und die gesamte sadistische Literatur, die in den Kinderstuben umgeht. Blaubart, der Wolf, der im Bett das kleine Mädchen frißt, sobald es seine rote Kappe (der sexuellen Reife) aufgesetzt hat. Man wird vergeblich nach einem Kindermärchen suchen, daß kein sadomasochistisches Element mit sexuellem Hintergrund enthält, sei es sehr direkt, sei es symbolisch verkleidet (und die Gefühlskraft der Kinder erfaßt symbolische Bedeutungen viel besser als die stereotype Intelligenz der Erwachsenen). Sogar der Geschichtsunterricht bringt nicht viel mehr, als eine Sammlung von Martern und Schlächtereien, und die Bibel oder die Heiligenlegenden können in ihren sadistischen Darstellungen mit den übelsten Niederschriften des Palais-Royal wetteifern.

Die Kindheit selbst bringt oft Erlebnisse des perversen Sadismus der Kindermädchen und Erzieherinnen mit sich, die unter harmlosen Vorwänden die grausamsten Strafen erfinden, wie unerträglich langes Knien, Schläge mit dem Lineal auf die Finger und Demütigungen, die einen Erwachsenen zehnmal zum Selbstmord treiben würden — all dies in der Regel unter lächerlichen, oft auch ungerechten Vorwänden.

Es muß ergänzt werden, daß diese Praktiken sehr oft, leider zu oft, von Berührungen begleitet sind, bei denen der kindliche Instinkt die sexuelle Note spürt, was um so furchtbarer ist, als sie noch geheimnisvoller und von Perversität umhüllt erscheint. Es ist eine Tatsache, daß Homosexuelle, Sadisten, alle jene, die zu einem normalen Leben unfähig sind, mit mehr Interesse als andere sich pädagogischen Aufgaben widmen, weil sie hier perverse Befriedigungen suchen. Dies ist eine der zahlreichen Plagen, welche die Kindheit bedrücken.

Dennoch steht die Tatsache fest, daß das Kind — ungeachtet all dieser Schrecken — instinktiv zur Sexualität hingezogen wird. Sobald es die Rolle begreift, welche diese in den gegenseitigen Beziehungen der Eltern spielt, fühlt es sich von einem neiderweckenden Mysterium ausgeschlossen. Eine vage Eifersucht erwacht und knüpft sich an jenen spontan bevorzugten Elternteil, dessen Geschlecht dem seinen entgegengesetzt ist. Das Ergebnis ist wiederum eine Art Schrecken vor dieser Sexualität, einem Bereich, der ihm verschlossen ist, und die Neigung, sie sich unter negativen Aspekten vorzustellen. Es ist auch der Eifersucht genehmer, bei der geliebten Mutter eher Qual als Genuß zu vermuten. Der Ödipuskomplex fällt mit dieser gesamten Lage zusammen.

Die Sexualität ist in sehr umfassender Weise für die ganze Menschheit von dieser Atmosphäre der Ambivalenz umgeben, weil die sexuellen Befriedigungen und die Ansprüche der Gesellschaft in grundlegender Weise unvereinbar sind. Die erwachende Sexualität treibt den Jugendlichen, das Familienmilieu, in dem er erzogen wurde, zu verlassen, um sich der Vormundschaft zu entziehen und eine andere Familie zu gründen, die Bestandteil einer zukünftigen Gesellschaft sein wird. Die sexuelle Erfüllung gleicht die Kinder ihren Erzeugern an und zerstört deren Autorität. Dies bedeutet eine schwere Krise der gesellschaftlichen Ordnung. Der Drang des Sexualtriebes ist im allgemeinen so stark, daß er

trotz einer lange dauernden äußeren Dressur, einer harten Erziehung, geschmeidig unterhalb der geltenden Konventionen und Reglementierungen durchschlüpfen kann. »Die Liebe von Zigeunern stammt, fragt nach Gesetzen nicht, nach Recht und Macht ...« Um so mehr kann sie die feurigen und starken Jungen in der Liebesrivalität gegen die reiferen Älteren, die eifersüchtig über ihre Vorrechte wachen, zum Aufstand führen. Es geht um die Liebe, wenn in der Tierwelt die Männchen kämpfen, und aus solchen Befreiungen können alle Revolutionen entstehen. Je stärker ein Jugendlicher von Liebe besessen ist, um so weniger ist er unterwürfig, um so weniger lenksam, um so respektloser den herrschenden Gewalten gegenüber. Aus diesem Grunde versuchen die Familienväter ihre Kinder möglichst lange der Liebe fernzuhalten, die Mädchen, weil sie einem fremden Einfluß unterliegen, die Söhne, weil sie mit den Überlieferungen brechen, die Interessen und die Stabilität der Familie aufs Spiel setzen würden. Sie finden Rückhalt bei den Priestern, welche die erwachenden Energien der Jugend auf den homosexuell getönten Sport ablenken und die Furcht vor Geschlechtskrankheiten einimpfen, die von den Frauen verbreitet werden, diesen Pforten der Hölle. Dieser sexualfeindliche Druck kann auf gut erzogene junge Leute bis zum Militärdienst einwirken. Danach ist die Autorität der Gesellschaft durch den Spieß, das Polizeirevier und das Gefängnis gesichert. Wenn der junge Mann alle diese Prüfungen bestanden hat, ist das Feuer der frühen Jugend in der Regel erloschen und die Sexualität in ihrer seelischen Dynamik beträchtlich herabgemindert. Für die Töchter wird eine passable Heirat geschmiedet, und man haßt die Schwangerschaften. Ihr zukünftiges Wohlverhalten ist um so besser gesichert, wenn es dazu noch gelang, sie frigide zu machen. Diese modernen Methoden sind nichts anderes als eine verharmloste Neuauflage der alten Kindsopfer, später der Kastrationen. Immer noch betreibt die Hälfte der Menschheit Beschneidungen oder die rituellen sexuellen Verstümmelungen ihrer Kinder. In dieser Umwelt, die der Sexualität der Jungen das Gesetz der Gesellschaft so brutal entgegenstellt, mußten die Triebe des Menschen eine Art archaischer, kollektiver Verarbeitung dieser angeborenen Angst vor der Kastration entwickeln, welche die Psychoanalyse in fast jedem Menschen vorfindet. Bei den Knaben könnte sie etwa als eine Art unbewußten Gedächtnisses erklärt werden, das im Unbewußten der menschlichen Art die Gefahren fixiert, die sie bedrohen. Aber es gibt sie auch bei den Mädchen, vielleicht weil es sich um das Unbewußte der ganzen Art handelt, vielleicht auch deshalb, weil die Kastrations-Kulturen, als Folge der bekannten menschlichen Ambivalenz, dem männlichen Geschlechtsteil — zum Nachteil der Frauen — einen überwertigen Vorrang einräumen, weshalb die Frauen sich kastriert glauben.

Stets und immer sind diese Kastrationsvorstellungen im Unbewußten der Knaben vorhanden, neben allen entsprechenden Einbildungen aus den Kinderstuben, die gut dazu geeignet sind, um diese Furcht durch neue Drohungen (der Menschenfresser, der die Leute frißt, die Zunge, die Nase abschneidet usw.) zu steigern. Diese Angst ist immer da, beladen mit Entsetzen, bereit, in jedem Augenblick und beim geringsten Anlaß auszubrechen; und an Anlässen fehlt es nicht. Ebenso selten ist es, daß ein Jugendlicher in der psychoanalytischen Exploration keinen mehr oder minder deutlichen Kastrationskomplex zeigt, der sich primitiverweise in dem Wunsch ausspricht, den Rivalen (meist einen Erwachsenen, welcher die Sexualität genießt, die dem Jungen noch verboten ist) zu kastrieren, zu verstümmeln. Es ist ein aggressiver Wunsch, der gleichzeitig die Angst umschließt, selbst verstümmelt zu werden. Endlich wird, in Verbindung mit dem Bild einer häßlichen Narbe, auch die Möglichkeit erwogen, verstümmelt zu werden, ja sich selbst zu kastrieren. Dies ist die Quelle einer großen Anzahl weitverbreiteter neurotischer Erscheinungen: des Masochismus, der Homosexualität, der Impotenz. Der Kastrationskomplex entwickelt sich im Bereich unwahrscheinlicher Sexualphantasien. Die Frauen empfinden als Folge der gleichen Gegebenheiten des Unbewußten ihre Geschlechtsorgane als eine Verstümmelung und eine Wunde und versuchen dadurch zu reagieren, daß sie ihrerseits Männer mehr oder weniger symbolisch — wenn es ihnen irgend möglich ist — zu entmannen versuchen, indem sie sie ausbeuten, erniedrigen, verächtlich machen und ihre Sexualkraft zerstören, d. h. sich versagen, wenn sie begehrt werden, und sich anbieten, wenn die Männer keinen Gebrauch davon machen können.

Der Kampf der Geschlechter, der sich im Unbewußten entzündet, während die Sexualtriebe Gestalt gewinnen, zieht vielfältige pathologische Entartungen nach sich. Zuerst hat der Jüngling Minderwertigkeitsgefühle, wenn er sich seiner sexuellen Unerfahrenheit bewußt wird. Er beugt der Gefahr vor, ein unbrauchbares Männchen zu sein, indem er größte Verachtung für die Frauen vorspiegelt, die er noch gar nicht kennt und deren Liebe zu erringen er sich für unfähig hält. Aus diesem Grunde hat ein Hauptmann, ein Psychologe, im Jahre 1939 in der Belle-Vue-Kaserne in Saint-Lô, u. a. folgenden Spruch anbringen lassen: »Wenn Du von der Frau sprichst, denke an deine Mutter, deine Schwester, deine Braut!« Dieses Minderwertigkeitsgefühl kann vielfältige Formen annehmen: Männer fürchten, einen falsch gebauten oder zu kleinen Penis zu besitzen, ein Gespenst, das einen Großteil der Heranwachsenden schreckt, die Sorge, von anderen Männern im Blick auf die Wertschätzung der Frau überrundet zu werden. Daher der Wunsch, sich der Partnerin als Sexualprotz zu präsentieren, der in keiner Weise dem entspricht, was diese Partnerin wirklich erwartet. Oder es führt zu wilder Eifersucht. Dann gibt es die Angst, die eigenen Kräfte im Sexualakt zu erschöpfen, eine Angst, die aus all jenen Fabeln stammt, welche Kindern als angebliche Folgen der Onanie aufgetischt werden. Manche Erwachsenen verrennen sich so sehr in diese Einbildungen, daß sie ihre Sexualakte geradezu knickerig zählen, weil sie nach jeder Kraftleistung eine wirkliche Krankheit vermuten, die eine lange Erholungszeit erfordere. Diese unglücklichen Opfer ihrer Phantasie geben sehr bald die abschreckenden Beispiele ab, um bei anderen durch den Anschein von Beweisen für die Richtigkeit solcher Vermutungen die gleiche phobische Angst zu erzeugen.

Es gibt Geistliche, die schließlich für Krankheit und Tod junger Leute überhaupt nur diese eine Ursache kennen; sie haben stets zahlreiche Beispiele parat, als hätten nicht alle jungen Männer, seien sie nun wohlauf oder krank, genau die gleichen Erfahrungen gemacht. Diese Dinge sind um so absurder, weil für einen Menschen, der von seinen Ängsten befreit ist, ein reiches Sexualleben nicht schädlicher ist als irgendwelche Muskelübungen, Marschieren, Sport. Neben der gerade erlangten Befriedigung und der Entspannung des Triebes bedeutet dies keinerlei gesundheitsgefährlichen Mißbrauch. Aber es gibt darüber immer noch Berge von Vorurteilen, die von den Ärzten mit all ihrer Autorität gestützt werden.

Für die besonders Ungläubigen wird schließlich das bunte Spektrum der Geschlechtskrankheiten vorgeführt, die in der unbewußten Kastrationsangst eine vielfältige Spiegelung erfahren. Es gibt keine jungen Leute, die nicht in Vorträgen von den Schrecken dieser Krankheiten, ihren entsetzlichen Verwüstungen, ihren tödlichen Folgen gehört hätten. Aber nie, tatsächlich nie erfahren sie, wie leicht diese Krankheiten vermieden werden können, wenn man vorbeugende Einreibungen oder Schutzmittel verwendet. Und auch die angebotenen Bücher sind einseitig — und dies ist kein Zufall. Der praktische Erfolg dieser Dressur erreicht jedoch nie das Ziel der Erzieher: die jungen Leute vollkommen weise zu machen! Nachdem man sie lange einer gesunden Sexualität entfremdet hatte, stürzt der Trieb sie in die niedrigsten Geschlechtsvereinigungen, wobei sie sich sofort die furchtbaren Krankheiten zuziehen, die sie für unvermeidlich gehalten und zu deren Abwehr sie daher nichts getan haben. Das Ergebnis ist also niederschmetternd.

Den Mädchen erzählt man natürlich nichts von Geschlechtskrankheiten, weil dies ihre Heiratslust abkühlen oder bestimmte Verbindungen mit anrüchigen Männern, welche den Familien genehm sind, verhindern könnte. Aber man schreckt mit einer außerehelichen Schwangerschaft. Natürlich verschweigt man ihnen die Möglichkeiten zur Verhütung wirklich unerwünschter Schwangerschaften, wiederum durch die gleiche, einseitige Propaganda.

Eine der meistverbreiteten Parolen unter den Lehren für junge Mädchen lautet: Es ist so verächtlich, sich außerhalb der Ehe einem Manne hinzugeben, daß gerade der Nutznießer dieser Großzügigkeit sich als erster angewidert von einer solchen Frau abzuwenden pflegt. Diese Behauptung ist sehr beliebt, denn sie tritt mit einem Anschein von Wirklichkeitsnähe auf. Tatsächlich findet man bei Männern sehr starke neurotische Schuldgefühle im Anschluß an den Sexualakt. Wenn solchen Personen ein starkes, objektives Realitätsgefühl fehlt, neigen sie — nachdem der Drang der Triebwünsche gemildert, das Schuldgefühl aber gesteigert ist — zu Projektionen, d. h. sie beschuldigen die Frau, »verantwortlich für das zu sein, was geschehen ist« —, wie es ja schon Adam getan hat. Außerdem neigen Männer, die nicht über ein sehr klares Bewußtsein verfügen, oft dazu, die Dinge umzukehren und die Opfer um so mehr zu belasten, je tadelnswerter ihr eigenes Verhalten war. Ist, als Folge der üblichen Erziehung, das neurotische Schuldgefühl sehr stark, dann fehlt, um zu einer solchen Haltung zu kommen, nur noch eine kräftige Dosis homosexueller Veranlagung, die alles Weibliche negativ sieht (recht verbreitet unter zahlreichen Männern und durchaus nicht wünschenswert) und schließlich auch der Mangel an der Fähigkeit, objektiv urteilen zu können. Das Zusammenwirken dieser drei Elemente kann zu dem dargestellten Verhalten führen, das — wenn es öffentlich bekannt wird — die Verurteilung innerhalb des menschlichen Lebenskreises nicht mindert. Die Vorurteile auf diesem Gebiet sitzen fest. Man hat mir von einem jungen Bauern berichtet, der ein junges Mädchen aus der Gegend monatelang mit seinen Aufmerksamkeiten bedacht hatte, schließlich erhört wurde, um dann am nächsten Tage, als er sie auf offenem Markte traf, öffentlich zu erzählen, was sich zugetragen habe; dabei beschimpfte er die Geliebte in gröblichster Weise, ohne daß sich eine einzige Stimme erhoben hätte, ihm seine Niedertracht ins Gesicht zu schreien. Es war das Mädchen, das die ganze Last des Abenteuers zu tragen hatte, der Mann war daraus hervorgegangen, weiß wie Schnee. In diesem Fall hatten die Zuschauer die Dinge vielleicht etwas normaler empfunden (in einem kultivierten Milieu hätte sich der Vorfall nicht zugetragen), ohne jedoch wagen zu dürfen, den Jahrhunderte alten Vorurteilen entgegenzutreten.

Ohne solche tatsächlich äußersten Grenzen zu erreichen, geschieht es öfter, daß junge Leute mit Eroberungen prahlen und Gott und der Welt gegenüber die Mädchen nennen, die ihnen irgendwelche Vertraulichkeiten zugestanden haben, wodurch sie ihnen angesichts unserer Sitten den größten moralischen Schaden zufügen. Meist ist es der Wunsch, »anzugeben«, der solche Haltungen hervorruft, wobei der angerichtete Schaden unterschätzt wird, aber es ist dennoch die gleiche Art sich zu verhalten, die aus den gleichen psychopathologischen Quellen kommt.

In Wirklichkeit neigt der normale Mann dazu, die Eroberung einer Frau zu überschätzen. Es ist in seinem eigenen Interesse, hebt seinen eigenen Wert, zu glauben, daß die Frau, die er besitzen konnte, nicht schlechter ist als die anderen, im Gegenteil. Ich habe diese Einstellung des öfteren bei jungen, durchaus normalen Männern beobachtet, die als Soldaten sehr instinktsicher waren. Diese normalen Burschen suchten nach gefühlsmäßiger oder sexueller Befriedigung, bevor sie gesellschaftliche Erfolge anstrebten. Sie wußten, daß man nichts zu gewinnen hat, wenn man anderer Leute Eifersucht herausfordert, nachdem man befriedigt ist, und sie sind deshalb in der Regel überaus diskret, während die anderen, die leer ausgingen, sich den Anschein des Erfolges zu geben versuchen.

Man sagt den jungen Mädchen auch, daß der Verlust der Jungfräulichkeit ein Wertverlust sei. Wir werden sehen, daß dies im Hinblick auf die gesellschaftlichen Vorurteile und die künstlichen Rangstufen dieser Wertwelt stimmt. Es stimmt jedoch nicht vom Standpunkt des Lebens und der Triebe aus.

Schließlich bringt man ihnen den Glauben bei — und stützt sich dabei auf die kindlichen Phantasiegebilde — daß die Defloration eine der schmerzhaftesten Operationen sei. Wie es einst Tausende von Leuten gegeben hat, die bestätigen konnten, den Teufel gesehen zu haben, so finden wir heute zahlreiche Frauen, die sich einen Spaß daraus machen, mit ihren angeblichen Erfahrungen junge Mädchen zu schrecken. Darin steckt nicht nur die soziale und moralische Absicht, zugunsten der Tugend zu lügen, nicht nur die Eifersucht, die sich vorstellt, die Liebe einer möglichen Rivalin zu vergiften und selbst interessanter zu erscheinen, sondern oft ist es auch die ehrliche Wiedergabe eines krankhaften Eindrucks.

Es scheint, als habe die Jungfräulichkeit die biologische Aufgabe, nach der Defloration eine Reihe von Reflexen im weiblichen Organismus auszulösen, so die bekannte, fast momentane Änderung des Gesichts, des Halsumfangs, die manchmal sehr beachtlichen Veränderungen der Körperformen usw. Die Frau muß nun ihre höchstmögliche Pracht und ihre größte Anziehungskraft entfalten. Es ist klar, daß die Natur es darauf abstellt, diese einseitige höchste Anspannung so lange hinauszuschieben, bis das Mädchen das sexuelle Interesse der Männer erweckt hat, während die Intensität des Triebes aufgespart wird, für den Fall, daß es keinen »Abnehmer« finden sollte. Deshalb wollte die Natur zweifellos (wobei diese Zielstrebigkeit auch einen selektiven und der Anpassung dienenden Sinn haben könnte) diesen Eintritt der Frau in das Sexualleben durch eine besondere Erfahrung unterstreichen.

Es kann vorkommen, daß diese Erfahrung infolge bestimmter physiologischer Gegebenheiten als unangenehm empfunden wird. Unabhängig von der Ungeschicklichkeit und Brutalität der Männer — beides sehr weit verbreitet — ist auch das Fehlen aufstauender Reize oder der notwendigen Absonderungen eine ungünstige Bedingung. Doch der entscheidende Faktor ist psychischer Art. Das Mädchen, das die Erfahrung in einem Angstzustand über sich ergehen läßt, der in Jahren der Einbildung entstanden ist, erwartet große Leiden, erwartet, sich opfern zu müssen, anstatt das Physiologische ablaufen zu lassen, wodurch alles einfach würde. Sie deutet jede neue Empfindung als Schmerz, wie es die Patienten des Zahnarztes tun, die im Behandlungssessel jammern, sobald man ihre Zähne auch nur anschaut. Solche Fälle sind häufig. Die Schrecken der Defloration beweisen es, und sie lassen das Vorurteil nicht aussterben. In Wirklichkeit empfinden die Frauen, wenn die Umstände in Ordnung sind, keinerlei Schmerz. Sie erleben das Neue der physischen Liebe und werden sich weder ihrer Jungfräulichkeit noch der Defloration bewußt. Sie merken, daß man viel Lärm um nichts gemacht hat.

Auch die Männer merken nicht viel mehr, sofern gute Bedingungen vorliegen. So einfach sind also die Dinge. Vor allem empfindet ein normaler Mann in jenem Augenblick tausend verschiedene Eindrücke, die seine Aufmerksamkeit ablenken und ihn beschäftigen. Wenn er keine vergleichbaren Erfahrungen besitzt, ist er zu einem Urteil unfähig.

So ist es verständlich, daß viele Frauen, von blödsinnigen Vorurteilen erregt, von Besorgnissen und Ängsten erfüllt, den Standesbeamten und den Geistlichen passieren und dann nicht in der Lage sind, sich der Spontaneität der Triebe zu überlassen. Sie bleiben frigide. Denn sogar, wenn es alle diese Einbildungen und Lügen nicht gäbe, bleibt die Liebe eine wichtige Erfahrung und eine so ernste Bewährung, daß sie eine Art geheimnisvoller Scheu einzuflößen vermag — auch auf Grund einer Reihe ganz realer Tatsachen, die man nur unvollständig und dunkel ahnt. Die Bewährung in der Liebe ist etwas Ernstes, und viele haben nicht das Format, sind zu unentwickelt, nicht großzügig genug, um sie mit Erfolg zu bestehen. Es ist sicher, daß die Liebe (und dies ist ihr Wesen) eine Reihe von Opfern nach sich zieht, die wie sinnbildliche Kastrationen erscheinen könnten, wenn sie nicht die geistige Bereicherung des Menschen bewirken würden. Es ist nicht daran zu zweifeln, daß — wie wir gesehen haben — die Liebe darauf vorbereitet, den Tod zu empfangen. Ein Schwindel kann einen befallen, wenn man diesen Gipfel erreicht, und auf der einen Seite das Tal der Kindheit entschwinden sieht, während auf der anderen das Leben des Erwachsenen sich hinabsenkt, den geheimnisvollen Tiefen des Todes entgegen.

Junge Menschen haben das überwältigende Bedürfnis, der Liebe entgegengeführt, über ihre wahre Bedeutung aufgeklärt zu werden. Aber sie finden auf der einen Seite Pornographie, Possen oder perverse Verlockungen, auf der anderen poetische Klagegesänge und die sogenannten psychologischen Romane, die meist nur von allgemeinen Tatsachen berichten. Die Philosophen sind zu diesem Thema fast stumm; die Forscher sehen die Frage nur vom Standpunkt ihrer Laboratorien: So ist alles Nacht und Wüste. Die Einfältigen meinen daher, alles zu wissen und alles begriffen zu haben. Welche Ahnungslosigkeit, welches Mißverständnis!

Daß die Jugend nicht ausreichend über die tiefe Bedeutung der Liebe unterrichtet wird, mag noch hingehen, aber es ist unfaßlich, daß auch über die einfache Frage, was ganz konkret die Geschlechter voneinander erwarten, so viele Vorurteile und so viele Illusionen verbreitet sein können.

Tatsächlich werden Knaben und Mädchen möglichst lange voneinander getrennt; sie schenken einander während einer beträchtlichen Zeitspanne ihres Heranwachsens nicht nur keinerlei Beachtung, sondern sie machen sich auch über ihre künftigen Partner völlig falsche Vorstellungen. In dieser Hinsicht sind also jene im Vorteil, die gemeinsam mit Brüdern und Schwestern aufgezogen wurden. Aber auch hier gilt der Vorbehalt, daß sich die heranwachsenden Geschwister gefühlsmäßig immer mehr voneinander entfernen, um inzestuöse Verbindungen zu vermeiden. Es kommt sogar zu offenen Feindseligkeiten, welche sich — statt der normalen sexuellen Neugier dieser Altersstufen — an die Rivalitäten aus der Kinderstube anschließen. Am besten geht es jenen Heranwachsenden, die ihren Unterricht in gemischten Schulen für Knaben und Mädchen erhalten, ein Brauch, der sich langsam auszubreiten beginnt. So entsteht das beste Gegengewicht zu den erschreckenden Liebesphantasien.

Dennoch neigen die jungen Leute, wenn sie das Alter erreichen, in dem man sich für Frauen interessiert, dazu, ihre eigenen Minderwertigkeitsgefühle auf das Gegengeschlecht zu projizieren. Es beunruhigt sie, daß diese Mädchen (insbesondere die kleinen Jungfrauen, die sie heiraten werden) ihre männlichen Qualitäten beurteilen werden. So strengen sie sich in der Hochzeitsnacht gewaltig an, die Partnerin durch den Umfang ihres Organs, die Wut ihrer Triebe, ihr Ungestüm und ihre Fixigkeit (die viele für ein Zeichen der Potenz halten) zu verblüffen. Die meisten jungen Leute sind deshalb viel zu sehr mit ihrem eigenen physiologischen »Funktionieren« beschäftigt, um auf ihre Partnerin achten zu können, vor allem auf ihre Befriedigung. Oft haben sie nicht einmal Zeit, sie anzusehen, so sehr ist ihre Aufmerksamkeit auf sich selbst gerichtet. Es gibt auch Jungvermählte, die ihre jungen Frauen nach wenigen Ehetagen in auf Perversitäten spezialisierte Bordelle mitschleppen, um ihnen »vorzuführen«, wie »erfahren« sie sind. Andere unternehmen es, ihnen Praktiken beizubringen, die zumindest als abwegig bezeichnet werden müssen, bevor sie überhaupt begriffen haben, was normal ist. Man kann sich die Wirkung solcher »Erziehung« auf junge Frauen vorstellen, die noch von vager Furcht vor den Männern und von einer züchtigen Abneigung gegen die Sexualität erfüllt sind. Meist werden sie, die bei fortschreitender und taktvoller Einführung in das normale Sexualleben eine normale Entwicklung genommen hätten, auf diese Weise endgültig frigide. Im allgemeinen finden sich die Ehemänner sehr gut mit der Frigidität ihrer Frauen ab. Sind sie selbst — mit ihren Erfahrungen ausschließlich bei Dirnen — allzu sehr Anfänger, so können sie nicht begreifen, was ihnen verloren geht. Auch fürchten sie allzu sehr die Rivalität anderer Männer und hoffen deshalb, daß ihre frigiden Frauen keine Lust haben würden, anderweitig Vergleiche zu ziehen. Das stimmt auch tatsächlich. Aber damit handeln sie für sich und alle Männer überhaupt einen durchaus negativen Wert ein. Erstens müssen sie nach einigen Jahren des Mißbrauchs den Preis dafür bezahlen, daß ihre Frauen unbefriedigt geblieben sind. Denn diese werden krank, schwierig, halb verrückt.

Die jungen Frauen, die in das Sexualleben eintreten, sei es in der Ehe, sei es in einer außerehelichen Verbindung, machen sich ihrerseits völlig falsche Vorstellungen davon, was der Mann von ihnen erwarten könnte.

Es gibt viele junge Mädchen, die eine Ehe mit dem Gedanken beginnen, Fruchtbarkeit sei das beste Mittel, einem Mann zu gefallen und ihn an sich zu binden. Im allgemeinen aber ist ein Mann, der heiratet, an die Frau um ihrer selbst willen gebunden, und er denkt nur ganz nebenbei an künftige Kinder. Er betrachtet den Nachwuchs vielmehr als eine Art Auflage der Gesellschaft für das Recht, eine Frau besitzen zu dürfen und legal Vater werden zu können. Natürlich hängt ein normaler Mann an seinen Kindern, jedoch tut er es als Folge der erwachenden Elterntriebe, die dann die ganze Gefühlsatmosphäre der Verbindung mit seiner Frau verwandeln. Das Kind ist also kein wirklicher Faktor der Einigkeit eines Paares, zumal festgestellt ist, daß Ehen mit Kindern — obwohl sie mehr Anlaß hätten, zusammenzuhalten — häufiger geschieden werden als kinderlose. Auch darüber bestehen Vorurteile. Viele sind nur darauf aus, Kinder zu haben. Oft steckt dahinter die krankhafte Besessenheit von dem Gedanken, nicht hinter den eigenen Eltern zurückstehen zu wollen, den eigenen biologischen Wert zu beweisen (vor allem, wenn die Konstitution zu wünschen übrig läßt), oder auch die Potenz zu bestätigen (was auf viele Invertierte zutrifft; Homosexuelle haben noch lieber als andere Leute Kinder). Im allgemeinen aber haben junge Menschen, welche die Liebe mit einem geliebten Partner suchen, nur sehr undeutliche Gedanken an Fortpflanzung, vor allem schon deshalb, weil die zugrundeliegenden Triebe sich normalerweise erst nach den im engeren Sinn sexuellen Trieben entwickeln. Frauen sind meist zurückhaltender, und zwar infolge der physiologischen Risiken des Geburtsaktes, während Männer an die wirtschaftlichen Belastungen denken und auch Mitgefühl für die Schwierigkeiten empfinden, welche die Frau durchzustehen hat. Um es zusammenzufassen: Im gleichen Maße, als zahlreiche Nachkommenschaft, anders als im Altertum, keine Quelle von Macht und Reichtum mehr ist, sondern, wie in den modernen Städten, Ursache vieler Mühen und Opfer, besitzt die weibliche Fruchtbarkeit keine Anziehungskraft mehr für Männer. Sie hat nicht einmal viel mit der Liebe gemein.

Die meisten jungen Frauen meinen, was die Männer am meisten verführe, sei körperliche Schönheit. Sie verbringen viel Zeit, um alle Teile ihres Körpers nach Maßen und Qualitäten zu prüfen und zu versuchen, eine hohe Gesamtqualität zusammenzurechnen. Tatsächlich hören sie ja auch oft genug Männer über Frauenschönheit sprechen; aber auch hier steckt ein schweres Mißverständnis.

Im allgemeinen sind Männer geschmeichelt und daher glücklich, eine Frau zu besitzen, die als schön gilt. Es ist ein Mittel zur Selbstaufwertung, eine Frau erobert zu haben, die kostbar erscheint. Das kann so wichtig sein, daß Männer das Bedürfnis haben, eine Frau schön zu finden, auch wenn sie es gar nicht ist. Aber auch wenn bestimmte Mängel tatsächlich die Liebe auslöschen können, so ist es dennoch niemals einfach Schönheit, was Männer für eine Frau entflammt. Sie sind sehr glücklich, mit einer Schönheitskönigin spazierengehen zu können, aber sie verlieben sich nicht außerordentlich in sie. Die Erfahrung lehrt, daß es nicht die im ästhetischen Sinn schönsten Frauen sind, denen am meisten der Hof gemacht wird. Die Anziehungskraft einer Frau hängt vielmehr von einem bestimmten Charme ab, den man nie genau erklären konnte, weil man stets nach einem materiellen, objektiven Maßstab suchte. In Wirklichkeit geht es ausschließlich um eine Empfindung, das Ergebnis einer Unmittelbarkeit und inneren Freiheit der Frau und um einen Duft, bildlich gesprochen, den ausgesprochenen »Duft des Lebens«. In Wahrheit ziehen jene Frauen die Männer am meisten an, die sich am lebhaftesten nach Liebesbefriedigung sehnen. Es muß ergänzt werden, daß die Bindung des Mannes an eine bestimmte Frau sich in der Regel an einen einzigen Zug heftet, der an eine ferne, zumeist in der Kindheit geliebte Person erinnert. Es kommt vor, daß dieser bestimmte Zug direkt ein Fehler, etwas Häßliches ist. Der Philosoph Descartes erzählt, daß er sich über den Zufall gewundert habe, warum alle Frauen, in die er sich verliebte, den gleichen Fehler hatten, nämlich zu schielen; eines Tages fiel ihm ein, daß dies das Charakteristikum einer Frau gewesen war, der früher sein Herz gehört hatte. Die jungen Mädchen sind also recht töricht, wenn sie sich mit Zentimetermaßen prüfen, um ihre Chancen, geliebt zu werden, zu steigern, während die jungen Leute die Länge ihres Penis messen! Dennoch vermögen nur wenige junge Mädchen sich vor der Gespensterfurcht körperlicher Unzulänglichkeit zu schützen, und die meisten »rationalisieren« irrtümlich ihr aus moralischen Konflikten stammendes Minderwertigkeitsgefühl als Folge ihrer Nasenform oder ihrer Haarfarbe.

Ebenso täuschen sie sich, wenn sie glauben, ihre Reinheit könne das Herz eines Mannes entflammen. Zweifellos ziehen es Männer im allgemeinen vor, eine jungfräuliche Frau zu heiraten, jedoch aus Gründen, die mit Liebe als solcher nichts zu tun haben. Sie tun es vor allem, weil eine Jungfrau, wie eine Schönheit oder eine Reiche, gesellschaftlich höher eingeschätzt wird und den Wert des eigenen Sieges steigert. Weiter ziehen sie die Jungfrauen vor, weil ein krankhafter aber weit verbreiteter Zweifel am eigenen sexuellen Wert sie fürchten läßt, der Vergleich einer erfahrenen Frau, die den Ehemann an anderen Männern messen kann, könnte zuungunsten des Ehemanns ausfallen. Schließlich findet man die Überbewertung der Jungfräulichkeit bei solchen Männern, die psychisch-sexuell noch nicht voll ausgereift und an das kindliche Ideal der Mutter fixiert sind, die vom Vater nicht »befleckt« werden darf. Eine solche Bindung ist aber mit Sicherheit neurotisch. Vor allem verfügen Männer, die besonders an weiblicher Jungfräulichkeit interessiert sind — samt ihren Minderwertigkeitskomplexen und ihren Neurosen — zugleich über die geringste Liebeserfahrung. Und sie sind natürlich auch am leichtesten zu täuschen, sofern eine Frau, die bereits defloriert ist, es darauf anlegt, sie irrezuführen. Ich kannte viele Mädchen, die beschlossen hatten, am Hochzeitstag für Jungfrauen gehalten zu werden — obwohl sie es durchaus nicht waren. Auch ohne die kleine Operation, die manche Chirurgen vorzunehmen pflegen, auch ohne die berüchtigte Glycerin-Tannin-Mixtur, über die mein alter Lehrer Reynier so gern Witze riß, hatten sie alle besten Erfolg. Das erweist die Brüchigkeit aller dieser Phantasien angesichts der Wirklichkeit des Lebens. Man predigt, weil es üblich ist, daß die nicht mehr »reinen« jungen Mädchen ihre Anziehungskraft verloren hätten, aber die Statistiken weisen nach, daß die reinen Mädchen nicht häufiger geheiratet werden als die anderen. Man kann sogar feststellen, daß Frauen, die den Ruf großer Liebhaberinnen haben, in dieser Hinsicht bessere Chancen haben als die reinen jungen Mädchen. Hier geht es um eine Prestigefrage in einem anderen Bereich, unter solchen Männern, die nicht unter Minderwertigkeitskomplexen leiden und daher Vergleiche nicht fürchten. Wenn eine junge Witwe leichter einen »Abnehmer« findet als eine Jungfrau gleichen Alters — was allgemeine Erfahrung ist —, so infolge der Umkehrung der berühmten Reinheit, nämlich wegen ihrer Erfahrung!

In Wirklichkeit ist auch der berühmte sex appeal durch äußerlich-körperliche Kriterien nicht faßbar, sehr wohl aber und ohne weiteres aus dem Instinkt der Männer zu erklären, welche auf die Intensität, die Entschiedenheit und den ausgeprägten Sexualtrieb der Frau reagieren, diese natürliche Grundlage jeder erotischen Anziehungskraft, den höchsten Wert auf biologischer Ebene.

Im Gegensatz zu den jungen Mädchen, die auf ihre Reinheit und Ahnungslosigkeit in sexuellen Dingen rechnen, um Männer anzuziehen, gibt es andere, die meinen, ihr Mangel an Erfahrung sei eine Schande, sie müßten sich ohne Gegenwehr auch den kompliziertesten und ungewöhnlichsten Praktiken fügen und die übelsten Phantasien ihrer Partner für natürlich halten, um nicht dumm zu erscheinen. Ich habe Fälle junger Frauen gekannt, die als Jungfrauen geheiratet hatten, die wenige Tage nach der Hochzeit die »Partouses« vollführten und dabei glaubten, sozusagen auf der Höhe der Zeit zu sein. Die Frauen glauben auch — nachdem sie vom Kama-Sutra und ähnlichen Werken gehört haben — daß es eine sehr raffinierte Wissenschaft der Liebesspiele gäbe, ohne zu begreifen, daß der wahre Zauber der körperlichen Liebe gerade in der Unmittelbarkeit und dem natürlichen Ablauf besteht. Und wenn sie vom Fleck weg die Offenbarung übermenschlicher Wollust erwarten, erleben sie die gleiche Enttäuschung, wie der Pennäler bei seiner ersten Zigarre —, und dies manchmal für immer, denn sie erwarten vom Mann, dem sie sich hingeben, eine erleuchtete Einweihung, finden aber nicht viel mehr als Unwissenheit, vulgäres Verhalten und die Kindereien ungezogener Schulbuben. Die jungen Leute sind nicht zahlreich, die sich vorstellen können, daß die Jungfrau, die sie geheiratet haben, anders behandelt werden sollte als die Dirne aus ihrem Provinzbordell. Sie ahnen nichts von ihren Besorgnissen, ihrer oft so verwirrenden Ahnungslosigkeit, nichts von dem Weg, den sie durchlaufen muß, um eine erotische Erziehung zu erhalten. Die Blödheit solcher Männer entspricht ihrem Egoismus und ihrer Grobheit.

Hier taucht auch noch das Problem der ungleichen Entwicklung auf, weshalb ein Mann von fünfundzwanzig Jahren und eine Frau im gleichen Alter (dem Durchschnittsalter der Eheschließungen) die größten Schwierigkeiten haben, zu einem sexuellen Gleichklang zu kommen.

Der weibliche Charakter erreicht sehr früh seine Reife. Ein junges Mädchen von zwanzig oder einundzwanzig Jahren ist fertig, nicht nur in seiner körperlichen Entwicklung, sondern vor allem auch psychisch. Ein Mann ist, bevor er fünfunddreißig oder vierzig Jahre alt wird, niemals ganz reif. Aber nur, wenn er reif ist, sucht der Mann in der Frau einen Gegenstand für seine Zärtlichkeit, ein Geschöpf, das er führen und beschützen kann, vor allem natürlich, wenn die Frau jünger ist als er, denn damit greifen auch die väterlichen Triebe ein, die diesem Alter entsprechen und die den sexuellen Trieb in ihrer Weise tönen. Vorher ist der junge Mensch vor allem mit sich selbst beschäftigt; seine Frau erscheint als Schmuck seiner eigenen Person, ein Luxus, den er errungen hat, als ihm erlaubt wurde, ein Mann zu sein. Er lebt mit einer Frau, um seinen Kameraden gegenüber, die allein sind, Überlegenheit zu gewinnen und ihre Eifersucht zu wecken. Es ist sehr selten, daß seine wirkliche Fürsorge der Frau selbst gilt, wenn er sie — ohne Zärtlichkeit — wie ein Spielzeug behandelt. In vielen weiteren Fällen hat sich der junge Mann noch nicht ausreichend von seiner Mutterbindung befreit, er erwartet stets vom Weiblichen Fürsorge, Opfer —, was ein weiterer Grund für sein egoistisches Verhalten in den Beziehungen zur Frau ist. Ist sie mütterlich und beherrschend, so kann sie die kindliche Anhänglichkeit des Burschen gewinnen, zumindest so lange, bis seine Reife die männlichen Instinkte in ihm weckt. Die Verbindung wird aber immer von rückläufiger, regressiver und falscher Art sein. Ist die junge Frau normaler, so wird sie sich einfach getäuscht fühlen.

Die normale junge Frau erwartet von dem Mann, den sie liebt, Zärtlichkeit, Verständnis und Fürsorge. Wenn sie in diesem

Manne eine Neuauflage und Fortsetzung des Idealbildes »Vater« sucht, so widerspricht dies nicht ihrer weiblichen Natur, während der Wunsch des jungen Mannes, eine zweite Mutter zu finden, ungesund ist. Sie erwartet vom Manne, daß er sich mit ihr beschäftigt, d. h. daß er sie versorge, ihre Bedürfnisse errate, sie in ihrer Lebensunerfahrenheit leite. Deshalb ziehen die jungen Frauen instinktiv Männer vor, die älter sind als sie selbst, und jedesmal, wenn im Herzen eines Mädchens von zwanzig Jahren ein zwanzigjähriger Bursche und ein Mann von vierzig um den Vorrang streiten (wobei alle anderen Interessen und die Fragen des Sozialprestiges beiseite bleiben können), so wird immer der Vierzigjährige den Kampf gewinnen. Es kommt auch oft vor, daß junge Frauen von Männern enttäuscht sind, bevor sie sie persönlich kennen: Mütter und ältere Freundinnen haben ihnen weisgemacht, daß Liebe ein Betrug sei. So lassen sie dieses natürliche und unmittelbare Bedürfnis nach Schutz und Fürsorge fahren und greifen statt dessen nach dem gesellschaftlich üblichen künstlichen Ersatz, dem Geld. Sie wählen den reicheren Mann, weil er ihnen statt der fehlenden Zärtlichkeit kostspielige Dinge geben kann. Tatsächlich umfaßt der Bereich der Prostitution, der von Gefühlstäuschung bis zum feindseligen Ausgeliefertsein reichen kann, alle Ebenen der Gesellschaft, auch die vornehmen Mädchen, die ihren Mann nie betrügen würden; ihre Prostitution besteht in der Opferung der Gefühlswerte zugunsten finanzieller Werte.

Die Erziehung ist dazu angetan, Mißtrauen und Mißverständnisse zwischen den Geschlechtern zu stiften. Junge Leute und junge Mädchen fürchten, nicht um ihrer selbst willen geliebt zu werden, sondern wegen ihres Reichtums (falls sie ihn besitzen), oder um anderer materieller Vorteile willen, die sie bieten können. Dies sind die entscheidenden Gesichtspunkte der Familien, die gegen die Gefühlsbindungegn ihrer Kinder ankämpfen. Die jungen Mädchen glauben schließlich, daß sexuelle Wünsche eines Mannes beweisen, daß er sie gefühlsmäßig nicht liebe! Auf jeden Fall bemühen sich junge Männer und junge Mädchen mit den Übertreibungen der Jugend — wenn es um Liebe geht — Gefühlswerte abzulehnen, als handle es sich um eine gefährliche und kindische Illusion. Bei solchen jungen Menschen hat die Erziehung es tatsächlich vermocht, die Liebe »im Keime« zu ertöten oder ihr Licht zumindest unter den Scheffel zu stellen. Dann flackert die Flamme, um die vierzig herum, um so furchtbarer auf, wenn das Leben einen letzten Anlauf nimmt, um sein höchstes Ziel nicht zu verfehlen.

Um entgegen allen falschen Einbildungen, allen tendenziösen Unterrichtungen, allen irrigen Urteilen den wahren Sinn der Liebe wiederzufinden, um zu fühlen, was sie selbst instinktiv von der Liebe erwarten und was sie in ihr suchen sollten, um dieses Ziel zu erreichen, müßten die jungen Menschen sich mit einer kräftigen Bemühung daran zu erinnern versuchen, wie sie die Liebe erfaßten, als sie eine erste Ahnung von ihr empfingen, also sehr früh in der Kindheit und jenseits aller moralischen Konflikte, die in der Vorpubertät auftauchen. Wenn es den jungen Menschen gelänge, sich nicht ihre Phantasien von geschlechtlicher Vereinigung ins Gedächtnis zurückzurufen, sondern jene Art von Zärtlichkeit, von der sie träumten, und jenes begeisterte Gefühl, das sie mit der Hoffnung erfüllte, in einem anderen Menschen die lebende Verkörperung ihrer Träume zu finden — dann wüßten sie, was ihr Gefühl in seinem Kern erhofft und erwartet, und sie könnten unermüdlich danach suchen, in der Gewißheit, es finden zu können. Doch dieses innere Licht ist in der Regel verschleiert, und sie befinden sich in tiefer Finsternis.

Es kann sein, daß der Blitzschlag einer großen Liebe nichts anderes ist als das plötzliche Wiederbewußtwerden dieser so lange niedergehaltenen Strebungen, die dann verdrängt und vergessen wurden, ein Wiederbewußtwerden gelegentlich einer Begegnung, die das befreiende Zeichen leibhaftig vor Augen stellt. Dies Zeichen, dies Detail, kann eine körperliche Ähnlichkeit sein, ein äußerer Schmuck, ein ungewöhnlicher Umstand, oder sei es was es sei, das uns gemahnt — nicht als klare und deutliche Erinnerung, sondern als dunkle Antwort der Seele — irgendeine Einzelheit der kindlichen Träume, als das Herz noch lebendig war und reich. Nicht nur diese Einzelheiten selbst bleiben in solchen Fällen in der Regel unbewußt; ihre Enthüllung oder die bewußte Erinnerung daran kann die ganze Liebesmagie des »Blitzschlages« zusammenbrechen lassen, indem die Illusion der Identität oder der Vorahnung aufgehoben wird. Ich konnte eine Frau von einer plötzlichen Leidenschaft heilen, die ihr Leben umgestürzt hätte und gegen die sie bei mir Hilfe gesucht hatte. Wir fanden heraus, daß diese Leidenschaft durch eine nur notdürftige Ähnlichkeit der äußeren Aufmachung mit einer Person ausgelöst worden war, welcher die erste Liebe im Leben des jungen Mädchens gegolten hatte, eine unerfüllte, aber nicht wirklich erloschene Liebe. Diese Entdeckung gab der Frau die Möglichkeit, ihre Begeisterung, die an Erinnerungen geknüpft war, zu überwinden und den Mann objektiv zu sehen, der — einen Augenblick lang — sie als Fata Morgana der Vergangenheit an sich gezogen hatte.

In Wirklichkeit ist jeder Mensch in dieser Weise überempfindlich gegen bestimmte Züge, bestimmte Rhythmen, nach denen sich seine erotische Empfänglichkeit ausrichtet. Es sind dies Ähnlichkeiten mit Gestalten, die man in der Kindheit geliebt hat. Diese

Anziehungskraft wirkt um so mächtiger, je unbewußter sie bleibt, d. h. so lange diese bestimmte Ähnlichkeit nicht dem Bewußtsein deutlich klar wird. Deshalb sind es jene Bilder, die am sichersten hinter der Masse der Erinnerungen verborgen sind, welche die stärkste Anziehungskraft besitzen. Man braucht sich deshalb nicht zu wundern, wenn ein Mann vom Anblick einer Frau aufgerührt wird, die in etwa daran gemahnt, was einmal seine Mutter oder seine ältere Schwester gewesen war, in deren Gegenwart er den ersten Anflug von Zärtlichkeit dem Weiblichen gegenüber verspürt hatte und die erste Bewegung seines Herzens.

Und ebenso suchen Frauen den Typus des Vaters oder Bruders. Diese Anziehung, die sehr allgemein wirkt, hat wichtigste Konsequenzen in biologischer Hinsicht, weil dadurch im Lauf der Zeit ethnische und auch Familientypen festgelegt werden. Es scheint mir immer, wenn ich bestimmte Tiere beobachte, etwa Katzen, die ich gut zu kennen glaube, daß man genau erkennen könne, wie die Vorliebe der einzelnen Tiere sich auf Sexualpartner mit einem ganz bestimmten Fellkleid zu richten pflegt. Ebenso auffallend ist es, bei bestimmten alten Familien, bei denen sich Bildnisse ferner Ahnen erhalten haben, die Ähnlichkeit mit den Abkömmlingen von heute feststellen zu können. Es ist kein Zweifel möglich, daß dabei die Fortdauer eines deutlich erkennbaren Typus gegeben ist; die Liebeswahl der Paare ist sicherlich, wenn nicht die Ursache, so auf alle Fälle das Mittel, das eine solche Fortdauer ermöglicht. Dies entspricht auch der natürlichen Evolution, durch die bei ethnischen Gruppen die Untergruppen sich fortschreitend differenzieren.

Man sagt manchmal, daß die Liebeswahl sich nicht nach Ähnlichkeiten, sondern nach Gegensätzlichkeiten ausrichtet. Braunhaarige Männer ziehen blonde Frauen vor, füllige Frauen entscheiden sich für magere Männer usw., so daß die Paare sich nach Unähnlichkeiten zusammenfänden, was auf den ersten Blick der Wahl nach dem Familientypus zu widersprechen scheint. Manche Menschen gehen so weit, ausgesprochen fremdländische oder exotische Partner denen aus ihrem eigenen Lande vorzuziehen. Diese Neigung, die man tatsächlich manchmal bestätigt findet, kann jedoch nichts weiter sein als die Umkehrung der normalen Tendenz. Man weiß, daß Gefühle, die — gleich aus welchen Gründen — keine Erfüllung finden können, sich ganz einfach und eindeutig umkehren, umstülpen. Es genügt, daß die Bindung eines Knaben an seine Mutter oder Schwester sich in der Kindheit kompliziert, etwa durch eine inzestiöse Versuchung (oder was man dafür hält), um ein Schuldgefühl Platz greifen zu lassen, das der ursprünglichen Gefühlsrichtung einen Widerstand entgegensetzt. Solche Männer werden durch ein Tabu von allen Frauen zurückgehalten, die an ihre Mutter oder Schwester erinnern, sofern sie nicht überhaupt impotent oder homosexuell werden. Sie können dann nur vom entgegengesetzten Typus angezogen werden, und je mehr sie diese Opposition züchten, um so wohler fühlen sie sich. Jene Männer von Welt, die ihre Männlichkeit nur mit Dirnen, Negerinnen usw. betätigen können, verwirklichen einen solchen Mechanismus. In Wirklichkeit wäre es ungenau zu sagen, daß sie gezielt nur von einem Frauentypus angezogen werden, der ihrer Familie entgegengesetzt ist: Man müßte vielmehr sagen, daß dieser Familientypus Widerstände in ihrem Herzen weckt, wodurch sie verdammt sind, in entgegengesetzter Richtung zu suchen. Es handelt sich nicht um ein Maximum von Anziehung, sondern um zwingende Widerstände, also um einen pathologischen Mechanismus, und sei er noch so verbreitet.

Man muß noch eine Bemerkung hinzufügen: Wir stellen hier die Anziehung des Einzelnen durch Partner des Gegengeschlechts fest, die auf Grund einer Ähnlichkeit oder Unähnlichkeit mit dem Familientypus zustande kommt, jedoch eine Anziehung, die auf das »richtige« Geschlecht zielt. Es geht darum, zu wissen, ob ein Mann Frauen bevorzugen wird, die seiner Mutter, seiner Tante, seiner Schwester oder Kusine ähnlich sehen, oder eine Frau ganz entgegengesetzten Typus'. Es geht nicht darum zu erkennen, ob ein Mann eine Frau vorziehen würde, die ihm selbst ähnlich sieht. Es gibt tatsächlich Völker, bei denen der Typus Mann und der Typus Frau außerordentlich verschieden sind. Sieht man sie jeden für sich, so würde man weder glauben, daß sie der gleichen Rasse angehören, noch daß sie voneinander abstammen. Diese sexuelle Differenzierung interessiert uns hier nicht. Wenn aber ein Mann in einer solchen Umwelt sich speziell in eine Frau verliebt, die nicht den Frauen seiner Familie, sondern ihm selbst ähnlich sieht, so muß man darin ein Zeichen von Narzismus und Homosexualität sehen. Es handelt sich dabei um bedeutend seltenere Mechanismen.

Schließlich jedoch kann außer von diesen rein psychischen bestimmenden Kräften, welche die größte Bedeutung zu haben scheinen, die erotische Anziehung zwischen zwei Partnern auch von somatischen, von noch unbekannten körperlichen Faktoren abhängen. Was das Volk mit seiner Intuition als »Hautfrage« bezeichnet, könnte in Zukunft vielleicht mit einer Art elektrischer Polarität verknüpft erscheinen, die sicher viel komplizierter aber ebenso wesentlich wäre wie jene, die von den Biologen als »Tropismus« der Geschlechtervereinigung untersucht worden ist; diese Art gegenseitiger elektrischer Aufladung scheint mit größter Wahrscheinlichkeit bei dem gleichzeitigen Eintritt von Orgasmus und Ejakulation eine Rolle zu spielen. Vorläufig ist ein solcher erotischer Faktor, falls es ihn geben sollte, Gegenstand der praktischen Erfahrung. Jedenfalls entwickelt er sich durch Übung. In der Praxis wäre also die keusche Askese für eine Kultur des sex appeal nur außerordentlich negativ zu werten.

Diese Entsprechungen des körperlichen Typus' — wenn sie auch das erste Signal setzen, um die gefühlsbetonte Aufmerksamkeit des Partners zu wecken, die erste Annäherung, den Wunsch nach Kontakt zu bewirken — reichen dennoch allgemein nicht aus, um eine dauerhafte Bindung und eine tragfähige Weiterentwicklung einer wirklichen Liebe zu sichern. Es muß darüber hinaus notwendigerweise noch eine rein gefühlsmäßige Anpassung verwirklicht werden, die von den tiefsten Strebungen und den Charakteren abhängt.

III

Die Liebe und die Gesellschaft

Die Liebe als Leidenschaft paßt sich der Disziplin der menschlichen Gesellschaft nur schwer an; sie gehört in den Bereich des Revolutionären. Die Eltern halten die Sexualität der Kinder nieder, weil sie darin einen Angriff auf ihre Autorität und ihre Besitzansprüche sehen. Nachdem die kindliche Sexualität — heute durch religiösen Druck, wie einst durch Kastration und sexuelle Verstümmelung — zurückgedrängt worden ist, legt die Gesellschaft der Liebe der Erwachsenen ihre Sühneforderungen auf: die Ehe mit all ihren Tabus, Konventionen und Lasten. Die Bindungen an die Kinder wirkt als Gegengift gegen die Liebesraserei der Eltern. Die meisten ungünstig zusammengefügten Ehen enden im Ehebruch, vor allem der Männer, nachdem die Mehrehe verschwinden mußte, die so weitgehend den Forderungen der Triebe entsprochen hatte. Unsere Sitten neigen dazu, die ungebundene Phase der Liebe zu unterdrücken, vor allem die freie Liebe der Frauen zu verdammen. Das Ideal der weiblichen Keuschheit wird besonders bei Neurotikern überwertig. Nur wenn es um Prostitution geht, zeigt die Gesellschaft einen Januskopf; aber die freie Liebe ist vor allem ein Aufstand gegen die Gesetze der Gesellschaft, ein Zeichen der Unabhängigkeit, gerade weil sie verdammt wird. Doch duldet die Gesellschaft Übergriffe der Vorgesetzten Frauen gegenüber, Reste der sexuellen Vorrechte des Hordenvaters.

Keine Regierung kann sicher ein Volk beherrschen, das hungert, denn der Selbsterhaltungstrieb — wesensmäßig ein Individualtrieb — steht in Opposition zu dem, was ihm Schranken setzt. Ein hungriger Bauch gehorcht nicht. Aber auch ein Mensch, der von Liebesleidenschaft befallen ist, kann gleichermaßen bereit sein, alle Hindernisse niederzureißen und jeden Wahnsinn zu begehen. Liebe ist gefährlich für die Disziplin, und dies um so mehr, als sie — im Gegensatz zum Hunger, der durch beliebige Nahrungsmittel gestillt werden kann — sich auf ein ausgewähltes, ganz bestimmtes Ziel versteift. Wir haben gezeigt, wie die Gesellschaft mit Hilfe ihrer Institutionen ständig bemüht ist, die Gewalt der Liebe zu zähmen und einzudämmen. Dabei besteht ein schwerwiegender Interessenkonflikt, da die Autoritätsansprüche und die sexuellen Rivalitäten sich gegenseitig überlagern.

Es ist aufschlußreich, die fernen Ursprünge ins Auge zu fassen. Wir kennen heute das gesellschaftliche und sexuelle Leben der Affen. Der Hordenvater verfügt allein über eine bestimmte Anzahl von Weibchen und über seine weibliche Nachkommenschaft. Die männlichen Jungen sind bis zum Tode des Hordenvaters von jedem normalen Sexualleben ausgeschlossen; nach dem Tode des Alten erfolgt eine Umordnung der Gruppe. Es scheint, daß das Leben unserer vorgeschichtlichen Ahnen nicht anders verlief. Später erringen die Söhne das Recht, sich mit ihren Schwestern und Halbschwestern zu vereinigen. Noch später, nach dem Seßhaftwerden und der Entwicklung von Eigentum, wird die Ehe exogam (Verbindungen außerhalb der eigenen Gruppe) und die weibliche Nachkommenschaft Gegenstand von Tausch und Tauschhandel. Das berühmte primitive Matriarchatat ist nichts anderes, als die Aufrechterhaltung der Rechte des Hordenvaters gegenüber der Nachkommenschaft seiner Töchter durch Vermittlung eben dieser Töchter: Überall, wo man ihm begegnet, haben die Frauen eine noch schlechtere Stellung. Auf einer noch späteren Entwicklungsstufe, die mehr oder weniger mit dem Beginn der geschichtlichen Zeit zusammenfällt, erwirbt der Ehemann, durch Entführung oder Kauf seiner Frau, die volle Unabhängigkeit von deren Vater und das Eigentumsrecht an seinen Kindern (die patriarchalische Epoche). Bis in unsere Tage sichert die Mitgift dem Schwiegervater wenn nicht Rechte, so doch eine gewisse praktische Kontrolle der Haushaltsführung des jungen Paares.

Die Rechte des Vaters seiner verheirateten Tochter gegenüber haben sich also mit der Kulturentwicklung verringert. Jede weitere Einschränkung konnte jedoch nur mit Mühe erreicht werden. Natürlich gesellten sich zu den Ansprüchen des Vaters die Wünsche von dessen Ehefrau; beider Interessen liefen in diesem Fall parallel. Wir spüren heute noch recht unbehaglich die Nachwirkungen dieser Vergangenheit. Die Eltern sind überzeugt, daß sie Rechte auf ihre Kinder haben, d. h. daß diese ihnen bis zu einem gewissen Grade gehören. Dieses Vorrecht macht ihnen niemand streitig, solange die Kinder klein sind (und das Römische Recht sichert dies so gut als möglich), doch wenn die Kinder das Heiratsalter erreichen, ergeben sich, wenn sie eine Ehe eingehen wollen, zahlreiche gesellschaftliche Probleme, als erstes, die Befreiung der Kinder von der väterlichen Vormundschaft. Es ist für das gesellschaftliche Gleichgewicht unerläßlich, daß der verheiratete Mensch nicht mehr der väterlichen Autorität untersteht. Das ist in der Praxis so selbstverständlich, daß viele junge Leute, vor allem Mädchen, keinen anderen Weg sehen, um sich von ihrer Familie zu befreien, als die Ehe. So hebt der offizielle Beginn des Sexuallebens der Kinder die ursprünglichen Rechte der Eltern auf. Es ist natürlich, daß diese in jeder möglichen Weise dem entgegenwirken.

Diese Reaktion ist um so erbitterter, als dieser Autoritätsentzug mit einer Verletzung der Gefühle verbunden ist. Gewiß sind die Zeiten längst vorüber, als der Hordenvater auch sexuell über seine Töchter verfügte, aber die Bindung ist nicht verschwunden, sondern ist nur in den Gefühlsbereich hinübergewechselt. Es ist ganz natürlich (das Gegenteil wäre sogar unfaßlich), daß Eltern an ihren Kindern hängen, die sie heranwachsen sahen, denen zuliebe sie steigende Opfer zu bringen hatten, in denen sie ein Spiegelbild ihres eigenen Wesens erkannten, mit denen sie ihre eigene Kindheit neu erlebten; dies Kind — nun erwachsen — erscheint als verjüngtes Ebenbild des Ehegatten, den sie liebten, oder als Spiegel ihrer eigenen Jugend. Alle Welt kennt jene Väter, die sich allen Eheplänen ihrer Töchter grundsätzlich widersetzen, oder jene Mütter, die sorgfältig jede jugendliche Weiblichkeit entfernen oder herabsetzen, die ihren Sohn interessieren könnte; man kann sogar sagen, daß in allen Familien, so gut wie ohne Ausnahmen, die Eltern sich mehr oder weniger einer Ehe ihrer Kinder entgegenstellen, sogar dann, wenn sie selbst eine auch für sie gesellschaftlich günstige Verbindung vorbereitet haben.

Als Folge dieser Verfügungsgewalt der Eltern über die Kinder, der Alten über die Jungen, ist es weiter natürlich, daß man versucht, das Sexualleben der letzteren beträchtlich einzuschränken. So wird die für das Leben der Gesellschaft unersetzliche Ehe von allen Seiten von zahllosen Hürden, Gebräuchen und Weihen umgeben. Deshalb erscheint die freie Liebe, die sich allen diesen Kontrollen entzieht, als beachtliche Gefahr, gegen die härteste gesellschaftliche Abwehrmaßnahmen geboten sind.

In dieser Richtung wirkt aber auch ein durchaus rationales Argument, das wichtig erscheint: Die Liebe führt mehr oder weniger schicksalsmäßig zur Fortpflanzung, und zwar um so mehr, je natürlicher sie ist. Die Probleme der Aufzucht dieser Kinder, ihre Lage als mögliche Erben (man denke an die Rolle der Bastarde in der Geschichte) ergeben zahllose Komplikationen. Darüber hinaus kompromittiert allein schon ihre Existenz das solide Ansehen einer Familie, dieser Kernzelle der Gesellschaft, und damit diese als Ganzes. Man kann hinzufügen, daß die Familie aus diesem Grunde mehr an der Tugend der Töchter interessiert ist, welche ihre Nachkommenschaft an den häuslichen Herd bringen, als an jener der Söhne. Wenn die sexuellen Sitten sich so entwickelt haben, daß Liebeleien unter jungen Leuten unfruchtbar bleiben, wie bei den amerikanischen petting-parties, sind die Eltern etwas willfähriger.

Doch des öftern verbergen die anerkannten Gründe geheimere

Bestrebungen. Man braucht keine große psychoanalytische Erfahrung zu besitzen, um zum Beispiel zu wissen, daß die Familien im Bereich der Gefühle eifersüchtig auf alle Bindungen sind, die ihre Kinder fesseln könnten. Der Vater ist eifersüchtig, wenn die Tochter die Mutter vorzieht. Die Eltern sind bedrückt von der Anhänglichkeit ihres Kindes sogar an dessen Hund oder Pferd, oder an die Musik. Hier geht es nicht um uneheliche Bastarde, die geboren werden könnten —, dennoch sind die Reaktionen heftig genug. Der beste Beweis dafür, daß es für das Liebesverbot jungen Leuten gegenüber geheime Motive gibt, ist die Tatsache, daß man transzendente, moralische Gebote verkündet, offenbarte Befehle göttlicher Mächte — wie es stets der Fall ist, wenn es um gefühlsmäßige Werte geht. Man könnte den jungen Leuten sagen: Es ist euch verboten zu lieben, weil ihr uneheliche Kinder in die Welt setzt. Der Grund wäre klar und genau; aber man spricht von Gottes Zorn, von moralischer Entehrung und sonstigen irrationalen und subjektiven Dingen. In Wirklichkeit fällt es den Familien schwer, sogar solchen Ehen zuzustimmen, die sie selbst in die Wege geleitet haben; wie wütend müssen sie sich also solchen Verbindungen widersetzen, die sie nicht kontrollieren können: Sie stellen fest, daß das Kind ihrer Autorität entschlüpft, ohne die üblichen Sühneriten zu vollführen; es verläßt die Gruppe, der es unterworfen war und verrät deren Liebe. Viele Mütter glauben tatsächlich, daß ihr Sohn nicht das Recht habe, eine andere Frau zu lieben, außer ihnen selbst; diese Auffassung erscheint ihnen so selbstverständlich, daß sie sich darüber ohne jede Zurückhaltung und Scham auslassen. Die Familie im einzelnen und die Gesellschaft im allgemeinen sind sich darüber einig, das Aufblühen der Sexualität mit allen Mitteln zügeln zu müssen, sowohl bei Kindern wie bei Jugendlichen.

Ich meine, man braucht nicht nach weiteren Gründen für die Härte zu suchen, mit der man jede sexuelle Neugier der Kinder verdammt. Ich habe Kinder gekannt, die bestraft, ja geschlagen wurden, weil sie gefragt hatten, wie Kinder auf die Welt kämen oder was der Hahn mit der Henne täte. Nicht alle Eltern sind so töricht, aber wie selten sind jene, die gesund auf die gesunde Neugier ihrer Kinder reagieren. Fast immer werden alle Fragen der Fortpflanzung und der Sexualität als absolut geheimes Mysterium, als tabu, dargestellt, alle Fragen in dieser Richtung als schamlos oder verbrecherisch. Gibt man Antworten, so gehen sie darauf hinaus, daß es sich um eine schreckliche Sache handele, etwas Greuliches, so daß dem Kinde Stoff für sadistische Phantasien geboten wird, zu denen es sowieso neigt.

Später ist es dann die Onanie, die wie eine Seuche ausgetrieben werden soll, während sie doch nur eine normale und ständige Erscheinung der vorsexuellen Entwicklung ist, die so gut wie ausnahmslos auch von allen jungen Primaten betrieben wird, den Affen so gut wie den Menschen, und bei den letzteren trotz grausamster Verbote. So stark ist der Drang des Triebes. Trotz aller krankhaften Einbildungen hat die Onanie nicht mehr Schaden angerichtet, als der Gebrauch jeder anderen vitalen Funktion. Aber sie ist, beladen mit allen Flüchen, zum Schreckgespenst mancher Erzieher geworden: »Du schadest nicht nur deinem Körper, sondern auch deiner Seele«, sagte eine Mutter zu ihrem fünfjährigen Töchterchen, deren Hand, wie ihr schien, sich dorthin verirrt hatte, wo sie nicht hingehörte.

Es gab in Paris vor einigen Jahren ein Pensionat, das von polnischen Schwestern gelenkt wurde, wo die Kinder vor dem Schlafengehen verpflichtet waren, richtige Zwangsjacken anzuziehen, ohne Öffnungen für die Hände an den Ärmeln, deren Enden mit Bändern versehen waren. Die Mädchen mußten die Arme über der Brust kreuzen, und die Bänder wurden im Rücken zugebunden. So mußten die Kinder schlafen. Fand man einen Knoten am nächsten Morgen geöffnet, so wurde das Kind bestraft.

Ähnliche Fälle waren häufig. Der »Mercure de France« vom 1. September 1939 brachte auf Seite 400 einen Bericht von Z. Tourneur, in dem es heißt: »Mir persönlich ist eine städtische Schule bekannt, in der oberhalb der Toiletten eine durchlaufende Galerie angebracht ist, auf der sich ein Wächter aufhält, mit dem Auftrag, die Vorgänge dort und die Gesten der Benutzer zu beobachten. Sobald ein Schüler den Anschein erweckt, sich sexuell zu betätigen, wird er zum Schulvorstand gebracht, der — ein medizinischer Laie — die Sexualorgane besichtigt und befühlt und — falls sie erregt sind — den Schüler eine »Beichte« abfassen und unterzeichnen läßt und ihm einen Eid abnimmt, nie wieder rückfällig zu werden, weil sonst Wahnsinn und Ehrlosigkeit die Folge sein würden.

Einer der Unglücklichen, die diese Behandlung über sich ergehen lassen mußten, entfloh aus der Schule, nachdem er dem Direktor geschrieben hatte, daß er einen Rückfall und damit Schande befürchte und daher beschlossen habe, zu sterben. Man erwischte ihn gerade noch rechtzeitig, um die Ausführung seines düsteren Planes zu verhindern.«

Solche Praktiken, dumm und verbrecherisch zugleich, können tatsächlich schwere Neurosen begründen und die Kinder ein für allemal verstören. Dennoch schienen solche Mißstände keinerlei Protest hervorzurufen, denn Z. Tourneur ergänzt: »Es scheint, daß weder der unmittelbar Verantwortliche, noch seine Chefs, die verständigt wurden, noch der Erziehungsminister das Widernatürliche diese Vorgänge begriffen haben. Dem Schuldirektor wurde bald darauf das Kreuz ausgerechnet der Ehrenlegion verliehen!«

In Wirklichkeit empfinden die Erwachsenen das Erwachen der Sexualität bei den Kindern undeutlich als einen Angriff auf ihre eigenen Vorrechte, als eine Konkurrenz, die gefährlich zu werden vermag. Ohne ihre eigenen Motive begreifen zu können, erfinden sie zwei Parolen:

Da sind die hygienischen Gründe. Die Onanie wird beschuldigt, alle Leiden hervorzurufen. Wenn ein Jugendlicher stirbt — der das Pech hatte, onaniert zu haben, was kein Wunder ist, da es kaum Ausnahmen von dieser Triebhandlung gibt —, erklärt man, daß sein Sexualverhalten die Ursache seines Ablebens gewesen sei. Es gibt junge Leute, die das glauben. Allerdings wäre schon mit wenig kritischem Verstand die Frage fällig, warum dann nicht alle Jugendlichen daran zugrunde gingen.

Wenn eine Begründung ausreicht, braucht sie nicht durch eine zweite gestützt zu werden. Eine wirksame Ursache sollte genügen. Trotzdem beschwört man gegen die Onanie auch noch den göttlichen Zorn, und man versichert, daß Gott durch den Sexualtrieb, den er seinen Geschöpfen als Zentrum aller Lebenserscheinungen eingepflanzt hat, auf das schlimmste schockiert werde. Hier beginnen also die sogenannten religiösen Motive, nicht weil sie zu irgend welchen religiösen Dogmen gehörten, sondern weil sie zum Repertoire der Geistlichen gehören. Tatsächlich enthalten drei Viertel aller Predigten, die an Kinder gerichtet werden, das religiös begründete Gebot, die sexuelle Neugier und die sexuelle Betätigung zu bekämpfen; man schließt mit den Flüchen, die Paulus in seiner Zeit gegen die widerwärtigen römischen Orgien gerichtet hatte: »Die da fleischlich sind, die sind fleischlich gesinnt ... aber fleischlich gesinnt sein ist der Tod ...« (Röm. 8, 5). Die Lächerlichkeit der falschen Größenverhältnisse dabei bemerkt man gar nicht. Nur zur Not findet man daneben Zeit, obenhin von der Barmherzigkgeit oder der Redlichkeit zu sprechen: Alle Tugenden sind darin beschlossen, die Sexualität zu unterdrücken! Und auch die Gutwilligen überbetonen die Sexualität, ähnlich wie Freud und die Psychoanalytiker, indem sie sie auf das gesamte Gefühlsleben ausdehnen. Deshalb verdammen sie jede Gefühlsbindung und jede Zärtlichkeit nicht nur zwischen den verschiedenen Geschlechtern, sondern auch zwischen Jugendlichen des gleichen Geschlechts. Man versteigt sich dabei zur Verdammung ganz unschuldiger Freundschaften Heranwachsender untereinander. Der heilige Franz von Sales hat festgestellt, was solche Freundschaften im Sinne der Religion »unrein« oder »falsch« und was sie »kriminell« macht. Sie beginnen schlagartig und stark, weil sie natürlicher, triebhafter Sympathie entspringen, sie nähren sich von bedeutungslosen, aber gefühlsbetonten Gesprächen, die manchmal allzu intim werden, von Blicken und dem Händedruck; sie sind dienstfertig, nähebedürftig und ausschließlich. »Beschneidet sie, trennt sie, zerbrecht sie«, schreibt der Verfasser des »Frommen Lebens« (Kap. XXI). »Man darf nicht zögern, diese tollen Freundschaften zu trennen. Man muß sie zerreißen. Man darf diese Beziehungen nicht lösen, man muß sie zerreißen oder zerschneiden.« So bekämpft man alles Gefühl, alles, was an Gefühlsfähigkeit in der Menschenwelt zum Ausdruck kommt, um nur noch den Ausdruck intellektueller Ansichten zu dulden. So belastet man die Jugend, in dem Augenblick, da der Frühling des Lebens zu erblühen beginnt, indem man alles von Schwäche oder Verbrechen besessen erscheinen läßt, was sie begeistern und was das Leben leichter machen könnte: Die Liebe zwischen den Geschlechtern, die gleichgeschlechtliche Liebe, die narzissische Liebe. Der Quell des Lebens wird an seinem Ursprung verschüttet. Das größte Wunder an dieser Geschichte ist es, daß die Generationen, die so erzogen wurden, nicht noch stärker gestört sind, daß sie tatsächlich nicht entgleisten. Man darf annehmen, daß die Triebe sehr zuverlässig sind; dennoch sind die Menschen selten, die psychisch nicht verkrüppelt sind.

Vor allem ist das sexualfeindliche religiöse Tabu, diese Spiegelung des Konflikts zwischen den Erzeugern und der Nachkommenschaft, hinsichtlich der sexuellen Vorrechte, lange wirksam. Die Vitalität der jungen Leute wird durch intensiven Sport in andere Bahnen gelenkt, ohne daß man danach fragt, ob die körperliche Überanstrengung dabei nicht manchmal schädlich sein könnte. Gleichzeitig malt man den Teufel der Geschlechtskrankheiten an die Wand, natürlich ohne auf die Mittel hinzuweisen, die ihnen vorbeugen können. Gleichzeitig organisiert man mehr oder weniger konfessionell bestimmte Jugendgruppen, die sexuelle Abstinenz und Keuschheit kultivieren. Ein holländischer Student von etwa zwanzig Jahren erzählte mir, daß in Utrecht, wie in vielen anderen niederländischen Städten, jeder Kamerad, dem man sexuelle Beziehungen zu einer Frau nachweisen konnte, sofort — als ein Unwürdiger — verdammt und aus der Gruppe ausgeschlossen wurde.

Diese Atmosphäre erreicht dennoch selten ihr Ziel: Die Auslöschung der Sexualität bei den jungen Leuten. Der »Erfolg« besteht lediglich darin, sie von der normalen Bahn abzubringen und pervers festzulegen, insbesondere auf eine mehr oder weniger bewußte Homosexualität. Der Skandal pflegt dann früher oder später offenkundig zu werden. Diese modernen Verbote setzen in abgemilderter Form die Kastrationspraktiken früherer Zeitalter fort. Vor allem hat das kollektive Unbewußte der Menschen durch

Symbole, welche die Psychoanalyse entziffert hat, eine Art Gespensterfurcht vor der Kastration geschaffen. Die Familienväter praktizierten die Kastration bei ihren älteren Söhnen (wie wir es bei Tieren tun), um die Disziplin zu sichern. Das lateinische castigare bedeutet zugleich züchtigen, also eine pädagogische Maßnahme, und kastrieren; so fallen beide Gedanken und beide Methoden zusammen. Wenn die biblischen Patriarchen Gott ihren erstgeborenen Sohn opferten, so deshalb, weil die Sexualität des Jungen sich dem Vaterschaftsprinzip aufzuopfern hatte — und zwar in solchen Fällen dem Vaterschaftsprinzip, das ins Große projiziert und vergöttlicht war. Kastration und Opferung waren mehr oder weniger gleichwertig. Zweifellos haben die gleichen Patriarchen nur die Mannheit der Letztgeborenen fortbestehen lassen, wenn sie selbst alterten und abrüsteten. Später, im Zuge der militanten Kulturen, hörten die Väter mit den Kastrationen auf, weil man schneidige Kämpfer brauchte, aber sie unterwarfen ihre Söhne einer spartanischen Dressur, in der Erwartung, daß die Feinde auf den Schlachtfeldern sie um so vollständiger dezimieren würden.

Seit Beginn der historischen Zeit, die mit den militanten Kulturen mehr oder weniger zusammenfällt, hörten die Kastrationen in den Familien auf, aber sie wurden systematisch an Kriegsgefangenen vollzogen, zumindest, wenn man sie nicht zu Zuchtzwecken verwenden wollte, wie im alten Rom. In Nordafrika sind solche Praktiken noch heute üblich.

Die Beschneidung, dieser irrationale Brauch, der bei einer guten Hälfte der Bewohner des Erdballs üblich ist, kann als Überrest der Kastration betrachtet werden, als einfallsreiches Kompromiß, bei dem die biologische Lebenskraft und die Fruchtbarkeit der Söhne erhalten bleibt, während im Psychischen ein deutlicher antirevolutionärer Effekt erzielt wird. Es ist kein Zufall, daß die Beschneidung vor allem bei Völkern mit ausgesprochen patriarchalischer Kultur im Schwange ist. Wird sie unmittelbar vor der Pubertät ausgeführt, wie bei den Negern, so wirkt sie auf das Unbewußte der Kinder und vernichtet ihre Sexualität als individuelle Gabe; sie bleibt aber erhalten als Mittel der Fortpflanzung und damit als soziale Funktion. Diese Tatsache ist völlig aufgeklärt worden durch die Arbeiten der Gesellschaft für Kollektiv-Psychologie, in Zusammenarbeit mit Ethnologen und Psychoanalytikern. Einige Eingeborenenstämme im Kongo drücken symbolisch den Gedanken aus, daß der junge Mann als Individuum sterben müsse, indem er vom Totem-Krokodil gefressen wird, um als Mitglied der Gesellschaft wiedergeboren zu werden; erst danach hat er das Recht, Frauen zu haben und zu heiraten. Dies bedeutet klar, daß er jeder individuellen Befriedigung der Sexualität entsagen muß, soweit sie den Wünschen der Gemeinschaft im allgemeinen und der Vorfahren im besonderen nicht entspricht.

Bei den australischen Aruntas, die Ròheim erforschte, erhält der Beschnittene den Itongo, das phallische Symbol der Ahnen, um zu bedeuten, daß er lediglich Träger einer physiologischen Funktion zu sein hat, welche in Wirklichkeit den Forderungen der Gesellschaft unterstellt sein muß. Er wird nur zum bevollmächtigten Träger sexueller Kraft, auf die er für sich selbst verzichten muß. All dies ist für jeden, der Symbole zu deuten weiß, völlig klar (wer sie nicht deuten kann, spürt ihren Sinn instinktiv). Die Gesellschaft will den jungen Leuten den Gebrauch ihrer Sexualität gemäß eigener Phantasie, zur eigenen Lust nicht erlauben, weil sie anarchische Folgen befürchtet. Sie duldet den Gebrauch dieser Kräfte nur im Rahmen des von ihr Vorgeschriebenen, das ausschließlich ihren Interessen zu dienen hat. Sobald religiöse Vorurteile sich bei der Zeremonie einschleichen, wird die Beschneidung auf die Tage nach der Geburt vorverlegt (wie bei den Juden); sie verliert damit den gewissen Wert, Sexualneurosen vorzubeugen, und es wird, als psychische Konsequenz, ein starkes Minderwertigkeitsgefühl mit Rachetendenzen begründet.

Auf jeden Fall zeigen Kastration und Beschneidung die Bedeutung und das Gewicht des Konfliktes zwischen Gesellschaft und Sexualität.

Die Gesellschaft muß einen Mittelweg finden zwischen der Notwendigkeit, fruchtbare Paare zu besitzen, um stark zu sein und dem Wunsch, die Sexualität maximal einzuschränken. Die Institution der legalen Ehe zielt darauf, die Liebeskraft der Jugend in gut gesicherte Kanäle zu leiten.

Bei den Primitiven sind Geschlechtsverbindungen durch sehr komplizierte Tabu-Verbote nur so begrenzt möglich, daß die Jugend fast keine Auswahlmöglichkeiten bei der Suche nach den Partnern behält. Die Vermutung, daß die „Wilden" sich einer größeren sexuellen Freiheit erfreuen könnten als die Kulturmenschheit, ist ein schwerer Irrtum; es verhält sich genau umgekehrt, und die Affen sind — wie es den Anschein hat — noch härter in ihren Verboten.

Bei den Mohammedanern werden die Ehen so arrangiert, daß der junge Mann und das junge Mädchen sich überhaupt nicht kennen: Ihre Bekanntschaft ist eine Überraschung, nachdem sie bereits fürs Leben verbunden sind. Bei uns haben die Tabus nicht die Kraft von Glaubenssätzen, es sei denn bei einigen Blutsgemeinschaften

(Hochadel), aber in der Praxis haben sie nichts von ihrer Gewalt verloren. Außerhalb der üblichen Schranken des Milieus, der Erziehung, der Gruppe, der Religion, manchmal auch der Klasse zu heiraten (es bestehen tiefe Klüfte zwischen bestimmten Gruppen und Familien), das bedeutet, Verfolgungen herauszufordern, die aufreibend und belastend sind.

Manche rassistisch eingestellten Länder haben ethnische Tabus errichtet. Es gibt ungeschriebene Paragraphen, in denen Titel, Beschäftigungen, Berufe verzeichnet sind, die Ehen unter ihren Angehörigen empfehlen oder verbieten; Nichtbeachtung bedeutet eine Mesalliance, eine nichtebenbürtige Ehe. Und wenn die Verhältnisse so eng sind, daß das junge Paar inkognito nicht leben kann, so werden ihm, um es für seine Unabhängigkeit zu bestrafen, Schwierigkeiten im Beruf, im Fortkommen, sogar einfach im Hinblick auf seinen Lebensunterhalt bereitet. Moderne Sanktionen sind wirtschaftlicher Natur.

Es ist noch gar nicht lange her, daß für eine Eheschließung die Genehmigung der Eltern unerläßlich war, auch noch in sehr fortgeschrittenem Alter. Heute kann man darum herumkommen, aber die Familien fahren fort, wirtschaftliche Zwangsmittel anzuwenden. Viele junge Leute, die ihre Karriere im väterlichen Unternehmen begonnen haben, sei es ein Industriewerk, ein Handelsgeschäft oder einfach ein Bauernhof, besitzen praktisch kein Mittel, sich von diesen Einschränkungen zu befreien.

Außerdem hat man der Ehe einen religiösen Charakter angedichtet. (Die Religion taucht immer auf, wenn es Gefühlskonflikte gibt, die nicht eingestanden werden können oder einfach unbewußt bleiben; sie drückt den absoluten Befehl aus, den die praktische Vernunft nicht rechtfertigen kann.) Bis in die Gegenwart gilt in vielen Ländern eine Ehe nichts ohne diese religiöse Sanktion. Es ist ja auch tatsächlich ein übernatürlicher Eingriff erforderlich, um die Sexualität — bisher verurteilt und verflucht — plötzlich in eine Funktion zu verwandeln, die von der Gesellschaft empfohlen wird. Diese Intervention muß erst den jungen Leuten das Recht verleihen, sich zu lieben, wenn auch nur in genau abgesteckten Grenzen.

Vor allem muß nun, entsprechend der gängigen Moral, ihre Verbindung endgültig und fast ewig werden, denn „Gott kann nicht zerstören, was er aufgerichtet hat« (als ob Gott tatsächlich seine Zeit nicht damit verbrächte, zu zerstören, was er geschaffen hat, und man muß weiter vermuten, daß seine ewige Weisheit am Zustandekommen vieler Ehen nicht beteiligt war). Dann geht es darum, ohne Verzug Kinder für die Gesellschaft zu produzieren, später aufzuziehen; der Geschmack an der Liebe darf jedoch keineswegs allzusehr entwickelt werden, sie könnte sonst das Gleichgewicht der Gesellschaft störende, ungeordnete und beunruhigende Zwischenfälle nach sich ziehen, wie etwa einen Ehebruch. Es steht weiter fest, daß „Unzuverlässigkeit" beim Geschlechtsakt (die nicht eingetretene Fortpflanzung) tatsächlich ein höllenwürdiges Verbrechen ist, zumindest eines der größten, die es gibt; in manchen Kreisen war noch im vorigen Jahrhundert eine Ehe verrufen, in der nicht alljährlich ein Kind hervorgebracht wurde (und sollte die Frau dabei zugrunde gehen). Ein kirchlicher Autor, Ad. Tanqueray (»Abriß der asketischen und mystischen Theologie« Paris, Desclée, 1923/24, S. 555) hat dies folgendermaßen ausgedrückt: »Die Geschlechtslust verheirateter Personen ist erlaubt, vorausgesetzt, daß sie sie zu dem edlen Zweck nutzen, für welchen die Institution der Ehe geschaffen wurde: Die Weitergabe des Lebens. Darüber hinaus ist sie schärfstens verboten... Es sind nicht nur die äußeren Akte verboten, sondern auch die inneren, denen man zustimme: Einbildungen, Gedanken, Wünsche... Sucht man unmittelbar die böse Lust, die Wollust, so ist es eine Todsünde. Es ist tatsächlich eine grobe Unordnung, die Erhaltung und Verbreitung der menschlichen Art zu verraten.« So sprechen die Geistlichen, die durchaus nicht um ihre Erhaltung und Vermehrung besorgt sind. Es ist unmöglich, eine noch naturwidrigere Haltung zu vertreten. Und da es dem christlichen Eheideal entspricht, sich nicht mehr als einmal zu jeder Fortpflanzung zu vereinigen, so umgibt man auch das Bett der Jungvermählten mit Kruzifixen und Bildern der heiligen Jungfrau. Wie in katholischen Familien, ist es auch allgemein üblich, dort den einzigen Weihwasserbehälter des Hauses aufzuhängen, da es sich darum handelt, den Teufel zu verjagen. Die Frigidität der Frauen wird als Tugend betrachtet (sexuell normale Frauen erscheinen von diesem Standpunkt aus als lasterhaft). So wird das große Mysterium des Lebens, seine höchste Funktion, für welche die Blumen ihre herrlichsten Farben, die Vögel ihr schönstes Gefieder anlegen, zu einer unerläßlichen Gemeinheit, einer Höllenfahrt, für die man Talismane und Beschwörungen bereithält.

Wie immer, unterschätzt man die Ambivalenz solcher irrationalen Verhaltensweisen. Die Ehe verfolgt nicht nur das Ziel, eine göttliche Genehmigung für eine eigentlich unreine und verbotene Sache zu erhalten, sondern sie muß auch die Sexualrechte der Eheleute gegen den Neid der Umgebung absichern.

Wenn ein Paar sich zusammentut, muß es tatsächlich den stärksten Widerwillen aller jener überwinden, die ihre Sexualität nicht mehr ausleben können. Alle Frauen beneiden die Frau, wenn der Ehemann eine gute Partie ist; alle Junggesellen fühlen sich, als Rivalen, verletzt, wenn die Braut hübsch ist. Die Ehe hat gegen diesen Neid zu schützen, und in den einschlägigen Zeremonien fehlt es auch nicht — örtlich verschieden — an Bräuchen, um diese Neidgefühle symbolisch und getarnt abzureagieren. Manchmal zerreißt die Braut ihren Schleier (Symbol der bevorstehenden Defloration) und gibt allen Anwesenden Fetzen davon. In manchen Gegenden entreißt ihr der Trauzeuge ein Strumpfband. Der Standesbeamte hat an manchen Orten das Vorrecht — nachdem er seine Funktion erfüllt hat — die Neuvermählte zu umarmen, ein Rest aus der Feudalzeit, als der Schloßherr berechtigt war, alle jungen Ehefrauen zu deflorieren. Werden hinter diesem Herrenrecht nicht Sexualvorrechte der Vorväter allen ihren Töchtern gegenüber erkennbar? — Alle jene schließlich, die keinen Anspruch auf sexuelle Befriedigung haben, erhalten bei der Hochzeitsfeier Entschädigungen auf dem Gebiet der Selbsterhaltungstriebe: Eine reiche Mahlzeit und Getränke. Sie dürfen ihre Eifersucht im Alkohol ertränken. Darüber hinaus bekommen die Neider auch noch das Recht, dem jungen Paar während der Hochzeitsnacht manchen Schabernack zu spielen, der auf dem Lande grob genug ausfällt, wobei der sexuelle Sinn sogar jenen deutlich wird, die keine Psychoanalytiker sind! Natürlich kann man auch sagen, daß die Ehezeremonien dazu bestimmt sind, die zu erwartenden Kinder von der Gesellschaft her zu legitimieren. Der Ehemann kann sie nun nicht verleugnen und verlassen. Die Frau selbst sei gehalten, sie zu pflegen. Das Paar kann sie nicht verlassen (wie es bei freien Verbindungen recht oft geschieht). Natürlich gehört dies zu den Nützlichkeiten der Ehe, aber wenn sie nicht geheimeren Problemen entspräche, wäre es unbegreiflich, warum sie — einerseits — den Charakter eines religiösen Sakraments angenommen hat, und — andererseits — warum nicht zugegeben wird, daß sie ihr Ziel nur sehr unvollkommen erreicht hat; sofern es nur darum ginge, die Kinder zu schützen, wenn sie also nur ein Vertrag für Zusammenarbeit bei Gründung einer Familie wäre, müßte sie anders aussehen. Denn in Wirklichkeit kann ein Ehemann seine Frau mit allen Kindern, die er ihr gezeugt hat, sehr wohl verlassen, und das Gesetz kann nicht viel gegen ihn tun, es sei denn, er verfügt über Grundbesitz, was im Hinblick auf das Gesamt der Bevölkerung eine Ausnahme ist. Alle Juristen wissen dies. Es ist also klar, daß die Institution der Ehe in erster Linie nicht dieses Ziel verfolgt.

Dennoch ergeben sich aus dem Tatbestand der Ehe eine Reihe von Pflichten, vor allem die der Fruchtbarkeit, und alle Bürger schätzen es, daß damit ein gewisses Recht entsteht, sich um die Intimitäten fremder Ehen zu kümmern. Wenn die Schwangerschaft einer jungen Frau über das übliche hinaus auf sich warten läßt, reißen die Fragen nach dem Baby nicht mehr ab; nicht nur Angehörige und Freunde, sondern auch die Hausmeisterin oder

der Bäcker, ja, alle Nachbarn fühlen sich berechtigt, danach zu forschen. Bei dieser Gelegenheit tritt stets ein Phänomen in Erscheinung, das für die Art der menschlichen Gefühle sehr bezeichnend ist. So lange sich die Schwangerschaft nicht ankündigt, hören sowohl die junge Frau wie auch das Ehepaar ständig Hinweise auf den Liebreiz kleiner Kinder, auf den Segen einer Nachkommenschaft, die auf die alten Tage die Eltern pflegt (als ob es die wichtigste Aufgabe der erwachsenen Kinder sei, ihre alten Eltern zu pflegen!). Sobald die junge Frau aber offenkundig schwanger ist, hört sie vom Morgen bis zum Abend nur noch Berichte von fürchterlichen Niederkünften, von tödlichen Geburten, von kränklichen Kindern. Dies sind Erfahrungen aus der Massenpsychologie, die jede Frau machen kann, die auch nur über ein Mindestmaß an kritischem Verstand verfügt. Hier wird der allgemeine mißgünstige Neid auf jene greifbar, die das offizielle Recht auf Sexualleben besitzen. Dieses Kollektivgefühl drückte eine fromme alte Jungfer am Kreißbett einer Frau, die eine besonders schwere Geburt durchzustehen hatte, außerordentlich treffend aus: »Da sie also die Lust gehabt hat, darf sie ruhig auch die Plage haben!«

Die Belastungen des Ehemanns sind mehr finanzieller Art. Er hört ständig die Lehre, wenn man Frau und Kinder habe, müsse man viel opfern, um sie großzuziehen; als ob die Tatsache, Frau und Kinder zu haben, ein so seltener Vorzug sei, daß er es wohl wert sei, durch besonders schwere Opfer erkauft zu werden.

Vorausgesetzt, daß unter den schwierigen Bedingungen, die eine Ehe erst ermöglichen, die beiden Partner sich wirklich lieben, mit jener besonderen Liebe der Verliebten lieben, weil sie jung sind und weil sie das Bedürfnis hatten, ihren Traum zu leben, so erscheint es ziemlich sicher, daß diese Begeisterung, die vor allem dadurch entsteht, daß ein abstraktes Ideal auf eine konkrete Person projiziert wird — in der Ehe schwere Prüfungen zu bestehen haben wird. Es sind ja gerade diese hautnahen Realitäten des Lebens, die dieser Projektion des Ideals Grenzen setzen: Je mehr die Liebenden gezwungen sind, sich mit den üblichen materiellen Sorgen zu beschäftigen, je mehr sie Aufmerksamkeit — gemeinsam — den prosaischen Alltagsdingen zuwenden müssen, um so mehr ist die Flamme in Gefahr, die sie beseelt. In dem Maße, in dem Liebe das Spiegelbild eines Ideals ist, gewinnt sie nichts, wenn sie sich mit den Alltäglichkeiten verbindet, in denen die unschönen Seiten eines jeden zutage treten. Es dürfte feststehen, daß die Aufzucht von Kindern — Serien von Kindern — vor allem, wenn man nicht reich genug ist, sie im wesentlichen einer Fachkraft anzuvertrauen, sofern man also permanent schmutzige Wäsche zählen und Mahlzeiten vorbereiten muß, für den Traum nicht allzuviel Raum übrig läßt. Welcher Mann vermag den Glanz eines bezaubernden Prinzen in einer allzu engen Intimität aufrechtzuerhalten? Welche Frau kann in der Küche die Rolle der Geliebten spielen? Es müßte dazu eine seltene gegenseitige geistige Durchdringung bestehen, aber die gibt es vielleicht einmal auf tausend Ehen. In den günstigsten Fällen stellt sich bald in einem Hausstand, neben der Überlastung durch materielle Sorgen, auch auf der Ebene des reinen Gefühls eine Verlagerung des Schwerpunktes. Sind die Kinder unwillkommen, so neigt jeder der Partner dazu, dem anderen die Schuld an ihrem Erscheinen zuzuschieben (in Wirklichkeit wären sie nicht geboren, wenn jeder der beiden allein geblieben wäre); das ist eine Ursache für Feindseligkeit. Wenn man die Kinder liebt, wie es normal ist, dann verlagern sich die Liebeskräfte zum Teil in diese neue Bindung und werden insoweit der ehelichen Liebe entnommen. Daher sind Eheleute sehr oft eifersüchtig auf die allzu lebhafte Anhänglichkeit ihrer Partner an die Nachkommenschaft. Diese beiden Arten von Liebe könnten an sich nebeneinander bestehen, ohne sich gegenseitig zu schmälern, wenn sie sich wesensmäßig gleichen würden. Aber der Kern der Elternliebe ist Identifizierung, eine Verschmelzung der Erinnerung an die eigene Kindheit mit der Person des kleinen Wesens. Deshalb neigt der Erwachsene, der mit einem kleinen Kinde, das er liebt, zusammenlebt, dazu, selbst kindisch zu werden; das geht so weit, daß er kindliche Worte stammelt, wenn er mit dem Kinde spricht, auch dann, wenn sich dieses selbst bereits fast korrekt auszudrücken vermag. Oder aber, eine solche Identifizierung läßt den Erwachsenen in den prägenitalen Zustand regredieren, wodurch die Anziehungskraft durch den Sexualpartner schwächer wird. Wenn Frauen, von ihrem männlichen Ideal enttäuscht, so glühend Mutter zu werden wünschen, so geschieht dies nicht, um dadurch neue, wertvollere Bindungen zu ihrem Mann zu finden, sondern vielmehr, um — regressiv — durch solche Identifizierungen in den Kindheitszustand zurückzuflüchten, in die Zeit jenseits ihrer ersten Gefühlsenttäuschungen. Sie suchen dort eine Art beruhigender Verdummung. Es ist überraschend, festzustellen, wie heftig in Ehen, die nicht in Ordnung sind, die Leidenschaft für das Muttersein bei der Frau gerade kurz vor der Scheidung ist. Und fast stets lieben gerade jene Mütter, die sich so leidenschaftlich Kinder wünschen, diese Kinder dann nicht allzusehr. (Ich kannte mehrere Fälle von nachgeburtlichen Psychosen mit kriminellen Wünschen gegen das Kind, die aus solchen Situationen entstanden.) So bedeutet die Geburt des Kindes oft das Ende der Liebesnächte des Ehepaares, ohne daß ein wertvoller Ersatz dafür gefunden würde. Es ist eine Tatsache, daß alte, kinderlose

Ehen oft mehr Liebe und gegenseitige Zärtlichkeit bewahren, während die jüngeren, mit einem oder mehreren Kindern, öfter geschieden werden als die anderen.

Das Kind besiegelt keineswegs die Liebe einer Ehe, es löst sie eher auf. Seine Gegenwart erschöpft die erotische Spannung, weicht sie auf oder läßt sie verschwinden. Dieser Nachteil würde nicht eintreten, wenn die Fortpflanzung dem Erwachen der Gefühle nicht zu rasch folgen würde, wenn die Liebe Zeit hätte zu reifen. Die Natur hat dieses Liebeserwachen sehr früh angesetzt, sogar vor der Pubertät. Wenn in jenem Augenblick Knaben und Mädchen ihren Instinkten leben dürften, statt völliger Ahnungslosigkeit, ja der Furcht vor der Liebe, überlassen zu werden, so würden sich sehr intensive Ausbrüche des Gefühls unter ihnen ereignen, ohne daß von sexuellen Kontakten die Rede sein müßte, denn dies sind von Natur die Jahre der keuschen Liebe (die Fälle anderer Art stellen im Grunde eine krankhafte Reaktion auf eine krankhafte Erziehung dar). So gäbe es eine Spanne von mehreren Jahren, bevor die Frage der Fortpflanzung sich stellen könnte. Unser Erziehungssystem aber zielt — ganz im Gegenteil — darauf ab, das Erwachen der Gefühle aufs äußerste hinauszuzögern und es ganz oder fast mit dem Zeitpunkt der Fruchtbarkeit zusammenfallen zu lassen. Das ist ein Versuch, Blüte und Frucht gleichzeitig zu pflücken. Ein derart widersinniger zeitlicher Ablauf läßt den Gefühlsfähigkeiten keine Zeit, sich zur Selbstlosigkeit zu entwickeln, um die Fortpflanzung vorzubereiten, die dann eine verspätete Gefühlsentwicklung nicht vergiften könnte. Wenn es eine so erschreckend große Zahl schlecht behandelter oder mißhandelter Kinder gibt, so ist die wichtigste Ursache dafür ihr verfrühtes Erscheinen, das die Gefühlsentwicklung ihrer Eltern durchkreuzte, die nun — dieses Mißgeschick dunkel ahnend —, noch unfähig zu selbstloser Liebe, diese durch eine Art von Haß ersetzen. Wo es nicht zu Haß und Grausamkeiten kommt, bleibt dennoch im allgemeinen eine gewisse Ambivalenz bestehen. Frauen, die sehr jung Mütter werden, lieben ihre Kinder nicht besonders, im Gegensatz zu jenen, die eine späte Mutterschaft erleben.

In Wirklichkeit wäre es notwendig, fast ein Jahrzehnt lang zärtliche Gefühle auszutauschen, bevor die Menschen psychisch zur Fortpflanzung geeignet sein können. Indem sie ihnen das versagt, verhindert die Gesellschaft die normale Fortentwicklung der Gefühle.

Der tiefe Gegensatz zwischen Gesellschaft und Liebe äußert sich auch in den Einmischungen der Familie in das Leben der jungen Paare. Ich bezweifle, daß irgendeine liebevolle Übereinstimmung — selbst die tiefste und seltenste — jemals diesen unvermeidlichen Reibereien widerstanden hat. Eltern, welche ihre Kinder in der geschilderten klassischen Weise erzogen haben, um sie zum Trost ihrer alten Tage zu machen, verzichten nicht leicht auf Rechte, die sie auch nach der Ehe der Jungen zu besitzen glauben; der Partner des Kindes wird stets als Unruhestifter, als unerwünschter Fremder empfunden, der gekommen ist, um den selbstverständlichen Wunsch der Eltern zu durchkreuzen: nämlich, das Kind bei sich zu behalten. Die Mütter, deren Söhne geheiratet haben, erwarten, in deren Herzen nach wie vor den ersten Platz behalten zu können und suchen eine Bestätigung dieser Bindung durch Gegnerschaft den Schwiegertöchtern gegenüber zu erreichen, wobei sie stets auf die Zustimmung ihrer Söhne rechnen. Die Väter, die ihre Töchter vergöttern, finden natürlich den Schwiegersohn weniger väterlich zärtlich, als sie selbst es einer geliebten Frau gegenüber gewesen sein wollen, und werfen ihm seinen Egoismus vor. Sie putschen sich zu einer Art Leidenschaft auf, wenn sie ihre Töchter verletzt glauben. Das sind die normalen Haltungen! Manchmal kehren sie sich völlig um, den unterdrückten Gefühlsfähigkeiten entsprechend; aber das Ergebnis ist nicht besser, denn die Ambivalenz bleibt in der Tiefe bestehen. Das deutlichste Ergebnis dieses ganzen Durcheinanders ist die Tatsache, daß die jungen Eheleute nicht Herr im eigenen Hause sind, und daß die Familie die Gegensätzlichkeiten anstachelt, die sonst durch die Einflüsse der natürlichen Anpassung und der Sympathie zwischen den jungen Eheleuten vielleicht überwunden worden wären.

Sowie die Kinder auf die Welt kommen, übertragen die Großeltern die besitzgierige Bindung, die sie den eigenen Kindern gegenüber empfanden und die durch manche äußeren Schwierigkeiten gelockert wurde, auf die Enkel. Bei dieser Verschiebung der Gefühle empfinden sie die Illusion, sich zu verjüngen, als könnten sie ihr Leben als Neuvermählte beginnen. Doch es geht dabei zugleich um den unbewußten Wunsch, an den Enkeln alle Spuren des »unerwünschten Fremden« zu verwischen, der ihr Kind geheiratet hat, alle charakterlichen und sonstigen Ähnlichkeiten nicht anzuerkennen. Sie schaffen sich einen Gefühlsbereich, der für alle anderen völlig unverständlich ist. Das ist der typische Fall in allen jungen Ehen. Wenn die Jungen nicht genügend Weitblick oder Energie besitzen, um alle diese Konflikte im Keime zu ersticken, ist es um ihre Möglichkeiten für immer geschehen, nicht nur um die Liebe, sondern auch um die einfache Kameradschaftlichkeit; die Ehe ist endgültig verpfuscht

Nach einer Spanne der Latenz, die verschieden lang sein kann (aber das zehnte Jahr ist mir für Ehen immer besonders kritisch erschienen), begreift der eine oder der andere der Eheleute, daß er sein Leben verfehlt hat, indem er die Liebe verfehlt hat; und während er sich jung genug fühlt, um erneut zu lieben, und zugleich genügend Erfahrung zu besitzen glaubt, um zu wissen, was vermieden werden muß, sieht er sich in der Sackgasse der Ehe, des unauflöslichen Sakraments, gefangen, und vor ihm liegt das Verbrechen des Ehebruchs.

Die Ehe ist untrennbar nicht nur für jene, die an das religiöse Sakrament gebunden sind und die keinen moralischen oder materiellen Grund haben, in Rom eine Nichtigkeitserklärung zu erreichen; sie ist es auch in der alltäglichen Praxis, und zwar, obwohl es die Scheidung gibt (wie neu erst, und wie umstritten!), infolge der unzähligen Schwierigkeiten, die ein Paar daran hindern, sich zu trennen, auch wenn man es wünscht, auch wenn es keine Sakramente gäbe und keine »wohlmeinenden Beziehungen«, die man verlieren würde. Die Schwierigkeiten bilden die Kinder, der Mangel an Geld und — insbesondere für die Frau — die Unmöglichkeit, ihren Unterhalt zu bestreiten. Die Lage der Frau ist in solchen Fällen viel tragischer, denn ihre Mutterschaften sind ein ernsthaftes Hindernis für neue Lieben. Außerdem ist das sexuelle Leben der Frau viel kürzer als das des Mannes; sie ist für die Liebe bereits verblüht, wenn der Mann noch im Vollbesitz aller seiner Möglichkeiten ist. Es bleibt ihr in solchen Fällen nur ein Trost und eine Hoffnung: Witwe zu werden! So kommt es, daß eine große Zahl von Frauen, sonst »gute Ehefrauen und gute Mütter«, mit dem dunklen Gefühl im Herzen leben, daß nur ein Wunder sie noch retten kann, nämlich das Verschwinden ihres Ehemannes. Und es muß angenommen werden, daß über die Hälfte aller Ehefrauen in dieser Lage ist, zumindest im Grunde ihres Unbewußten; diese Frauen sind der Grundstock für den Reichtum der Kartenschlägerinnen, die allen verheirateten Frauen grundsätzlich das baldige Ableben des Gatten wahrsagen; diese Kundinnen kehren allmonatlich wieder, um Genaueres über das bevorstehende Unheil zu erfragen, d. h. um neue Hoffnung zu schöpfen! Wenn man objektiv und ohne Partei zu ergreifen die Zahl der enttäuschten, unbefriedigten und unglücklichen Ehen bedenkt — denn der Prozentsatz der Geschiedenen macht nur einen Bruchteil aus —, dann muß man sich wirklich fragen, ob die sogenannte »bürgerliche« Ehe, wie sie heute üblich ist, mit ihren Vorschriften und Einschränkungen, von der Gesellschaft gegen die Unmittelbarkeit der Triebe aufgerichtet, nicht ganz einfach zu einer Institution gegen die Natur geworden ist. Auch wenn viele Männer sich anzupassen vermögen, um eine Scheidung zu vermeiden — die Zahl der enttäuschten Frauen erreicht fast hundert Prozent.

Manche dieser Frauen lassen sich zu einem Ehebruch hinreißen, aber das ist eine fast männliche Reaktion.

Es scheint demgegenüber natürlich zu sein, daß die männliche Sexualität auf Grund ihrer fast unbegrenzten Fruchtbarkeit zu einer Vielzahl von Lieben bestimmt sein müßte, im Gegensatz zur weiblichen Sexualität, die — durch die langdauernde Aufzucht der Nachkommenschaft behindert — natürlich von dem einen Männchen abhängt, von dem die Frau geschwängert wurde. Die Mehrzahl aller Gesellschaften der Menschheit, mit Ausnahme der christlichen und der jüdischen Kulturen, haben diese so verschiedenartigen Gegebenheiten der Geschlechter durch die Polygamie zu bewältigen versucht. Dies ist im allgemeinen auch bei den Primaten die Regel. In der Polygamie besteht die Anpassung darin, daß das Männchen konstant sexuell aktiv ist (und nicht nur in der Brunst, wie bei den übrigen Säugetieren), während das Weibchen, durch Schwangerschaften und Mutterschaften in Anspruch genommen, lange zur sexuellen Aktivität unfähig bleibt, zumindest aber lange Zeit hindurch nicht geschwängert werden kann. Soweit die Fruchtbarkeit einem natürlichen Ziel dient, finden die Potenzen der Männchen damit ergiebige Verwertung. Schließlich würde eine Vielzahl von Lieben auch dem abenteuerlichen Charakter derjenigen Männchen entsprechen, die sich für Unternehmen von längerer Dauer von der Herde entfernen müssen.

Bei dem Menschen entspricht die Polygamie auch der Tatsache, daß die erwachsenen Frauen, weil widerstandsfähiger, doppelt so zahlreich sind wie die Männer, die als Kinder anfälliger für Kinderkrankheiten sind. In unseren Gesellschaften kommen auf einen Mann mindestens zwei heiratsfähige Frauen; dieses Verhältnis muß in früheren Epochen noch ungünstiger gewesen sein, als die erwachsenen Männer den ständigen Gefahren von Jagd und Krieg ausgesetzt waren. Damals betrug das Verhältnis vielleicht vier oder fünf Frauen auf einen Mann.

Durch die Polygamie bleibt der Mann — wie der Affe — seiner Frauengruppe ständig treu. Zuckermann versichert uns, daß es unter Affen niemals Ehebruch gebe, und bei den Männern polygamer Kulturen werde er allgemein stark abgelehnt. Es scheint, daß diese polyvalente Treue des Männchens und die monovalente Treue des Weibchens zugleich dem Umstand angepaßt sind, daß es unmöglich ist, eine unbegrenzte Anzahl von Jungen aufzuziehen und zu verteidigen. Der Koran begrenzt die Zahl der für einen Mann zulässigen legitimen Frauen je nach seinen wirtschaftlichen Möglichkeiten (In der Regel sind es vier. D. Übers.). Er hat das Recht, so viele zu haben, als er sicher ist, ernähren zu können (mit ihren Kindern, versteht sich). Es ist auch möglich, daß diese Treue sekundär dazu dient, den Besitztrieb der Männchen durch straffe Regelung zu befriedigen: Jedem seine Frauen! Später, als die Menschheit in der Achtung vor dem Eigentum Fortschritte machte, als die Frauen für ihren Vater einen Verkaufswert gewannen, weil er die Töchter an den Meistbietenden veräußerte, hatten die Männer natürlich ein Interesse daran, sich die Sexualpartnerinnen als ihr Eigentum zu sichern und gegen die Begehrlichkeit der anderen zu verteidigen.

Wenn die Versuchung, ein Delikt zu begehen, stark ist und das Delikt das Besitzgefühl verletzt, diktieren die Gesellschaften grauenhafte Strafen. Im Mittelalter wurden Falschmünzer durch raffinierte Foltern bestraft. Auf das Liebeseigentum angewandt, wurden nach diesem Grundsatz gegen den Ehebruch — als Verbrechen gegen das Eigentum — höchste Strafen verhängt.

Diese Härte hat dennoch ungewöhnlich häufige Ehebrüche nicht verhindern können, nachdem die Polygamie aufgehoben worden war. Und tatsächlich, bis in unsere Tage gibt es nur wenige verheiratete Männer, die ihren Frauen nicht irgendwann einmal untreu sind.

Der Ehebruch ist im Grunde ein männliches Verhalten als Folge der polygamen Anlage des Männchens. So sieht auch das Recht — Ausdruck des kollektiven Unbewußten — den Ehebruch ganz verschieden an, je nachdem, ob er von einem Mann oder von einer Frau begangen wird. Beim Manne ist er — auch in unseren Tagen — nur dann ein Delikt, wenn er unter dem ehelichen gemeinsamen Dach begangen wird; für die Frau gibt es nicht die gleichen Milderungsgründe. In alten Zeiten traf die ganze Grausamkeit des Gesetzes in noch deutlicherer Weise ebenfalls nur die ehebrecherische Frau.

Diese ungleiche Bewertung entspricht auch der Tatsache, daß die Frau von Natur zur Treue neigt, entsprechend ihrer eigentlichen Aufgabe, die Heimstatt zu ordnen und die Kinder aufzuziehen, nachdem sie sie einmal geboren hat. Ihr Charakter ist zentrierter und weniger auf den Sog von neuen Erfahrungen und Abenteuern ausgerichtet als der des Mannes. Die Frau ist weniger Nomade als der Mann, und der Beweis auf dem Gebiet der Pathologie wird dadurch erbracht, daß sie viel seltener die Flucht in die völlige Einsamkeit antritt. Der typisch männliche Wahn ist die Landstreicherei, der weibliche ist es, sich in der Behausung einzuschließen. So sieht, zumindest im allgemeinen, die Erfahrung des Alltags aus.

Auf jeden Fall haben die Geschlechter das Bedürfnis, eine Vorbereitungszeit der Liebe zu erleben, die ein Spiel scheint und keine endgültige Entscheidung für einen bestimmten Partner notwendig macht. Dies ist die Zeit der Heranwachsenden. Beim Manne,

dessen sexuelle Entwicklung sehr zögernd vor sich geht, kann diese Periode lange dauern; es ist nicht unnormal, wenn ihre Auswirkungen sich bis zu den Vierzigern hinziehen; bei der Frau, deren sexuelle Reifung sehr viel rascher vor sich geht, endet diese Liebesperiode normalerweise mit zwanzig Jahren. In diesem Alter also, etwa zwischen fünfzehn und zwanzig Jahren, wenn dieses Spiel der Sexualität normalerweise abläuft, ist es sehr viel leichter, im Bereich des reinen Gefühls zu bleiben oder im Frühstadium des Flirts. Aber man verheiratet die Mädchen um die zwanzig, und sie brauchen zumindest noch einige Jahre, um ihre Gefühlsbedürfnisse auszuleben. In diesem Augenblick, wenn sie etwa dreißig sind, ist die Zeit der Sexualspiele für sie vorüber. Wenn sie nun in diesem Augenblick die Liebe finden wollen, dann tun sie es nicht, wie der Mann in diesem Alter, um sich zu erfreuen, sondern um sich für das ganze Leben festzulegen. Es geht für sie um den höchsten Einsatz in der Liebesentwicklung. Deshalb ist der Ehebruch der Frau zugleich viel seltener und viel schwerwiegender. Wenn sie dann bereits mit einem Mann verbunden ist, den sie — vielleicht infolge einer oder mehrerer Mutterschaften — nicht genügend lieben konnte, wird die Lage tatsächlich dramatisch. Es handelt sich darum, den höchsten Liebesgipfel zu erklimmen oder alles zu verlieren. Die wüsten Verdammungen der alten Gesellschaften und der nicht weniger schwere moralische Fluch der heutigen Gesellschaft bekräftigen nur den bedrohlichen Charakter dieser Situation.

Durch die von ihm verordnete starre Monogamie hat das Christentum zweifellos gegen die Laxheit der antiken Gesellschaft protestieren wollen. Es wollte vor allem ein bestimmtes Liebesideal in seiner ganzen Vollkommenheit postulieren. Wenn ein Mann und eine Frau sich begegnen, können sie sich zweifellos bis zur letzten Tiefe ihrer seelischen und geistigen Fähigkeiten vereinigen und ergänzen; eine solche Liebe ist aber eine so seltene Kostbarkeit, daß sie nicht verdoppelt oder verdreifacht in Erscheinung treten kann. Ihre ungewöhnliche Seltenheit sichert ihre Einmaligkeit. Irgendwelche anderweitigen sexuellen Anziehungen um eine solche Liebe herum können ihr nichts von ihrer Tiefe und ihrer Majestät nehmen, sie sind unbeachtlich (zumindest die längste Zeit über, die eine solche Liebe währt). Wenn die Christen also recht hatten, die Überlegenheit dieses Ideals festzustellen, so hatten sie unrecht, diese seltene und strahlende Ausnahme als Muster für eine allgemeine Regelung zu betrachten. Weil es dabei blieb, mußte die Monogamie zum Faktor eines unmenschlichen Kampfes werden, den das Christentum gegen »das Fleisch« und schließlich gegen das Leben ganz allgemein zu führen begann. Diese Monogamie erschien bald als eine Absage an die Sexualität überhaupt, bis hin zur religiösen Askese und zum freiwilligen Zölibat der Priester — und damit als Widerspruch gegen die ewigen Strebungen der Triebe. Auf die überwältigende Mehrheit der mittelmäßigen Lieben angewandt, war die Monogamie zweifellos ein Irrtum, schon weil sie in ihrer vollkommenen Form so selten verwirklicht wird, und weil jene, die sich ihrer Norm unterwerfen mußten, so viel zu leiden hatten, um sich ihr anzupassen. Es handelt sich hier nicht um eine moralische Wertung, sondern um eine Tatsachenfrage. Wenn man jene befragen wollte, die berufsmäßig mit den verborgenen Untergründen des gewöhnlichen Menschenlebens vertraut sind, wie Geistliche, Ärzte, Rechtsanwälte, Polizeibeamte, bis zu welchem Grade die Monogamie tatsächlich verwirklicht wird, so werden sie, falls sie aufrichtig sind, erwidern, daß dies nur ausnahmsweise geschieht. Angesichts dieser Tatsache muß die Monogamie beurteilt werden. Trotz aller gesellschaftlichen Druckmittel ist sie nicht zu einem Bestandteil unserer zeitgenössischen Sitten geworden; um zu begreifen, wie sehr der Zwang zur geschlechtlichen Treue unsere Zeitgenossen quält, genügt es, die Gegenwartsliteratur zu lesen.

Man kann sogar sagen, daß in unseren Gesellschaften das Problem des Ehebruchs nicht nur ein männliches Problem ist, als Folge seiner natürlichen Anlagen, sondern oft auch ein Problem der Frau. Hier muß erneut auf die Schuld der üblichen Erziehung hingewiesen werden, die das Erwachen der Sexualität bei Knaben und Mädchen zu verhindern und zu verzögern bestrebt ist. Damit wird die normale Phase der »Liebe als Spiel« ausgeschaltet, die auch als Flirt in Erscheinung tritt und den Jungen und Mädchen die Möglichkeit zu Gefühlskontakten gibt, welche erste Versuche sind und Erfahrungen vermitteln —, meist etwa zum Zeitpunkt der Pubertät.

Kann diese Phase ungestört ablaufen, so bringt sie vielfältige Erfahrungen und Bereicherungen mit sich und gewährleistet später eine sichere, endgültige Wahl, sobald das Alter erreicht ist, in dem eine dauerhafte Vereinigung eingegangen und ein eigener Hausstand gegründet werden kann. Wird diese Phase künstlich verhindert, so werden die Erwachsenen später gezwungen, ohne psychische Vorbereitung eine Ehe einzugehen, und es kann dann zu schlimmen Dingen kommen.

Die Beobachtungen an Insekten, wie Fabre sie durchgeführt hat, zeigen in aller Klarheit die schicksalhaften und unumgänglichen Gesetze des Instinks; sie erlauben, die unerbittlichen Abläufe der Instinkte festzustellen, die eine ganz bestimmte, normale Aufeinanderfolge des Geschehens sichern. Wenn man einem Insekt künstlich die Möglichkeit gibt, eine Entwicklungsphase zu überspringen, das Endergebnis sofort zu erreichen, so ist es unfähig, diese willkürliche Abkürzung seiner üblichen Leistung anzunehmen; es beginnt immer von neuem an dem Punkt, an dem der Ablauf unterbrochen wurde, als sei nichts geschehen. So wirkt in der Tiefe unseres Unbewußten der Instinkt, der unsere Vitalakte antreibt. Wer nicht spielen durfte, als er Kind war, wird sein Spiel als Erwachsener beginnen, allerdings mit der Gefahr, nicht mehr aufhören zu können, da er aus der vorgegebenen Bahn ausgebrochen ist. So wird das menschliche Individuum, das mit fünfzehn Jahren seinen unschuldigen und wechselhaften Liebesantrieben nicht nachgehen konnte, ihnen mit dreißig oder vierzig Jahren nachlaufen müssen, doch nun mit dem ganzen Gewicht seines tatsächlichen Alters, bis hin zu Lebensentscheidungen, die für das primitive Spiel, um das es sich eigentlich handelt, allzu gewichtig sind. Der Rhythmus eines ganzen Lebens wird gestört. Es darf deshalb gesagt werden, daß die sogenannte »gute Erziehung« eine der wirksamsten Ursachen der Unfähigkeit ist, sich der Monogamie anzupassen (die sowieso nur mit Schwierigkeiten der menschlichen Natur angepaßt werden kann), und daß sie es schließlich unmöglich macht, dem Ehebruch auszuweichen.

Die Gesellschaft aber, in ihrer Entschlossenheit, alle Erscheinungsformen der Sexualität zu beschneiden, die ihre Kreise stören könnten, wird das Ergebnis genauso bekämpfen wie die Ursache: Noch gründlicher als den gefühlsbewegten Heranwachsenden wird sie den Erwachsenen niederhalten, weil dessen Reaktionen, deren Bereich sich explosiv erweitert, viel zerstörerischere Energien besitzen. Gegen ihn entfesselt sie dann die Schärfe des Gesetzes und die letzten Schrecken ewiger Verdammnis.

Und da jedes einzelne Glied der Gesellschaft in der Regel für seine Person die größten Anstrengungen unternimmt oder unternommen hat, um der Versuchung des Ehebruchs zu widerstehen, ist man natürlicherweise jenen gegenüber, die ihr unterlagen, um so grausamer; denn es erleichtert, an anderen die Fehler zu hassen, derer sich zu entledigen einen selbst alle Qualen der Welt gekostet hat. Aber auch wer selbst unterlegen ist, wird im allgemeinen nur noch härter. Männer, die den Ehebruch unerbittlich verdammen, projizieren damit auf andere die Schatten ihrer eigenen Unreinheit. Daher Christi Wort an jene, welche die Ehebrecherin steinigen wollten: »Wer ohne Schuld ist, werfe den ersten Stein . . .« — und alle Arme sanken herab, weil das Licht des Bewußtseins die blinden Mechanismen des Instinkts durchbrach.

Die freie Liebe entgeht allen Einschränkungen, welche die Ehe belasten, und sie ist auch bemüht, den gesellschaftlichen Schranken zu entschlüpfen. Öfters als in der Ehe, gelingt es in der freien Liebe, der Beobachtung der Welt und auch dem Zwang zur sofortigen Fortpflanzung zu entkommen; sie hängt — abgesehen vom Sonderfall der Prostitution — ausschließlich vom Wunsch beider Partner ab, ihre sexuelle oder gefühlsmäßige Befriedigung zu suchen, sie zielt ausschließlich auf Harmonie der Herzen. Und gerade, weil sie das Wesentliche der Liebe zu erhalten bemüht ist, weil sie Glück bringt und die üblichen Verrechnungen mit der Gesellschaft verwirft, wird die freie Liebe vom Fluch des Kollektivs getroffen.

Besonders verworfen wird die freie Liebe der Frau. Auch hier macht das Urteil der Masse Unterschiede und beurteilt das gleiche nicht gleich. Die Ursache dafür liegt zweifellos darin, daß die Frau in der Ehe die schwersten Folgen der Liebe zu tragen hat (Mutterschaft, absolute Treue, Abhängigkeit). Daher tritt der Widerspruch zu dieser üblichen Regelung krasser hervor, wenn eine Frau in der Lage ist, Befriedigung ihrer Gefühle zu finden, ohne so teuer dafür bezahlen zu müssen wie die anderen Frauen, die im legalen Gehege bleiben. Natürlich wird das »schlechte Benehmen« am lautesten von den Frauen verdammt; die kreischenden Stimmen gehören den unbefriedigten alten Jungfern oder den enttäuschten Ehefrauen, die für die Opfer, die sie brachten, keinen Gegenwert erhielten; doch auch Männer stimmen gern in diesen Chor der Verwünschungen ein, sogar dann — paradoxerweise, aber das stört ihre Logik nicht —, wenn sie selbst jedes Mädchen mit ihren Anträgen verfolgen. Aber um die wirklichen Wünsche der Männer kennenzulernen, muß man ihren Taten mehr Aufmerksamkeit schenken als ihren Worten. Sehr viele Menschen sprechen nicht, um einen eigenen Gedanken oder ein eigenes Urteil zu äußern, sondern um einen ganz bestimmten Eindruck bei den Zuhörern hervorzurufen, um ein Minderwertigkeitsgefühl zu übertönen oder um zu glänzen. Sie verzapfen also in kleiner Münze Gemeinplätze, für die sie mit größter Sicherheit Zustimmung erwarten können. Die anderen, die Widerspruchsgeister, tun das Gegenteil; aber auch ihre Äußerungen enthalten keine tiefere Wahrheit, und die Zahl der Schwätzer unter jenen, die eifrig umwälzende Ansichten vertreten, ist so groß, daß Männergespräche im allgemeinen im Vergleich zu ihrem tatsächlichen Verhalten von nur geringem Wert sind, wenn es darum geht, die Sprecher kennenzulernen. Und darum geht es, wenn es um die Keuschheit der Frauen geht. Ist ihre Sexualität nicht völlig ausgereift, so bleiben die Männer an ein bestimmtes Frauenideal fixiert, das ihren Kindheitsvorstellungen von der Mutter entspricht. Und da sie diese Mutter »rein« erträumten, da sie dunkel wünschten, ihre Intimität mit dem Vater übersehen zu können, sind sie vom Wunschbild der Jungfrau-Mutter angezogen, das in so vielen verschiedensten Religionen auftaucht, in den primitivsten und höchstkultivierten, und Männer bewerten die sexuelle Freiheit der Frau, lebensfremd, nach diesen Phantasie-Einbildungen ihrer Gefühlswelt. Nur ihr Trieb besitzt die Kraft, diese Imago, dies Bild zu verdunkeln; und deshalb setzen sie es gleichzeitig als normal voraus, daß jede Frau sich ihnen selbst frei hinzugeben habe, während sie zugleich als eine Ungeheuerlichkeit, die Möglichkeit verwerfen, andere Frauen könnten sich ähnlich anderen Männern schenken.

Natürlich ist es nicht gerade für die potentesten Männer charakteristisch, so an ein infantiles Mutterbild fixiert zu sein, aber es handelt sich dabei um die Mehrheit, deren Los dies ist! Einige spüren den Widerspruch zwischen ihrer Gefühlswelt und der objektiven Wirklichkeit; sie nehmen ihren Anteil an Verantwortung auf sich und sind bereit, die Schuld für ihre Wünsche oder ihre eigene freie Liebe zu tragen. Die Geistlichen lehren die jungen Leute, daß ihre Liebe schuldhaft sei, da sie die Frauen entehre oder zu ihrer Erniedrigung beitrage.

Wenn in den europäischen Ländern die Prostitution als abscheulich betrachtet wird, so ist die Ursache dafür die Ambivalenz der Männer in ihrem Urteil über die begehrenswerte Frau, welche die freie Liebe praktiziert: eine Mischung aus Bewunderung und Schuldgefühlen. Da die Prostitution eine geschäftliche Seite hat, d. h. der wirtschaftliche, also soziale Faktor überwiegt, obwohl es sich um eine Angelegenheit der Instinkte (der Sexualität) handelt, ist diese Einrichtung überaus bedauerlich. Und tatsächlich ist die Prostituierte in der Regel eine Neurotikerin, deren normale Sexualität erloschen ist. Aber nicht, daß der finanzielle Faktor stärker ist als der biologische, schockiert die Männer so sehr (sonst müßten sie des öfteren sich selbst anklagen, allzu berechnete Ehen geschlossen zu haben), als vielmehr die Freiheit und Leichtigkeit, mit der Sexualität, ganz unverbindlich, ausgelebt werden kann; für einen bescheidenen Betrag kann man sich von allen üblichen Schranken befreien, d. h. für ein Minimum des sonstigen Aufwands; es ist das Anarchische des Instinks im Hinblick auf die Forderungen der Gesellschaft. Und hinzu kommt für jeden Mann das Paradoxe einer intimen, ja freundschaftlichen Zusammengehörigkeit, die sogar eine wirklich liebende sein kann, mit einer bezahlten Partnerin, während nach außen hin eine besondere Verachtung für Frauen dieser Art zur Schau getragen wird. Die Gesellschaft pflegt stets den Prostituierten den Stempel des Niedrigen aufzudrücken, beginnend mit den festgelegten Kleidervorschriften bis zur berüchtigten, abscheulichen Kennkarte.

Es gilt, alle Objektivität einzusetzen, um — durch das Dickicht von Vorurteilen, an das wir gewöhnt sind — die Prostitution gerecht zu beurteilen. Es entspricht dem Instinkt und dem Leben, daß die Frau, die sich dem Mann gibt, von ihm im Austausch für ihre Hingabe zumindest eine vorübergehende Unterstützung erwartet. Nun, in der modernen Welt ist die einzige wirksame Unterstützung eine solche wirtschaftlicher Art. Wenn es normal ist, daß ein Ehemann den ganzen Tag und ein Leben lang arbeitet, um seine Gattin zu unterhalten, warum sollte es verächtlich sein, wenn ein Freier anteilmäßig die Prostituierte finanziert, die einen Augenblick lang seine Gefährtin war? Pflegt nicht auch das bürgerliche Mädchen in der Regel den reicheren unter ihren Bewerbern zu heiraten?

So ist es also die Vielzahl sexueller Vereinigungen und die Leichtigkeit ihrer Verwirklichung, die dem Gefühl des Mannes die Prostitution abscheulich erscheinen läßt. Nun, die gleiche Leichtigkeit, der gleiche Mangel an rechtlichen Verpflichtungen, an ewiger Treue kennzeichnet alle Formen der freien Liebe, auch die an materiellen Vorteilen völlig desinteressierten; deshalb verfallen diese Beziehungen dem gleichen Fluch (oder fast dem gleichen) wie die Prostitution. Vor allem die sogenannten Mädchen aus dem Volke pflegen, um sich zu entschuldigen oder zu rechtfertigen, wenn sie von ihrer sexuellen Lage sprechen, zu erklären: »Ich habe einen Freund, aber ich habe nur einen, und ich bin ihm treu«, womit sie der Abwertung durch die Gesellschaft entgegentreten, die sich ausschließlich gegen die sexuelle Freiheit wendet, die wesensmäßig dem Recht auf sexuelle Freizügigkeit entspricht, bzw. diese Freizügigkeit meint.

Es ist typisch, daß in Kulturländern, wie England und Amerika, die Polizei einschreitet, sobald im gleichen Hotelzimmer ein Mann und eine Frau gemeinsam angetroffen werden, die nicht miteinander verheiratet sind. Hier wird die Abwehr der Gesellschaft gegen die Sexualität als solche deutlich. In dieser Hinsicht ist man in Frankreich freier, aber alle illegitim Liebenden wissen, welche Listen angewendet werden müssen, um die riesigen Schwierigkeiten zu umgehen, die das Übelwollen der Umwelt zu bereiten vermag, bevor man sich frei fühlen kann. Es steht fest, daß diese sexuelle Freiheit, und sei sie noch so privat, noch so verborgen, einen schlechten Ruf schafft, was nicht nur für eine Frau ungünstig ist, wenn es darum geht, einen Lebensunterhalt zu finden oder zu erhalten, sondern was auch einen Mann schädigen kann, der bei bestimmten Behörden oder Unternehmen tätig ist. Der Vorgesetzte, der zum Beispiel mit Hilfe der untersten Polizeiorgane in Erfahrung bringen kann, daß eine seiner Angestellten illegitime sexuelle Beziehungen unterhält, ist — gestützt auf die öffentliche Meinung — in der Lage, sie zu entlassen, was — falls dies allgemein üblich würde — einem Urteil auf Tod durch Verelendung gleichkäme. Von welchem Gesichtspunkt aus man diese Gebräuche auch betrachten mag, es erweist sich stets, bis zu welchem Grade die Gesellschaft gegen die Sexualität eingestellt und wie sehr sie bestrebt ist, die Einhaltung ihrer engherzigen und unmenschlichen Anweisungen zu erzwingen. So sehr geht es dabei um die Liebe, als ein Stimulans der Unabhängigkeit (»Es ist die Liebe, die uns freimacht...«), daß die gleiche öffentliche Meinung, d. h. der gleiche Massenaffekt, der die Verurteilung jener zum Elend bestätigt, die den Anspruch erheben, nur ihrem Herzen zu folgen, zugleich ohne weiteres die üblen Praktiken solcher Arbeitgeber und Werkmeister duldet, die von ihren weiblichen Untergebenen sexuelles Entgegenkommen erwarten, wenn diese nicht entlassen werden wollen, eine Unsitte, die fast schon zur Regel geworden ist. Es ist also nicht der illegitime Sexualakt als solcher, der verfolgt wird, sondern es ist die Freiheit, sich den Partner zu persönlicher Lust wählen zu dürfen! So gilt — ungeachtet aller sogenannten Kultureinrichtungen — das Sexual-Vorrecht des Hordenvaters ebenso weiter wie die Sklaverei seiner Kinder. Die Instinkte der Massen kehren immer wieder zu diesem Prinzip zurück, als dem grundlegenden Ahnenerbe und — um es zusammenzufassen —: unsere Gesellschaften haben sich vom Sexualrecht der Affen noch nicht befreit.

IV

Der psychische Gesichtspunkt

Gefühl und Trieb widersprechen einander nicht; sie existieren nebeneinander in wechselvollen Proportionen und zielen darauf, sich wechselseitig zu unterhalten. Die Verliebtheit, die aus dem Unterbewußten stammt, entzieht sich zum großen Teil dem Willen. Sie entspringt im allgemeinen einem Gefühl, das aus der Kindheit stammt und auf ein neues Objekt übertragen wird, wobei der Anlaß unterbewußt wahrgenommene Ähnlichkeiten sind, welche dazu neigen, sich zu verdichten. Manchmal kann der Verliebte sein eigenes Bild auf das Geliebte projizieren, sei es das wirkliche Bild — dann handelt es sich um Narzißmus —, sei es das Bild seines Ideals — was die psychische Einheit seiner Persönlichkeit, seine Individuation, erweitert —: Der Vorgang zielt darauf, eine typische Situation neu zu schaffen, auf eine verfehlte Bewährung zurückzukommen. Jede Liebesbindung setzt besondere Sensibilisierungspunkte voraus und macht die Projektion nur eines Teils der latenten Wünsche möglich; sie behält daher ihr einmaliges Gesicht. Mehrere Bindungen können gleichzeitig bestehen, wenn jede einen von der anderen ausreichend unterschiedenen Charakter behält. Eine Liebe, die auf einer echten Ähnlichkeit gründet, ruft in der Regel Gegenliebe hervor. Liebe, die einer Besessenheit gleicht, ist beherrschend, erobernd und weckt immer etwas Furcht.

Männliche Aktivität und weibliche Passivität gibt es normalerweise lediglich während der Begattung selbst, später kehren sie sich um: Die Natur läßt die Beherrschung des einen Geschlechts durch das andere im Bereich des Instinkts nicht zu. Liebe und Spannungen sind kein Gegensatz, aber Eifersucht ist immer pathologisch. Die Liebe berührt sich mit dem Nichtsein.

Man bemüht sich manchmal, in der Liebe den Trieb vom Gefühl zu unterscheiden, ja, diese beiden Elemente gegeneinanderzustellen, als wären sie tatsächlich etwas wesensmäßig Verschiedenes. Es wäre an sich wünschenswert, wenn dem so wäre, weil dann die menschlichen Reaktionen klarer wären. Jedoch, es ist stets Willkür, solche Abteilungen oder Ebenen im biologischen und psychologischen Bereich abzustecken, weil das Leben ein Ganzes ist und weil es unentwegt darauf gerichtet ist, aus den vielfältigen Elementen des Seins eine Synthese zu bilden.

Es ist lediglich feststellbar — sofern man sich an die Innenschau und die Psychologie des Bewußtseins hält —, daß es keinerlei endgültige Trennung von Gefühl und Trieb gibt. Es gibt brutale Triebwünsche, die nicht das geringste mit dem Bedürfnis nach Bindung und Opferbereitschaft zu tun haben scheinen, jenes Bedürfnis, das für das Gefühl der Liebe im eigentlichen Sinn charakteristisch ist; auf der anderen Seite gibt es Bindungen und Zärtlichkeiten, die den Anschein haben, völlig vom Trieb abgelöst zu sein. Beide Elemente scheinen unabhängig voneinander. Dies sind ihre Erscheinungsformen, statisch betrachtet. Betrachtet man jedoch die Entwicklung, so scheint es, als enthalte die gröbste nu[illegible]liche Begierde einen Kern von Gefühl, und wer lange ge[illegible] Sexualpartner nichts außer rein körperli[illegible] eines Tages, daß er u[illegible] eiche Befriedigung [illegible] für jede Art Güte, [illegible] e bereit wäre, um [illegible] deutlich, das zuvor [illegible] ren Seite zeigt eine [illegible] e Zärtlichkeit in der [illegible] Bindung, sei es als [illegible] Gefühle; ein junger [illegible] herzlich zugetan ist, [illegible] igung besonders durch [illegible] von der alten Frau [illegible] iner Erinnerungen eine [illegible] der Liebkosungen, deren [illegible]

Das G[illegible] einer Reihe von Anpassungsmechanism[illegible] unbewußten Ebene ablaufen und eine Innen[illegible] dern. Ähnlich wirkt auch die Verdrängung eines Ge[illegible] ne Empfindung oder Gemütsbewegung in unbestimmbarer W[illegible] lebendig erhält, während die Personen und Umstände vergessen werden, im Zusammenhang mit denen sie entstanden. Genauso steht es auch um die Verschiebung von Gefühlen, die — einmal verdrängt — sich dann heimlich an andere Personen, an andere Objekte oder Umstände binden, wobei die Illusion aufkommt, daß diese neuen Objekte die wirkliche Ursache des Gefühls seien. Und während das Leben als Ganzes auf die Synthese zielt, bewirken die Verdrängung und die Verschiebungen eine Störung des Ganzen der menschlichen Psyche.

Viele Menschen bemühen sich, die Last der Verantwortung oder der sozialen Konflikte dadurch faßbar zu machen, indem sie nur einen Teilaspekt betrachten; so zersplittern sie auch das gewaltige

Problem der Liebe in eine Unzahl kleiner Teilfragen, als ob es leichter wäre, deren Summe zu bewältigen, als ihr Ganzes. Und während die einen ihre Begierde verdrängen, um sich dem Keuschheitsideal anzugleichen, das sie sich errichtet haben, versuchen die anderen, ihre wahren Gefühle zu übersehen, weil ihnen der Mut fehlt, diesen Gefühlen in ihrem Leben den Platz zu geben, den sie fordern.

Übersieht man alle diese Anpassungsmechanismen und bedenkt man ihre zeitliche Zusammengehörigkeit, so kann man den Schluß ziehen, daß normalerweise Begierde und Liebesgefühl darauf abgestellt sind, einander fortzusetzen; es ist deshalb unerlaubt, apodiktisch zu behaupten, die Begierde sei primitiver, auch naturgemäßer, als das Gefühl, wie es die Vorurteile zu tun pflegen, von denen die Rede ist.

Deshalb können die Familien die übrigens recht albernen jungen Mädchen leicht davon überzeugen, daß die Begierde des Mannes ein Beweis für seine Verachtung oder für die ihm fehlende Hochachtung ihnen gegenüber sei. Und viele Ehemänner nutzen dieses Vorurteil, um ihre Maîtressenwirtschaft zu entschuldigen: Der Ehefrau die Hochachtung, der Geliebten die Begierde, im Sinn einer merkwürdigen Antinomie. Mancher läßt sich davon überzeugen, aber man muß nur aufmerksam das betrachten, was sich hinter diesen Possen wirklich verbirgt.

Solange die Psychologie die Prozesse des Unbewußten nicht systematisch ins Auge gefaßt hatte, mußten Ursprung und Wesen der Liebe völlig geheimnisvoll erscheinen, weil dies Gefühl, wenn es ins Bewußtsein einbricht, dies entweder mit jenem berühmten Donnerschlag tut, oder heimlich und leise, ohne daß der Wille auch nur das geringste vermag, sei es, die Liebe herbeizurufen, sei es, sie zu zerstören, ja ohne daß die Vernunft in der Lage wäre, die jeweiligen Ursachen zu finden.

Heute kann man auf Grund der Einsichten, die wir in die Mechanismen des Unbewußten gewonnen haben, sagen, daß das Liebesgefühl aus einer Verschiebung von Affekten geboren wird. Auch wenn man zugesteht, daß etwas Richtiges und Wertvolles an der Vermutung ist, man finde im geliebten Wesen die Verwirklichung eines latenten Teiles der eigenen Natur (Projektion), so ist dies zu Beginn dennoch ein irrtümliches Wiedererkennen.

Im Alter von vier oder fünf Jahren erwacht im Kinde das Bedürfnis zu lieben. Jene Personen, die ihm zu jenem Zeitpunkt die Möglichkeit gewähren, sich diesem neuen Drange hinzugeben, setzen eine grundlegende Prägung, weil in diesem Alter die Gefühle den höchsten Grad ihrer Formbarkeit erreichen. Während des späteren Lebenslaufes werden die Spuren dieser Personen in der Erinnerung verwischt; die Empfänglichkeit ändert sich, die

Gefühlsbeziehungen komplizieren sich durch neue und oft unlösbare Probleme; schließlich vollendet die Zeit ihr zerstörendes Werk und vernichtet diese kindlichen Bindungen; aber es bleibt eine Art beständigen, unbewußten Heimwehs, eine Sehnsucht, die das ganze Leben lang dauern wird. Und um die Kraft seiner Bindungen zu steigern, bemüht sich der Mensch sein Leben lang instinktiv, jene ersten, unterbrochenen Gefühle wiederzufinden: Man träumt immer von seinen ersten Lieben. Da diese ersten Lieben sich an Menschen der unmittelbaren Umgebung des Kindes heften, begreift man die unüberwindbare Bedeutung des Vater- oder Mutterbildes, oder auch des Bildes der Geschwister in dem Gefühlsleben der Erwachsenen. Ist das Kind groß geworden, so sucht es nicht nach den Menschen, die es einst liebte, wie sie heute geworden sind, also nicht den wirklichen Vater, die wirkliche Mutter, sondern es sucht die Gestalten, die es einst kannte, als es klein war, also die Bilder seines Gedächtnisses; und auch dies sind nicht die wahren Gestalten von damals, sondern die Vorstellungen von ihnen, die es sich aus den Verzerrungen seiner kindlichen Phantasie errichtet hat.

Wie sich aus Beobachtungen an Insekten ergibt, ist es das Gesetz des Instinktes, jeden unterbrochenen Entwicklungsvorgang stets dort wiederaufzunehmen, wo er unterbrochen wurde, um die Evolution vollkommen zu beenden; so sucht das Gefühl all das wiederzufinden, was die Umwelt von einst neu schaffen könnte; so ist dies Suchen nach der grundlegenden Ähnlichkeit, das allen, sich wiederholenden, Liebesgefühlen eignet, dennoch ein Mittel, den Zusammenhang der Psyche und damit die Einheit der Persönlichkeit zu sichern.

Alles vollzieht sich so, als ob das psychische Wesen, um es selbst zu bleiben, nur ein einziges Mal lieben will, und immer in der gleichen Weise lieben will, als ob immer die gleiche Liebe nacheinander vielen verschiedenen Menschen geschenkt würde.

Wenn dieser einfache Mechanismus so lange unbemerkt bleiben konnte, so deshalb, weil das Vergessen, wie eine heilende Narbe, die Wunden der Vergangenheit überdeckt.

Doch das Vergessen vermag nur das klare Gedächtnis und die bewußten Gedanken zu überwältigen; es wirkt nur im Hinblick auf die äußeren Umstände, während das Bild als solches, die Imago, in der dunklen Tiefe der Seele weiterlebt, ohne Verbindung mit den klaren Wahrnehmungen, aber unlösbar an unbewußte Empfindungen und Eindrücke geknüpft. Deshalb vermag die Innenschau die Wurzeln späterer Lieben in der Vergangenheit aus eigener Kraft nicht zu entdecken.

Nehmen wir an, ein Knabe von drei oder vier Jahren habe sich mit aller Kraft an eine ihm sehr liebe Pflegerin gebunden, von der er dann plötzlich getrennt wurde. Als Heranwachsender oder als junger Mannn denkt er nie wieder an diese Kinderpflegerin, und selbst wenn man ihn an sie erinnert, würde diese Beschwörung keine Gefühle wecken, weil sie verdrängt sind. Das Vergessen eines Gefühls und oft auch eines Menschen ist manchmal auch ein Mittel, um weniger zu leiden, eine Art von Heilung im Bereich des Bewußtseins. Aber eines Tages begegnet diesem jungen Mann eine junge Frau, die in etwa an jene Pflegerin erinnert, so wie sie damals war, als er sie verlor, sei es, daß ihr Blick ähnlich schimmert, oder ihre Stimme ähnlich klingt, daß irgendeine Einzelheit ihrer Kleidung die gleiche sei, oder daß die Begegnung in einem Park stattfand, der an jenen erinnert, in welchem die Pflegerin seine ersten Schritte bewacht hatte; und plötzlich wird er von der fremden jungen Frau geheimnisvoll angezogen, und es kann der Beginn einer Liebe sein.

Es geschieht oft, daß solche plötzlich aufstrahlende Anziehung keinerlei Zukunft hat, daß sie durch irgendeine winzige Äußerlichkeit, eine vorübergehende Einzelheit bewirkt wird und daß die Liebesmagie ihre Kraft verliert, sobald dieser äußere Schein verschwindet. Es ist auch möglich, daß eine nähere Bekanntschaft mit der jungen Frau Ähnlichkeiten mit einst sehr unsympathischen Gestalten zutage bringt und daß die Kraft der Abstoßung, ebenso unbewußt in ihrem Wesen wie die der Anziehung, die junge Frau ganz und gar nicht begehrenswert erscheinen läßt. Es kann aber ebensogut geschehen, daß an der jungen Frau, wenn er sie besser kennenlernt, noch andere Ähnlichkeiten sichtbar werden, nicht mehr unbedingt mit der Pflegerin, sondern mit späteren Lieben; sie könnte die Haare der Mutter, die Fülligkeit einer einst sehr angenehmen Tante besitzen; sie könnte einen Gesichtszug, ja einen bestimmten Mangel aufweisen, wie jener »Flirt« aus einer Ballnacht, die der junge Mann nie wiedergesehen, an die er aber oft gedacht hat. Und die Liebeskräfte steigern sich, indem sich diese Einzelähnlichkeiten zusammenfügen. Die Traumdeutung zeigt uns manchmal sozusagen zusammengesetzte Personen, die aus charakteristischen Einzelheiten einer ganzen Reihe von Menschen bestehen, die aus einem gleichartigen Gefühlsbereich des Träumers entnommen sind. Diese phantastischen Traumpersonen entstehen durch Verdichtung, um ein bestimmtes Gefühl zu verkörpern, das bei Begegnung mit einer Reihe von Urbildern entstand: Aus der Nase des einen Feindes, dem Unterteil eines zweiten, dem Spazierstock eines dritten Feindes usw., wodurch sich dann der synthetische Typus »Feind« ergibt. Oder: wenn sich tatsächlich in einer Person Einzelheiten verdichten, die zu einer Reihe sympathischer Wesen gehörten, fühlt sich alle Sympathie wachgerufen, die für alle diese Personen einmal empfunden wurde. Hier wirkt ein Mechanismus von ungewöhnlicher Präzision, der jeden verblüfft, der ihn zu erkennen vermag.

Man wird diese Deutung nicht als Phantasiegebilde bezeichnen und nicht einwenden, daß es immer Ähnlichkeiten mit irgendwem und irgendwelchen anderen gäbe, wenn man erfahren hat, wie genau und charakteristisch solche Einzelheiten sind, wenn sie mit Gefühlswerten beladen sind. An der Überprüfung von Einzelfällen erweist sich, daß diese Beobachtungen zutreffen. So kann eine Ähnlichkeit auch abstrakt sein, wenn sie sich auf eine Funktion, einen Beruf, einen Titel bezieht: Manche Frauen haben eine Schwäche für Geistliche, oder für Ärzte, gleichgültig, wer sie seien, andere für Engländer oder für betrogene Ehemänner usw. Frauen lassen sich leichter durch solche abstrakten Eigenschaften gewinnen, denn sie analysieren die Männer zu wenig, die sie lieben; manchmal scheint es, als sehen sie sie überhaupt nicht. Sie sind mehr daran gewöhnt, ihren Partner zu empfangen, als ihn wirklich zu wählen.

Eine Liebe, die unter ganz bestimmten Bedingungen sich auf eine bisher unbekannte Person richtet, bedient sich der Anziehungskräfte, die sich früher für andere Personen entwickelt hatten. Auf diese Weise vollzieht sich eine Verschiebung der Gefühle. Ist dies einmal geschehen, so entsteht ein Kristallisationspunkt für alle Gefühlsenergien, und jeder Mann hat in seiner Seele stets eine höchstwertige Liebe, welche durch ihr Gewicht alle anderen Liebeserscheinungen von geringerer Kraft an sich zieht. Diese übermächtigen Kristallisationspunkte folgen einander im Zuge der Wechselfälle des Gefühlslebens, und deshalb »vertreibt eine Liebe die andere« oder: »Man kann eine Liebe nur durch eine andere heilen.« Aber es kann auch geschehen, daß die Gefühlskräfte während längerer Zeiträume latent bleiben können. Es gibt Menschen, die sich nur nach mehr oder weniger langen Pausen, nach sozusagen »neutralen« Phasen, wieder verlieben; andere wechseln ohne Unterlaß von einer Liebe zur anderen.

Nachdem die Verschiebung der Gefühle, wie wir gesehen haben, von einer fremden Gestalt auf eine andere fremde Gestalt stattgefunden hat, kann sie sich in einer tieferen Weise vollziehen, indem der Liebende im geliebten Wesen eine Spiegelung seines eigenen Bildes entdeckt. Es handelt sich nun um eine Verschiebung des Gefühls, die im Innersten stattfindet, die von der Person des Liebenden selbst ausgeht und die man als Projektion bezeichnet. Dies ist der Mechanismus der Liebe im genauen Sinn des Wortes: Er bindet uns an das geliebte Du auf eine wahrhaft tiefe Weise und macht es für uns unersetzlich. Allerdings kann eine Liebe von dieser Art sehr verschieden in ihrem Wert sein, je nach dem, ob die Projektion sich auf konkrete Eigenschaften bezieht, auf bereits verwirklichte Charakterzüge des Liebenden, oder — umgekehrt — auf sich entwickelnde Strebungen, auf latente Möglichkeiten. Im ersteren Fall weckt eine solche Liebe nur einen psychischen Widerhall in der bereits verwirklichten Persönlichkeit des Liebenden; das ist ein unfruchtbarer Narzißmus. Im zweiten Fall wird der Liebende vollkommener und durch die Eigenschaften bereichert, die er allein nicht in sich entwickelt hätte.

In manchen Menschen ist die Libido zu sehr an das bewußte Ich gebunden, weil sie zu sehr jenem eigenen Kern verhaftet ist, den man dem Selbsterhaltungstrieb, den Ernährungsfunktionen zuordnen muß. Ihre Liebeskraft spiegelt sich gewohnheitsmäßig in sich selbst, läuft im Kreis, wie bei Narziß, der sich in sein eigenes Bild verliebt. Ist diese Richtung zu stark, so ergibt sich ein Nachteil in dem Sinn, daß die Liebe ihre wesensmäßige Aufgabe verfehlt, nämlich das Ich aus seiner eigenen Welt hinaus und zur Gefühlsverbindung mit den anderen zu führen. Ein zu narzisstischer Mensch kann von der Liebe keinerlei psychologischen Fortschritt für sich mehr erwarten.

Der krankhafte Narzißmus ist die Auswirkung eines normalen Mechanismus in ungesunden Proportionen, denn in Wirklichkeit spiegelt sich ein bestimmter Teil der Libido stets in dieser Weise. Jeder Mensch hat von sich selbst eine gewisse vorteilhafte Vorstellung, die dazu dient, ihm Selbstvertrauen zu geben, ihn in seinen sozialen Kalamitäten zu trösten und sogar die Einheit seiner Persönlichkeit zu sichern. Wir alle neigen dazu, zu lieben, was uns ähnlich ist, sogar die uns ähnlichen Fehler bei anderen nachsichtig zu betrachten (sofern diese Fehler bei uns selbst nicht mit Gewalt unterdrückt wurden, was uns — umgekehrt — grausam hart zu machen pflegt). Auf jeden Fall kann keine Sympathie entstehen, es sei denn durch eine bestimmte Identifizierung. Wenn ein Krieger sich dessen voll bewußt wäre, daß der Feind ihm in allen Stücken gleicht, daß er die gleichen Qualen, die gleichen Ängste erleidet, wenn er nicht alle Gedanken auf das konzentriert, was sie trennt —, er hätte nicht den Mut, den Gegner anzugreifen. Wenn der Jäger fühlen könnte, daß der Todeskampf des Tieres, das er töten will, genau der gleiche ist, wie bei Seinesgleichen, die er sterben sah, oder daß seine eigene Agonie ähnlich sein wird, er hätte keine Lust mehr, seinen Schuß abzufeuern. Merkt man keine Ähnlichkeit, so empfindet man keine Solidarität. Auch Haß ist oft das Ergebnis einer Ähnlichkeit, doch nicht mit dem, was man an sich schätzt, sondern mit dem, was man in der eigenen Natur hart bekämpft. Die Liebe wird aus einer erkannten, einer empfundenen Ähnlichkeit geboren. Weil Eva ein Stück seines Leibes war, konnte Adam sie lieben: sie war — im Materiellen — eine Projektion seiner selbst.

Nur bei normalen Menschen entwickelt die Liebe ihre echte Fliehkraft, indem sie in ihrem Gegenstand nicht die Antwort ihres eigenen, gegenwärtigen Bildes sucht (die offenbarte Persönlichkeit dessen, der liebt), sondern vielmehr die Fortsetzung dieses Bildes, das Bild der Eigenschaften, die man zu besitzen wünscht, die man noch zu erringen hofft, jener Eigenschaften, auf die man bisher verzichtet hatte — was man bedauert. Es geht auch noch darum, zu lieben, was uns ähnlich sieht, doch ohne die Illusion, den eigenen gegenwärtigen Zustand vollkommen zu finden, wohl aber mit der Sehnsucht, diese Ähnlichkeit auf das Beste von uns zu übertragen, belebt durch unsere Strebungen, und noch ohne die letzte Ausprägung gefunden zu haben.

Um das Wesen der Projektion recht verstehen zu können, ist es wichtig einzusehen, in wie außerordentlichem Maße das Ideal eines jeden sich von der Realität unterscheiden kann, die er — objektiv gesehen — darstellt. So träumt ein Zahnarzt, ein Tenor zu sein, obwohl er nicht singen kann: Sein Ideal ist die Oper. So träumt eine kleine Näherin, ein Mann zu sein, und ein Jokkey, obwohl sie Pferde fürchtet: Ihr Ideal liegt auf den Rennbahnen. Genauso ist es um sittliche Qualitäten bestellt. Viele Feiglinge verherrlichen den Mut, und viele geizige Charaktere preisen die Großzügigkeit. In der menschlichen Natur hat jeder Zug eine entgegengesetzte Abseite, die dazu dient, sie zu zügeln und im Gleichgewicht zu halten; jeder Antrieb bringt die entgegengesetzte Reaktion mit sich. Pascal hat gesagt, daß wir unser sittliches Gleichgewicht nur durch den Kampf gegensätzlicher Kräfte aufrechterhalten. Daher ist also jede feste Ausrichtung, die der Realität angepaßt ist, eine Einschränkung der vorhandenen Möglichkeiten, jede Spezialisierung ist Zwang, jede Wahl eine Verstümmelung, — das Leben aber verpflichtet zu einer Reihe fortschreitender Wahlen. Nur bei jenen, die es vermocht haben, ihre Natur zum Ausgleich zu bringen und ihre Synthese zu verwirklichen, ist das Ideal die Fortsetzung der Realität. Bei den anderen besteht das Ideal aus all dem, was sie nicht erreichen konnten, und es vertritt den Gegensatz dessen, was sie in ihrer gegebenen Erscheinung darstellen. So kann das Ideal ein vergrößertes und retouchiertes Bild des Individuums sein, oder eine ergänzende und umgekehrte Gestalt, aber auch in solchen Fällen dürfte man nicht sagen, daß sein Ideal dem Ich fremd sei, weil es aus den Überresten seiner Entwicklung gebildet wurde. Was wir sein wollten, ist ebenfalls ein Bestandteil unserer sittlichen Persönlichkeit. Man darf nicht aus dem Auge verlieren, daß die Liebe eine Projektion auch dieser nicht verwirklichten sittlichen Persönlichkeit auf andere ist, genau wie der Haß die Projektion dessen ist, was wir verwerfen und bekämpfen.

Wenn die Projektion des Liebenden nur die Eigenschaften überträgt, die bei ihm selbst offenkundig sind, widmet er dem Geliebten einen Kult, der nichts anderes ist, als die Anbetung seiner eigenen Person in ihrer gegenwärtigen Gestalt — und das ist unfruchtbarer Narzißmus. Sind es jedoch die latenten Eigenschaften, die verborgenen Strebungen des Liebenden, die so projiziert werden, so verwirklicht sich damit eine sehr fruchtbare Form der Liebe, denn sie erweitert die psychische Einheit des Liebenden, seine Gestalt, und fügt dem, was er ist — ohne diese Einheit zu zerstören — das hinzu, was er hätte sein können. Der Liebende integriert damit, durch seine Gefühlsbindung, Möglichkeiten, die ihm zugehören, die aber in ihm allein niemals Gestalt gewonnen hätten. Es ist ein Teil seiner möglichen Existenz, die er durch die Identifikation schlagartig verwirklicht. Die Weisheit des Volkes hat recht, wenn sie sagt: »Sage mir, wen du liebst, und ich werde Dir sagen, wer Du bist.«

Das Individuum besitzt so in sich selbst einen psychischen Doppelgänger seiner Möglichkeiten.

Üblicherweise, durch Vererbung mit allen Entwicklungsmöglichkeiten seiner Art begabt, ist der Mensch durch die zufälligen Besonderheiten seines Geschlechts, seines physischen Temperaments, seiner Umwelt und seiner Lebensumstände gezwungen, Grenzen anzuerkennen und zu wählen, um das Gewählte wirksam realisieren zu können; aber alle abgewiesenen Fähigkeiten leben weiter auf dem Grunde seiner Seele und bewirken ein Gefühl, unvollständig zu sein. Diesen psychischen Doppelgänger hat C. G. Jung bei dem Mann anima, bei der Frau animus genannt, weil er von den psychischen Eigenschaften des Gegengeschlechts geprägt ist, des unterdrückten ursprünglichen Hermaphroditen, der nach der Atrophie der Wolff-Müllerschen Gänge im Embryo ausgelöscht ist. Jeder Mensch besitzt so in sich selbst die Imago seiner psychischen Ergänzung, des Gegengeschlechts; die Aufgabe der Liebe ist es, sie zu entdecken, richtiger sie zu gestalten, nachdem man diese Fähigkeiten bei einem wirklichen Partner gefunden hat, um sie durch Projektion und Identifizierung in sich einzubeziehen.

Péladan hat die Projektion der Liebe sehr gut verstanden: »Liebe«, sagt er, »ist die Projektion einer Persönlichkeit, die ihr Spiegelbild in einer anderen sucht, ein sinnliches, seelisches oder geistiges Spiegelbild. Ohne die Widerspiegelung im Wasser oder auf geglättetem Metall hätte der Mensch nie sein Gesicht gesehen; ohne die Widerspiegelung in einem anderen hätte der Mensch nie seine Seele gespürt.« (Péladan, *La science de l'amour*, Paris 1911, S. 86 und 90.)

Bei Nietzsche findet man eine ähnliche Auffassung: »Es gibt eine Fortsetzung der Liebe, bei welcher die Gier zweier Menschen nacheinander einer neuen Sehnsucht Platz macht, dem gemeinsamen Durst nach einem Ideal oberhalb ihrer selbst.«

Der feinen Psychologie der Inder ist gerade die Liebesprojektion nicht entgangen. S. Vivekananda sagt: »Die wahre Liebe pflegt sich in uns nicht zu entwickeln, solange das Ziel unserer Liebe nicht zu unserem höchsten Ideal geworden ist ... Der eine kann sein Ideal in dem niedrigsten der Wesen sehen, der andere in dem höchstentwickelten, aber in jeder Weise und in jedem Fall ist es ausschließlich das Ideal, das aufrichtig und stark geliebt werden kann. Das höchste Ideal eines jeden Menschen wird Gott genannt.« Und weiter: »Das Ideal, das Männer und Frauen im allgemeinen anbeten, ist das gleiche, das sie selbst besitzen. Jeder projiziert sein eigenes Ideal in die äußere Welt hinaus und kniet davor nieder.« (S. Vivekananda, *Conférence sur Bhakti Yoga*, übersetzt ins Französische von L. Reymond und J. Herbert, 1939, S. 184—186.)

Im allgemeinen beginnt die Liebe durch eine Art Signal, eine Art Appell an die Aufmerksamkeit des Gefühls, eine Gestalt, und zwar meist auf Grund einer äußeren Einzelheit (Gefühlsverschiebung, genauer gesagt), ins Auge zu fassen. Dieser Mechanismus führt zu einer Anziehung, einer Neugier, einer mehr oder minder lebhaften Sympathie; aber was der Liebe ihre ganze Intensität gibt, was da bewirkt, daß man den anderen liebt »wie sich selbst«, das ist die Projektion des eigenen Ideals, die man dann, als zweiten Schritt, ausführt. In dem Phänomen des »Blitzschlags« der Liebe folgt die Auslösung unmittelbar auf die vorausgegangene Sensibilisierung: doch meist gibt es zwischen diesen beiden Phasen eine Zeitspanne, während welcher das Ich sein Gefühl verarbeitet, ohne sich Rechenschaft davon zu geben. Dieser Vorgang vollzieht sich in seinem Unbewußten: Es kann während dieser Phase durch Träume wachsam gemacht werden (die später eine warnende Rolle übernehmen), aber der Liebende liebt immer noch, ohne es zu wissen. Später bricht die Liebe als solche ins Bewußtsein ein, sobald die Projektion endgültig vollzogen ist.

Die Projektion des Ideals kann auf eine Gestalt gerichtet werden, die nicht dafür geeignet ist, weil ihre wirklichen Eigenschaften von denen, die ihr beigelegt werden, zu verschieden sind. Die Liebe beruht dann auf unsicheren Grundlagen. Tatsächlich besteht eine natürliche Beziehung zwischen der Liebesbindung und dem tiefsten Selbstbewußtsein des Ich; das allgemeine Bestreben eines jeden, zu lieben, was seiner tatsächlichen oder möglichen Persönlichkeit ähnlich ist, kann sich umkehren, d. h. es ist bemüht, dem Geliebten eine Ähnlichkeit mit seinem Ideal zuzusprechen: »Wenn man nicht hat, was man liebt, liebt man, was man hat«, sagt die Volksweisheit. Von solchen Gefühlen heißt es: »Die Liebe gleicht spanischen Gasthöfen, man findet darin nur, was man mitgebracht hat.« Im allgemeinen dauert es nicht lange, bis die Illusion entlarvt ist, nämlich sobald die fieberhafte Phase des Beginns vorüber ist; es ist ein sehr qualvoller Sturz für die Liebenden, aber er kann auch nützlich sein. Doch die Ähnlichkeit kann auch echt sein. Das geliebte Wesen kann wirklich jene Qualitäten verkörpern, die der Liebende am höchsten schätzt und die er in sich selbst zu entwickeln sucht. Er kann vor allem jene besonderen Qualitäten, welche die Liebe erweckt haben, aufs höchste entwikkeln, denn es gibt Ermutigung und Zutrauen zu sich selbst, sich für eine Eigenschaft geschätzt zu fühlen, die man tatsächlich besitzt oder die man aufrichtig anstrebt. »Was der Mensch denkt, das wird er«, sagen die Veden, und die Alltagspsychologie erweist am Alltagsleben, wie sehr das zutrifft. Das Bedürfnis, anerkannt zu werden, ein Bestandteil der Sozialinstinkte, das Bedürfnis, persönlich bestätigt zu werden, das sich mit dem Gefühl der eigenen Individualität verbindet, das jeder Mensch besitzt — sie bewirken, daß alle Menschen die gebotene Gelegenheit ergreifen, um einen Wert zu gewinnen.

Gefängniswärter wissen, daß das beste Mittel, Dieben Gewissenhaftigkeit und Redlichkeit beizubringen, darin besteht, ihnen Vertrauen zu schenken, diesen Entgleisten Vorleistungen im Hinblick auf jene Eigenschaften zuzugestehen, die sie im Alltag ihres Lebens besonders vermissen ließen. Mit allerbesten Gründen wendet die Liebe diese Magie an, um das wirkliche Aufblühen jener Qualitäten beim Geliebten hervorzulocken, die der Liebende zuvor unterstellt hat; auf jeden Fall kann so die höchste Entwicklung dieser Qualitäten gesichert werden. In der Parabel von Perrault gibt der zottige Riquet der schönen Prinzessin, die er liebt, von seinem Geist ab, und er selbst wird schön, um von ihr geliebt zu werden. So ist die Projektion, zu Beginn ein rein psychisches Phänomen, darauf aus, eine Wirklichkeit zu erzeugen, zum größten Vorteil sowohl für den Liebenden wie den Geliebten. Der Haß dagegen, holt — umgekehrt — alle Arten böser Möglichkeiten aus der Versenkung hervor und läßt sie erstarken.

Es ist üblich, der Projektion, also dem Vorgang, durch den man anderen die eigenen Eigenschaften zuspricht, die Introjektion gegenüberzustellen, die darin besteht, sich selbst die Qualitäten anderer beizulegen. Diese beiden Mechanismen offenbaren sich sehr klar in der Traumarbeit. Tatsächlich bestehen die beiden Prozesse stets mehr oder weniger nebeneinander, ähnlich wie Einverleibung und Ausscheidung nebeneinander im inneren Kreislauf der lebenden Materie wirken.

So versucht der Liebende, nachdem er den Gegenstand seiner Liebe mit allen Eigenschaften geschmückt hat, die er am meisten bei sich selbst herbeisehnt (zumindest für den verborgenen, latenten, manchmal verdrängten Teil seines Ich), sich an dieser Verwirklichung seiner Lieblingseigenschaften zu erfreuen, als hätte er sie erschaffen. Eltern sind eitel und stolz auf die Schul-Erfolge ihrer Kinder (vor allem, wenn sie selbst nicht alles erlernen konnten, was sie sich gewünscht hätten). Frauen sind stolz auf die Auszeichnungen ihrer Männer oder Liebhaber, als ob sie selbst sie erdient hätten. Es ist vor allem die Folge dieser Vertauschbarkeit, wenn die Liebe mit ihren Praktiken so viel Erfolg hat; nachdem man nämlich dem Partner jene idealen Züge angedichtet hatte, die er dann nicht verwirklichen konnte, kann man sie später — durch Introjektion — sich selbst einverleiben.

In Wirklichkeit sind Projektion und Introjektion nichts anderes, als sich ergänzende und gleichzeitige Aspekte eines übergreifenden Prozesses, nämlich der Identifizierung, und sie ist zuletzt das höchste Wesen der Liebe; aber der Prozeß der Projektion ist auffälliger, und er wird zuerst durchgespielt.

Durch die Projektion gewinnt man den Eindruck, ein zweites Ich im geliebten Wesen finden zu können. Durch die Verschiebung verflossener Gefühle, die aus der fernen Kindheit heraufsteigen, später durch ihre gegenseitigen Projektionen der am wenigsten ausgeprägten Bereiche ihrer Seelen, gewinnen die Liebenden den Eindruck, sich seit Ewigkeiten zu kennen; sie glauben, hoffen zu dürfen, gemeinsam die Erinnerung an frühere Leben wiederfinden zu können. Und tatsächlich können Verschiebung und Projektion — unbewußt und vom Bewußtsein nicht zur Kenntnis genommen — in einem gewissen Sinn den Anschein hervorrufen, das geliebte Wesen habe sich durch alle Gefühlserfahrungen angekündigt, die seinem Erscheinen vorausgingen; man könnte an eine mystische Vorahnung glauben. Ich glaube nicht, daß man die Realität einer solchen Vorahnung mit ausreichender Sicherheit widerlegen kann, denn das Leben ist noch voller Geheimnisse; ich will nur sagen, daß man sich vor einer groben Illusion hüten muß: meist ist es nicht das geliebte Wesen, das von der Vorsehung geschickt wurde und das sich durch psychische Vorzeichen ankündigte; es sind vielmehr die vorangegangenen psychischen Erfahrungen, welche die Wahl begründet haben, und das ist etwas ganz anderes.

Sind Verschiebung und Projektion auf eine geliebte Person erst einmal vollzogen, so ist das Ich bestrebt, nicht nur eine bestimmte Gestalt, sondern auch eine bestimmte Situation immer neu zu schaffen. Der Instinkt ist stets bemüht, das unabgeschlossene Experiment als Ganzes immer von neuem zu beginnen, als dürfe er nie ruhen, solange dieses Experiment — ganz und in allen seinen Abwandlungen — nicht zum guten Ende gebracht ist, zum idealen Ende, das dem Kindheitstraum entspricht, der in der Wirklichkeit der erwachsenen Welt nie realisiert werden kann.

Dies ist die Ursache dafür, daß unter den Charakteren, die besonders geeignet sind, Liebesbindungen auf sich zu ziehen, besondere Erscheinungen so zahlreich sind. Das gilt zum Beispiel für die Frau von betont unzugänglichem Wesen, oder für den aufregenden Mann, der gefährlich erscheint, also für Persönlichkeiten, welche die Phantasmen der Kindheit zu verkörpern scheinen, und damit Ohnmacht, Schuldgefühle und Angst überdecken. Das Problem der Affekte besteht für jeden Menschen im wesentlichen darin, jene Bereiche des Menschlichen, vor denen man sich fürchtet, dennoch in sich einzubeziehen, zu assimilieren — und sei es mit den Fehlern des Partners —: Die Gewalttätigkeit, die Kraft, die man in sich selbst nicht vorfindet. Es geht darum, eins zu werden mit einer Kraft, welche die eigene Schwäche auszugleichen vermag, oder sich mit einer Sanftmut zu vereinigen, welche die eigene Brutalität mildern könnte. Vor allem aber geht es darum, ein altes Angstgefühl einem ganz bestimmten Gegenstand gegenüber zu bewältigen, den Eindruck qualvoller Erinnerungsbilder auszuwischen, in denen das Ich sich den anderen gegenüber im Nachteil befand. Kurz, es handelt sich darum, ganz zu siegen, wo man früher unterlegen war, was dann jene volle Befriedigung verspricht, die man seit eh und je erhoffte. Dieser zuerst unbewußte Drang bringt aber die Gefahr mit sich, daß der Liebende — ohne sich darüber Rechenschaft zu geben — jenes Kräftemessen herausfordert, das er erwartet oder vor dem er zittert, wie es jene Eifersüchtigen tun, welche alles nur Denkbare unternehmen, um den Partner oder die Partnerin zur Untreue zu bringen. Und weil die Liebe die große Projektion des Gefühls ist, geschieht es immer wieder, daß Männer und Frauen in so unerklärlicher Weise gerade im Bereich dieses Gefühls ihre typische Schicksalssituation immer neu erleben.

Jede einzelne Liebe bringt besondere Bestandteile des Empfindungsvermögens ans Licht und läßt deshalb die Projektion nur eines Teiles der latenten Strebungen zu. Überblickt man die aufeinanderfolgenden Liebesbindungen eines bestimmten Menschen, so entdeckt man eine bemerkenswerte Beständigkeit der typischen Formen seiner Liebesempfindungen, seien es objektive Einzelheiten oder abstrakte Eigenschaften oder besondere Situationen. Die einzelnen Kennzeichen dieser Erscheinungsformen sind im allgemeinen sehr vielfältig, und sie treten auch in verschiedener Intensität auf. Sie sind Konzentrate der Erinnerung an erste Lieben, aber sie können im Zuge späterer Gefühlserfahrungen durch neue Verbindungen angereichert werden. Es kann geschehen, daß abweichende und gegensätzliche Dinge oder Eigenschaften Liebesempfindungen wecken können, denn das Gefühlsleben läßt sich durch logische Erwägungen nicht stören. Man kann gleichermaßen von sehr großen und sehr kleinen Personen angezogen werden. Wenn ein einziges Merkmal deutlich die anderen überwiegt, ist es einfacher wiederzufinden (wie das Schielen der Frauen, die Descartes liebte). Es kann auch ein bestimmtes Merkmal in der einen Liebesbindung und ein anderes in einer weiteren wirksam werden. Das Ich hat viel mehr Schwierigkeiten, das Ganze seiner Wunschträume zu verwirklichen, und begnügt sich mit Teilbefriedigungen. Was man am geliebten Wesen entdeckt — gleichgültig, wie stark die Illusion der Liebe sein möge —, das ist nie mehr als eine bestimmte Anzahl von Anziehungspunkten: Die Anziehungskraft ist um so stärker, je zahlreicher, je intensiver und je weniger mit negativen Eigenschaften vermischt die zur Liebe verlockenden Merkmale sind, die sich in verschiedenartiger Weise und Mischung bei verschiedenen Personen vorfinden. Daraus ergibt sich, daß jede Liebesbindung auf einer ganz bestimmten Gruppe von anziehenden Merkmalen beruht und daß zwei Lieben niemals sozusagen die gleiche Melodie und den gleichen Duft haben können. Sie können sich also nur in dem Maße gegenseitig vertreten, bzw. einander nachfolgen, als sie das Zentrum der Schwerkraft des Gefühls erobern können; aber jede einzelne wird niemals genau die gleiche Sehnsucht erfüllen, und sie werden sich nie vollständig gleichen. Was für die Liebesanziehung bestimmter Merkmale, also für die Sensibilisierung für die Liebe gilt, trifft noch mehr für die Projektion zu, die ihr nachfolgt. Es ist so, daß der Liebende nur einen Teil seiner möglichen Strebungen auf ein bestimmtes Du richten kann, denn ein Mindestmaß von realer Ähnlichkeit ist für eine Projektion erforderlich; die Strebungen des Liebenden können nicht als Projektion auf völlig entgegengesetzte reale Gegebenheiten beim Objekt der Liebe gerichtet werden. So kann ein Mensch, solange er klein war, davon träumen, schwach und beschützt zu sein; später, wenn er größer geworden ist, kann er wünschen, stark und ein Beschützer zu sein; natürlich muß er, wenn er liebt, wählen, und er kann nur einen von beiden Wünschen auf den gleichen Partner übertragen. So besitzt jede Liebesverbindung ihre ganz bestimmten Sensibilisierungen und nur begrenzte Möglichkeiten der Gefühlsprojektion. Jedes Liebespaar ist durch ganz bestimmte Bande verknüpft und durch ein ganzes Netz von Liebesbeziehungen, die nur in diesem einen Falle entstehen.

Jede Liebe hat deshalb eine einmalige Gestalt und kann durch eine andere nicht ersetzt werden, es sei denn, durch eine vollständige Anpassung: Die Verschiebung des Gefühlszentrums von einem Objekt auf ein folgendes, die Einbeziehung des neuen Objekts in das Ganze der Gefühlslandschaft des Ich erfordert Bemühungen, während derer das Unbehagen und Ungenügen sehr tiefgehend sein kann. Jene Elemente der Anziehung, die sich an der voraufgegangenen Liebe erfreuten, fehlen der nächsten, und es bleibt ein Riß und ein Bedauern, bis die neuartigen Qualitäten der zweiten, die der ersten fehlten, ihre vollen Befriedigungswerte entfaltet haben. Deshalb ist das Ende jeder Liebe schmerzhaft, möge es brüsk oder allmählich geschehen. Deshalb wünschen alle Liebenden, ihr Gefühl möge einmalig und endgültig sein.

Dieses Besondere des Gefühlslebens, das jede einzelne Liebe zu einer unvergleichlichen werden läßt, ergibt sich dennoch aus einer nur sehr unvollständigen Gruppe von Anziehungsqualitäten, so daß Raum bleibt für andere zusammengefaßte Anziehungsqualitäten, ohne daß einer dieser Komplexe stark genug würde, um die Totalität aller Liebesmöglichkeiten an sich zu reißen. Und so wie die Galaktischen Nebel im Kosmos sich manchmal nicht zu einer einzigen Sonne zusammenballen, die alle verfügbare Materie an sich reißt, sondern wie sich Systeme von zwei bis drei Gestirnen bilden können, die in einem gemeinsamen Schwerefeld kreisen, so können auch vielfache Lieben entstehen. Jede bindet sich — oder kondensiert — im Sinn des eigenen Charakters; jede ist wirklich einzigartig in ihrer Gestalt, doch diese Gestalt — für sich allein — vermag es nicht, in einem einzigen Wesen das Abbild aller Wünsche zu bieten; eine solche Liebe rettet sich in die Quantität; sie verteilt sich auf mehrere Personen, von denen keine in keiner Weise die anderen ersetzen könnte, unter denen zu wählen völlig unmöglich ist, weil man aller bedarf, so wenig man wählen kann, ob man atmen, trinken oder essen soll. Ich kannte, unter manchen ähnlichen Beispielen, einen Mann, der zwei sehr verschiedene Frauen gleichermaßen liebte. Er hatte beiden die Ehe versprochen, weil er sicher glaubte, bald zu einer Wahl fähig sein zu können; aber das Gegenteil geschah: er band sich immer stärker an beide! Nach sehr dramatischen Wirbeln heiratete er die eine und behielt die andere als Geliebte; er blieb seiner Doppelliebe viele Jahre lang treu.

Ähnliche Fälle sind deshalb selten, weil eine gewisse Ungleichheit der sexuellen Anziehung in der Regel schließlich den Ausschlag gibt; was aber dennoch bleibt, das ist die Vielfalt und Vielzahl der Bindungen. Der naive Verliebte fordert, allein geliebt zu werden; doch neben den gefühlsmäßigen und sexuellen Bindungen, deren er sich selbst erfreut, ist sein Partner auch noch anderen zugetan: seiner Familie, seinen Freunden. Er ist weiterhin empfänglich für den Zauber, auch den sinnlichen Zauber, anderer Männer oder anderer Frauen. Es kommt schließlich darauf hinaus, daß diese so begehrte Ausschließlichkeit eine endgültige — oder zeitweise — Bevorzugung auf Grund einer sexuellen Wahl ist.

Die Liebe projiziert das Bild eines Ideals auf eine bestimmte Person und ist damit zum Teil Illusion, zum Teil Realität, je nachdem, ob die geliebte Person diesem Ideal mehr oder weniger ähnlich ist. Es gibt Liebende, die sich über die wahre Lage der Dinge in unglaublicher Weise täuschen, andere bleiben ausreichend klar, um Partner zu wählen, die ihrer Sehnsucht wirklich zu antworten vermögen. Doch wie auch das Verhältnis zwischen Traum, Illusion und Wirklichkeit sein möge, es bleibt immer etwas Illusion in der Wirklichkeit, und zwar aus guten Gründen: Weil das Unbewußte versucht, einen unterbrochenen Zusammenhang künstlich wieder herzustellen, sei es, um die unmöglich gewordene Identifizierung mit einem einst bekannten aber verlorenen Objekt zu erreichen, sei es, um eine »werdende« Identifizierung mit einem noch latenten, noch ungestalteten Teil des eigenen Ich zu bewirken. Die Illusion dieses Zusammenhangs oder dieses Einsseins ist es, welche die Magie des Gefühls ausmacht; sie fügt dem, was normalerweise Wertschätzung, Hochachtung, besondere Anerkennung wäre, jene tiefe und besondere Erregung hinzu, welche eben Liebe ist.

In dem gleichen Maße, in dem sich Liebe auf eine echte Ähnlichkeit gründet, wird sie zwangsläufig eine gegenseitige Liebe. Wenn der eine Partner im anderen das Spiegelbild seiner eigenen, und zwar besonders charakteristischen Eigenschaften entdeckt, muß diese Gegenseitigkeit automatisch eintreten. Man braucht nicht auf die Befriedigung des Selbstgefühls hinzuweisen, die jeder empfindet, der sich anerkannt sieht, auch nicht auf jene Art Dankbarkeit, die wir dem entgegenbringen, der es vermocht hat, uns »schön« zu sehen, wie wir selbst uns zu sehen geneigt sind; nicht zu reden von der gegenseitigen psychischen Aufladung der Begierde des einen an der Begierde des anderen; man kann zusammenfassend sagen, daß Liebende voneinander »Theater«, d. h. Verkörperung einer Rolle erwarten, die ihr eigenes Ich, gereinigt und erhöht, darzustellen hat, wobei sie in diesen gegenseitigen Spiegelbildern den schönsten Teil ihres Wesens anschauen wollen. Die Beobachtung zeigt, daß Liebe von einer bestimmten Art immer gegenseitig ist, indem sie stets eine Gefühlsresonanz und die Sehnsucht, selbst zu lieben, bei dem weckt, der geliebt wird! Nur wäre es zu schön, wenn diese Antwort in der Realität stets befriedigen würde.

Diese antwortende Liebe kann durch das Bewußtsein niedergekämpft werden, zum Beispiel, wenn es darum geht, die allgemeinen Vorschriften der Sitte oder eine andere, schon gefestigte oder wachsende Liebe zu verteidigen; sie kann auch auf einer völlig unbewußten Ebene verbleiben und sich nicht anders als im Traum, im Schlaf äußern, oder sich — gemäß den grundlegenden Anpassungsmechanismen des Instituts — umkehren und zu einem gegensätzlichen Gefühl der Abneigung oder des Hasses werden.

Eine Anzahl großer Liebesleidenschaften haben so mit einer stärksten Abneigung begonnen, die jedoch bereits Liebe war, allerdings die andere Seite der Münze. Im allgemeinen ist jede lebhafte und unmotivierte Feindseligkeit, jede grundlose und unerklärliche Abneigung verdächtig, Liebessehnsucht zu verbergen, und die Umkehrung kann schlagartig erfolgen, sobald eine bestimmte Spannungsschwelle überschritten ist. Natürlich ist es in der Praxis des Lebens wenig angenehm, im Austausch gegen einen Liebesantrag Haß zu empfangen; dennoch geht um eine potentielle Liebe, eine Liebeserwiderung, genau so, wie bei mancher äußersten Gleichgültigkeit, die nichts anderes ist als Liebe, die nichts von sich wissen will. Theoretisch muß jedenfalls festgestellt werden, daß eine solche Gegenseitigkeit der Liebe in einer Reihe von Fällen stets gegeben ist.

Wenn eine Liebesbindung — immer aus unbewußten Verschiebungen oder Projektionen entstanden — das Bewußtsein erobert, wirken in der Regel die gleichen Mechanismen, wie sie manchmal bei psychischen pathologischen Symptomen gegeben sind, die denselben unbewußten Mechanismen entspringen: Kennzeichnend vor allem ist das Beherrschende, die Überwertigkeit eines Gefühls, eine Anerkennung und Bestätigung des anderen, während Einsicht und Wille völlig machtlos sind; ähnlich ist auch der Charakter des Überfalls, des Erobert-Werdens, so daß der Gedanke an das geliebte Wesen nicht mehr weggewischt werden kann, weil er sich sogleich mit allen anderen wichtigen Problemen vermischt und Verbindungen zu anderen Gedanken und Eindrücken herstellt. Man kann von der Liebe sagen, daß sie eine »normale« Zusammenfassung aller Merkmale der »Besessenheit«, der Zwangskrankheiten ist. Dadurch ergibt sich nicht nur eine Überflutung des Bewußtseins, die im Hinblick auf die Lebensführung des Alltags sehr lästig ist, sondern es treten auch Anzeichen von »Beschwörungen« auf, wodurch diese fixierte Aufmerksamkeit einen psychischen Druck auf die abgelegensten Gebiete der Seele ausübt. Es gibt Verliebte, die Margeriten abzupfen; andere reden sich zum Beispiel ein, wenn die Nummer des nächsten vorüberkommenden Autos mit einer Sieben enden würde, müsse dies ein Erfolgszeichen für ihre Liebe sein. Nichts macht Männer und Frauen abergläubischer als die Liebe, und die Kartenschlägerinnen wissen aus Erfahrung genau, daß neun Zehntel der Klienten, die Rat einholen, die ersten Beunruhigungen einer Liebesbindung erleiden. Liebende benutzen und erfinden neu sogar die ganze

Magie der Religionen, der Tabus, verschiedene Rituale usw., alles Symptome von deutlich zwanghafter Art.

Man sagt, die Liebe seit stets eine Quelle von Leiden. Sie bringt auch tatsächlich eine gewisse Angst mit sich, wie alle psychischen Syndrome, wenn sie aus dem Unbewußten auftauchen; sie führt zu einer Entfaltung der Kräfte des Instinkts und zu Gefühlsschwingungen, die das Bewußtsein mitreißen; es ist eine Entladung von Energien, über die der Verstand einen großen Teil seiner bändigenden Kraft verliert, daher das Angstgefühl. Weiter regt die Liebe eine psychische Entwicklung von größter Bedeutung an, die — wie wir gesehen haben — grundlegende Umwälzungen mit sich bringt, gerade auch bei einer Behinderung dieser Abläufe; das Ergebnis ist ein drohendes Gefühl kommender Leiden und eine tiefe Beunruhigung. Dies ist die Ursache dafür, warum die Liebe — eine Besessenheit, eine Zwangsvorstellung — Ängste mit sich bringt, die den bekannten Psychopathien ähneln.

In dem Augenblick, wenn das Liebesgefühl ausgelöst wird, endet der sozusagen neutrale Zustand des Menschen, in dem er sich vorher befand; die marxistische Einstellung von geringer Intensität macht einer gewaltsamen äußeren Projektion Platz. Er empfindet den Gegenstand seiner Liebe als einen Teil seiner selbst, aber einen sehr ungesicherten Teil, dessen Einbeziehung in die Einheit seiner Persönlichkeit oft durchaus problematisch erscheint. Das Ergebnis ist vor allem die starke Empfindung des Ungenügens, der inneren Unvollständigkeit, eine Art Mangelgefühl, das die Psychoanalyse mit der Verzweiflung des Kindes verglichen hat, das geboren wird und sich brutal von der mütterlichen Fülle getrennt findet, mit der sein Dasein verbunden war. Der Liebende wird sich in gleicher Weise seiner Einsamkeit bewußt, als sei er abgeschnitten, amputiert; zugleich fühlt er das Bedürfnis, sich der Verbindung mit dem Wesen zu versichern, auf das er einen Teil des eigenen Seins geworfen hat, um es damit zu seiner unersetzbaren Ergänzung zu machen.

Dieser Durst nach dem geliebten Wesen äußert sich in verschiedenartiger aber typischer Weise, manchmal als tyrannisches Besitzstreben nach Art der Verdauungsinstinkte, manchmal als Selbstvergessenheit und ekstatische Anbetung, also als opfernde Liebe, die spezifisch sexuell ist. Jeder reagiert auf sein Liebesschicksal gemäß dem Entwicklungsstande seiner Triebe; die am wenigsten Entwickelten suchen zu überwältigen; die Reiferen wünschen Zusammenschluß, Gegenseitigkeit (der soziale Weg); die am weitesten Fortgeschrittenen verschenken sich wirklich selbst in Ergebenheit und Opfer; für sie ist Liebe ein Mittel, allen Egoismus abzustreifen.

Man spricht oft von der besitzgierigen Liebe des Mannes, von der selbstlosen Unterwerfung der Frau. Darüber gibt es ganze Systeme von Irrtümern und Vorurteilen, von Verwechslungen normaler und neurotischer Reaktionen, denen ein Ende zu bereiten wichtig ist. Man muß zwischen gewohnheitsmäßigen Anpassungen an die Gesellschaft, welche das Verhalten bestimmt, und wirklichen Gesetzen unserer Natur unterscheiden. Es ist eine sorgfältige Prüfung erforderlich.

In der Natur zeigt sich nirgends die Vorherrschaft eines Geschlechtes über das andere — bis hinab zu den Insekten, bei denen gerade die Männchen deutlich benachteiligt sind. Wer Haustiere beobachtet, weiß genau, daß weder der Hund, noch der Kater oder der Täuberich ihren Partnern an Kraft überlegen sind.

Im eigentlichen Geschlechtsverkehr scheint das Weibchen in jedem Augenblick zur Begattung fähig zu sein, während das Männchen sich in einem Sonderzustand physiologischer Erregung befinden muß. Dem entspricht im besonderen, daß die sexuelle Begierde des Weibchens, dunkel, latent, stets vorhanden ist, um dann durch die Begierde des Männchens ausgelöst zu werden. Das Männchen schlägt den Funken, der den Prozeß in Gang setzt. Daraus folgt, daß normalerweise der Mann die Initiative ergreift, während die Frau es geschehen läßt. Je höher entwickelt eine Frau in sexueller Hinsicht ist, um so empfindlicher reagiert sie auf die Wünsche des Mannes. Viele Frauen gestehen, daß sie ihren Widerstand schwächer werden und schwinden fühlen, wenn ein Mann sie begehrt, und zwar um so mehr, je eindringlicher er sie umwirbt. Sie erliegen einer Art Zauber. Diese Erscheinung ist besonders auffällig bei Frauen, die nicht lernen mußten, sich gegen eine solche Suggestion zu wehren. In Ländern, wo sie eingeschlossen leben oder nie allein ausgehen, können sie diese Passivität, die ihrem Geschlecht eignet, durchaus bewahren. In Kulturen wie der unseren müssen sie, um sich zu verteidigen, diese ihre Empfänglichkeit bekämpfen, in sich absterben lassen, indem sie ihre Weiblichkeit in gewisser Weise verstümmeln; sie trennen diese weibliche Fähigkeit genau so ab, wie drei Viertel von ihnen frigide werden. Was wir hier untersuchen wollen, ist jedoch der natürliche Zustand.

Man kann also von einer männlichen Aktivität und einer weiblichen Passivität sprechen, muß aber ergänzen, daß damit nur der natürliche Rhythmus der Phase gemeint ist, welche der Begattung vorausgeht, oder der Rhythmus der Begattung selbst; unmittelbar darauf erfolgt eine Umkehrung. Das Absinken der Begierde-Spannung schwächt entsprechend die männliche Initiative. Gleichzeitig versetzt ihn die physische Entspannung der geliebten Frau gegenüber in einen Zustand, welcher dem eines Kindes seiner

Mutter gegenüber analog ist. Infolge des natürlichen Ausgleichs zwischen Spannung und Entspannung neigt der Mann dazu, nun passiv zu werden. Die Frauen wissen, daß die Männer sich in diesem Augenblick »fallen lassen«. Sie verraten leichter ihre Geheimnisse, trennen sich leichter von ihrem Geld. Die passive Frau wird nun — umgekehrt — aktiv, zumindest verflüchtigt sich jener Zustand von Passivität, in den sie der Sexualzauber versetzt hatte. Das ist der Augenblick, in dem sie dem Partner etwas abzunehmen und ihn an sich zu binden versucht; dieser Wunsch entspricht dem natürlichen Bedürfnis des befruchteten Weibchens, das Männchen bei sich zu behalten, um beschützt und ernährt zu werden; und das Männchen widersteht nicht. Herkules spinnt zu Füßen der Omphale. Und wenn die Passivität der Frau so lange dauerte, bis die Begattung vorbereitet und vollzogen war, so dauert die Passivität des Mannes viel länger. Der Sexualakt hat ihn in den Dienst des häuslichen Herdes gestellt.

Betrachtet man tatsächlich das Leben der meisten menschlichen Ehepaare, insbesondere solcher, in denen der Mann seine Männlichkeit bewährt hat, indem er treu und brav seine Pflichten eines Familienvaters trägt — vor allem bei uns, wo die Homosexualität nicht hoch im Kurse steht —, so muß man zugeben, daß im Alltagsleben eher der Mann der Frau unterworfen ist, als umgekehrt. Der Geist der Ritterschaft oder die Mode an den Liebeshöfen des Mittelalters wiesen den Männern ebenfalls ihren Platz zu Füßen der geliebten Frau an. Es ist ein grundlegender Irrtum, zu vermuten, der männliche Mann unterwerfe sich die Frauen. Zweifellos ist die Verführungsmacht eines Mannes gegenüber nichtneurotischen Frauen ein Zeichen sexueller Kraft, aber darin ist keine Knechtung. Die wirkliche Männlichkeit besteht darin, die Frau zu schützen, ihren Bedürfnissen zuvorzukommen, und die einzige mögliche Art der Herrschaft wäre — ganz väterlich — eine Überlegenheit der Erfahrung und der Ergebenheit, der Fürsorge. Eine Frau mißhandeln, sie prostituieren, sich von ihr aushalten lassen — das ist die regressive Haltung des Säuglings, der seine Amme schlägt, wenn er ungeduldig ist, seine Brust zu bekommen. Der Typus des prächtvollen Männchens ist keineswegs der des Ausgehaltenen, der sozial unangepaßt ist, regressiv in seinem Gefühlsleben, üblicherweise auch Päderast —, sondern es ist zugleich der Typus des Familienvaters, der Ehrfurcht vor der Würde seiner Frau und seiner Töchter empfindet. Nichts an einer solchen Haltung ist gegen die Natur. Im April-Heft 1939 der »Revue der Psychoanalyse« schrieb Freud: »Wenn der normale Mann sich wehrt, passiv einem anderen Mann gegenüber zu sein, weil er Kastration fürchtet, so akzeptiert er allgemein Passivität, ja oft eine masochistische Haltung Frauen gegenüber.« Die großen

Masochisten, die neurotischen Schuldgefühlen zum Opfer fallen, sind hier natürlich nicht gemeint. Wenn der Einfluß des geliebten Mannes bei der liebenden Frau sehr deutlich ist, die sich naturgemäß seinem Wesen anpaßt (den Gewohnheiten, dem Habitus usw., jedoch im Grunde in oberflächlicher Weise), so verändert der Einfluß der geliebten Frau den Mann tief und bis auf den Grund. Zusammenfassend kann man ohne Übertreibung sagen, daß der Mann stärker von der Frau beeinflußt wird, als umgekehrt.

Doch die im allgemeinen widerspruchsvolle und entartete Entwicklung der Sexualität in der Menschheit stört meist diesen normalen Rhythmus. Hier tun die fürchterlichen Phantasien der Kinder und der Heranwachsenden über den Sexualverkehr ihre verstörende Wirkung. Sind sie erwachsen, so reagieren Männer und Frauen in zweierlei Weise, entweder sie akzeptieren die Sexualität in dieser sado-masochistischen Form, gemäß den Einbildungen ihrer Kindheit, oder sie bemühen sich, dieses Bild umzustoßen. Je nach Lage des Falles erregen sich die jungen Leute an sadistischen oder masochistischen Vorstellungen, die jungen Mädchen an masochistischen oder sadistischen Bildern, die auf das Sexualverhalten zurückwirken; außerdem komplizieren sich die Dinge noch durch sekundäre Reaktionen des Schuldgefühls. Die Frauen verteidigen sich dagegen, die Männer kastrieren zu wollen und versteifen sich in eine neurotische, ständige Passivität. Die Männer fürchten, daß sie die Frauen leiden lassen müssen und ziehen es schließlich vor, selbst ihre Opfer zu werden. Der Gedanke an die Herrschaft der Frau, der ebenso schädlich, wie im Unterbewußtsein der Männer weit verbreitet ist (Phantasien vom Mutter-Vampyr, der bösen Hexe, den höllischen Göttinnen: Hekate, Schiwa usw., zugleich mit unserer materialistischen Kultur, die Furcht verbreitet vor der raffgierigen Frau, oder den Geschlechtskrankheiten, vor denen die Klosterschüler zittern).

Die Perversen, die das Bedürfnis empfinden, sich von Frauen peitschen zu lassen, weil sie nur dann sexuelle Lust erleben, sind bedeutend weniger selten, als man vermuten würde. Diese Leute sind nicht die allersanftesten in ihren Geschlechtsbeziehungen. Entsprechend dem üblichen Ausgleich der Gewichte tragen sie häufig eine große Verachtung für die Frauen zur Schau.

Alle diese krankhaften Reaktionen führen dazu, daß die normale Sexualität vermieden wird; die Lage wird kompliziert durch die stets bis zu einem gewissen Grade hinzukommende Impotenz oder Frigidität. Es läßt sich im allgemeinen sagen, daß ein Mann häufig um so tyrannischer (außerhalb der Begattung) mit der Frau verfährt, je weniger er im normalen Sexualakt aktiv ist; je mehr eine Frau infolge ihrer Frigidität im Sexualakt versagt, um so unterwürfiger ist sie im Alltag. Hier wird auf den Partner ein verdrängtes Ideal projiziert. Der Homosexuelle, dessen verleugnetes und verworfenes Ideal es gewesen wäre, eine Frau zu sein, hat oft dennoch die kindischen Vorstellungen, die Weiblichkeit verachtenswert zu finden; da er dieses Weibliche in sich nicht ersticken kann, wird er bemüht sein, sie außerhalb seiner selbst in seiner Gefährtin anzugreifen, er schlägt seine Frau. Die invertierte Frau, deren latentes Ideal es gewesen wäre, ein brutaler Mann zu werden, der grausam kleine Mädchen vergewaltigt, verurteilt sich selbst infolge ihrer Schuldgefühle zur Sklaverei. Die Störungen der Sexualität sind so zahlreich, daß jeder Perverse sicher sein kann, eine Partnerin mit der entsprechenden Komplementär-Perversion zu finden. Um diese Tatsachen zu deuten, muß man aber wissen, daß alle sadistischen oder masochistischen Perversionen außerordentlich leicht sich in ihr Gegenteil verkehren können. Der Tyrann wird rasch ein Sklave, und umgekehrt.

Diese Prüfung der Anomalien soll uns dazu verhelfen, die Tatsachen besser zu deuten. Außer den individuellen Komplexen gibt es bestimmte Neigungen im Bereich gegebener Kulturen. Es ist klar, daß die kriegerisch bestimmten Kulturen, die seit mehr als zweitausend Jahren in unserer Welt geherrscht haben, zugleich mit den homosexuellen Erscheinungen, die sie notwendigerweise mit sich bringen, die Überlegenheit des Mannes und seine Herrschaft über die Frau gefestigt haben. Dieser orientalische und homosexuelle Ausgangspunkt wurde natürlich von den jüdisch-christlichen Einstellungen her gefestigt; wenn er auch dort in christlichen Ländern übernommen wurde, wo er den ethnischen Tendenzen widersprach (zum Beispiel bei den Kelten), so war es die Folge des Einflusses des Apostels Paulus, der betont hatte, »die Weiber seien untertan ihren Männern, als dem Herrn«. (Eph. 5, 22—23). Die gleichen Christen hatten übrigens das Bedürfnis, sich vor der Frau in Gestalt der Jungfrau-Mutter niederzuwerfen und ihr zuliebe ihre Erotik zugunsten der Zärtlichkeit zu opfern, wobei sie behaupteten, Adams Sünde zu sühnen, der die Zärtlichkeit der Erotik aufgeopfert habe. Man sieht auch hier den Einfluß der sexuellen Schuldgefühle, die auf die Frau projiziert werden: Im Unbewußten des Mannes wird damit die ursprüngliche homosexuelle Gewißheit von dem Vorrang des Männlichen aufrecht erhalten, weshalb die Frau entsexualisiert werden muß, bevor sie angebetet werden darf. (Nach dem christlichen Dogma hat Maria ihre Jungfräulichkeit nicht nur bei der Empfängnis, sondern auch bei der Niederkunft gewahrt!) Die Kinder werden in diesen Grundsätzen erzogen und übernehmen sie. Sie begeistern sich an ihnen, um ihr Ideal zu formen; sie passen sich ihm an, doch das reicht nicht aus, um die Tiefe der menschlichen Natur zu verändern, und mit der Zeit tritt der grundlegende Instinkt — jenseits der institutionellen Fassaden — in der Intimität des Alltags und innerhalb des menschlichen Miteinander wieder in seine Rechte. Das ist der Grund, warum in den meisten normalen Ehen, wie auch bei Haustieren, die wir beobachten, außerhalb der kurzfristigen Balance-Akte zwischen Aktivität und Passivität im »Umkreis« der Begattung selbst — keinerlei ins Gewicht fallende Beherrschung des einen Geschlechts durch das andere festzustellen ist. Die Knechtung der Frau ist ein Ergebnis der Homosexualität und der sexuellen Unzulänglichkeit des »Männchens«; zum Bestandteil unserer Sitten geworden, führen sie eine Kollektiv-Neurose herbei.

Eine Menge von Vorurteilen ist auch über die angeblichen Widersprüche zwischen Liebe und materiellen Interessen im Umlauf. Die Familien versuchen des öfteren, die Liebe ihrer Söhne zu irgendeiner Frau abzukühlen, indem sie versichern, die Frau hänge ihm nur infolge bestimmter Interessen an, und diese Behauptung hat um so mehr Gewicht, je weniger männlich ein junger Mann ist. Was die Frau betrifft, so ist es ihr völlig natürlich, den Schutz des Mannes zu erwarten, dem sie sich hingibt. Im Verlauf der gesamten tierischen Evolution, zumindest der höheren Arten, verteidigt das Männchen sein Weibchen und seine Jungen und sorgt für ihren Unterhalt. Deshalb entspricht es auch ihrem Instinkt, wenn die Frau von der Kraft eines Mannes angezogen wird, denn je mächtiger ein Männchen ist, um so sicherer lebt unter seinem Schutz das Weibchen in seinem Heim. In unseren Tagen ist der Reichtum zur ausschließlichen Macht geworden, und es ist daher natürlich, wenn die Frau — jenseits aller bewußten Berechnungen — sich lieber von einem Manne verführen läßt, der über diese Kraft verfügt. In der natürlichen Ordnung ist Kraft das wichtigste Verführungsmittel des Mannes, und die Frau reagiert gleichermaßen empfindlich auf seine Muskeln, seine Gesundheit, sein gesellschaftliches Prestige und seine Rangabzeichen, wie auf sein Auto oder sein Vermögen. Der Mann kann, entsprechend seinen persönlichen Möglichkeiten, das eine durch das andere ersetzen oder aufwerten, aber wenn ihm »Macht« auf der ganzen Linie fehlt, ist er als Männchen entwertet. Es bleibt ihm nichts anderes übrig, als an die Mütterlichkeit der Frau zu appellieren und sich wie ein Kind lieben zu lassen, was außerordentlich regressiv und vom biologischen Standpunkt erbärmlich ist. Wer Liebe und materielle Interessen als Gegensätze betrachtet, wenn es sich um das Herz einer Frau handelt, verkennt gründlich den Natursinn des Instinkts.

Umgekehrt darf gesagt werden, daß ein Mann, dem die Liebe

nicht den Wunsch eingibt, für die geliebte Frau Ausgaben zu machen, sondern im Gegenteil — das Bedürfnis, sich von ihr unterhalten und pflegen zu lassen, wie von einer Amme, klipp und klar ein Gefühls-Versager ist. Es gibt Männer, die am Schürzenzipfel ihrer Mutter aufgezogen wurden und die stets nur nach einer Nährmutter suchen, beginnend mit den Zuhältern bis hin zu den Mitgiftjägern. Diese Herren füllen nie ihre Rolle als Männer aus, und sie tarnen ihre Minderwertigkeit und ihre Unzulänglichkeit durch Vorspiegelung großer Verachtung für die Frauen. Sie können zu neurotischen Frauen passen, welche männlichen Schutz ablehnen und die normalen Rollen umzukehren versuchen, aber für normale Frauen werden sie stets nur als armseliger Notanker erscheinen, wenn sich nichts Besseres finden läßt! Dennoch darf man natürlich nicht sagen, daß die berechnende Liebe dieser Männer nicht ehrlich sei. Ihr psychischer Infantilismus bringt es mit sich, daß sie die Frau, welche sie ernährt, der anderen vorziehen, welche sich von ihnen beschützen lassen möchte. Sie leben, entsprechend ihrem Wesen, in der einzigen Art, zu der sie fähig sind.

Anzunehmen, daß kühle logische Berechnung dem Gefühl befehlen könnte, heißt, die Allmacht der affektiven Faktoren für das Verhalten des Menschen verkennen; es bedeutet, in die Vorurteile über die Allmacht des Willens und der Vernunft zu verfallen, die den Theologen so lieb sind. Es ist sehr einfach, sich über die Macht des eigenen Bewußtseins Illusionen zu machen, wenn man die Sehnsüchte seines Herzens rationalisiert und die Antriebe der Instinkte mit Begründungen versehen hat, was um so leichter ist, als der Trieb sich nie in schönen Begriffen auszudrücken pflegt, sondern eben schlicht unbewußt ist; hätten die Menschen allerdings die Kraft, ihre Gefühle berechnend zu ordnen, dann würde die Liebe nicht so viele Ängste und Wahnsinnstaten bewirken.

Gewiß kann der Mensch, der nicht von Liebe berührt ist, Erwägungen anstellen; er kann auch Liebe vortäuschen, um seine Pläne zu verwirklichen. Dann handelt es sich aber um schlichten Betrug, und der interessiert uns hier nicht. Dennoch sollte man aussprechen, daß, wer — bei voller Geistesklarheit — der Liebe zugunsten irgendeines Vorteils entsagen würde, das unseligste aller Wesen wäre, denn er hätte seine Seele verkauft und alle seine Möglichkeiten vertan, sich hinauf zu entwickeln! Man soll nicht auf die zynischen Versicherungen jener hereinfallen, die aus neurotischen Gründen sich der Liebe schämen und ihre Gefühlserregungen anderen oder sich selbst zu verhehlen trachten. Nur in der Liebe entspricht das äußere Verhalten einigermaßen dem wirklichen Instinkt, sei er nun normal oder verbogen; jedenfalls gibt es in der Liebe am wenigsten Raum für die Berechnungen des Verstandes; hier ist der Ort, wo die Menschen am aufrichtigsten sind.

Wenn persönliche Anziehung und materielle Interessen sich vermischen, ist die Ursache dafür in dem Überwiegen der Verdauungsinstinkte, der Beherrschungswünsche zu suchen; wenn sich dies Persönliche der Liebe besonders stark mit Eitelkeit vermischt, kann man auf Überwiegen der Sozialinstinkte schließen; viele Menschen, Männer wie Frauen, sind bei der Wahl ihrer Liebespartner sehr stark davon bestimmt, ob diese in den Augen der Mitmenschen ihnen etwas von dem eigenen Glanz abgeben könnten. Wenn man zugesteht, daß die Liebe wesensmäßig eine Gefühlsprojektion ist, wird klar, daß diese Eitelkeitsmotive nichts anderes sind, als eine bewußte Deutung eines natürlichen und spontanen Vorgangs. Es ist ziemlich sicher, daß, wer — statt an sein intimes Glück zu denken — so sehr um die Meinung der Umwelt besorgt ist, unter einem krankhaften Minderwertigkeitsgefühl leiden muß. (Diese Fälle bilden den Großteil aller Neurosen, und sie sind — infolge ihrer großen Zahl — allgemein bekannt.) Deshalb ist es das zentrale Ideal solcher Menschen, Beachtung zu finden und bewundert zu werden. Sehr natürlicherweise wird ein solches Ideal auf Personen projiziert, die Prestige besitzen. Man muß darauf hinweisen, daß eine so bestimmte Liebe neurotisch ist und eine schlechte Prognose hat; aber auch in solchen Fällen darf man nicht sagen, daß es ihr an Aufrichtigkeit fehlen müsse.

Unter den zahllosen Mißverständnissen, welche um die Liebe entstanden sind, ist jenes fast allgemein verbreitet, wonach Eifersucht eine normale Reaktion der Liebenden sei, ja sogar bis zu einem gewissen Grade der Beweis für eine wirkliche Bindung. Man spricht viel davon, Eifersucht stehe immer im Mittelpunkt des Interesses. Aber man muß feststellen, daß sie immer krankhaft ist!

Sobald eine Liebe beginnt, ist es die am schwersten wiegende Erfahrung, die sie mit sich bringt, daß man vor der Trennung zittert, daß die ängstliche Furcht, das geliebe Wesen zu verlieren, ein schweres Leiden bedeutet und daß man keinen heißeren Wunsch kennt, als sich dieser Zuneigung des Du auf die Dauer zu versichern; doch dies alles ist nicht Eifersucht. Eifersucht ist tyrannische Besitzgier, die stets mehr oder weniger grausam ist. Wenn bei einem Verliebten die Merkmale der Verdauungsinstinkte betont sind, gleicht seine Begierde der des Jägers, der seine Beute töten und verschlingen will, sie enthält daher grausame und tyrannische Nuancen. Um diese Deutung zu erläutern, soll aus den Gerichtsberichten großer Prozesse an die grauenhaften

Sadisten erinnert werden, die ihre Opfer bissen, ihr Blut tranken, ihr Fleisch aßen. Diese Fälle können — glücklicherweise in verkleinertem Maßstabe — verständlich machen, was dem kleinen Alltagseifersüchtigen zustößt! Die Entwicklungshemmung der Instinkte und die Fortdauer der kindlichen sadistischen Phase auch beim Erwachsenen (sie ist nur beim Säugling normal) erklärt eine wichtige Erscheinungsform der Eifersucht, die darin besteht, den Liebespartner zu quälen, um sozusagen in wüster Weise zu beweisen, daß man ihn besitzt und daß man ihn seiner Verteidigungsmöglichkeiten zu berauben vermag. Außerdem fügt der Verliebte zu dieser grausamen Grundschicht der Eifersucht seine Furcht hinzu, von einem Rivalen ausgestochen zu werden, sofern er selbst ein neurotisches Gefühl sexueller Minderwertigkeit verspürt. Aus dieser Mischung von Grausamkeit und Unruhe im Hinblick auf den sexuellen Wettbewerb entsteht die Allerweltseifersucht, denn das sexuelle Minderwertigkeitsgefühl fehlt selten, vor allem in jenen Fällen, bei denen die Gefühlsentwicklung zurückgeblieben ist.

Aber es gibt noch andere Ursachen der Eifersucht, die dem Projektionsmechanismus der Liebe entspringen.

Während man auf das geliebte Wesen das Beste seiner selbst projiziert, um dies Beste später zu verwirklichen, indem man dessen Widerspiegelung in sich einbezieht und die Ganzheit der eigenen Persönlichkeit erreicht, kann man auch zweifelhafte und ungute Elemente projizieren, zum Beispiel das krankhafte Schuldbewußtsein als Folge sexueller Lust; dabei entsteht oft der wirre Eindruck, daß der Partner oder die Partnerin von diesen verdammenswerten Begierden erfüllt seien, während man sich selbst für um so reiner hält. Von hier stammt der krankhafte Gedanke der Eifersüchtigen, die um jeden Preis glauben wollen, von ihrem Partner schamlos betrogen zu werden, um so eine Art optischer Täuschung für ihr Bewußtsein zu schaffen. Um die eigenen Wünsche, untreu zu werden, nicht zugeben zu müssen, glauben sie, diese Wünsche bei dem anderen entdecken zu können. Das ist der übliche Fall der Ehemänner, die keine Untreue gewagt haben und die nun ihre Frauen beschuldigen, getan zu haben, was sie selbst gern getan hätten. Solche Fälle weichen vom Normalen ab, weil ihnen eine sehr belastende Bewußtseinsstörung zugrunde liegt. Eine solche Einbildung erreicht unmittelbar die Grenzen des Pathologischen und erscheint oft auch als Verfolgungswahn. Übrigens treten fortschreitende psychotische Wahnsysteme ebenso oft als Verfolgungs- wie als Eifersuchtswahn auf.

Die Projektion der Schuldgefühle kann noch andere Formen annehmen, wenn es sich um Homosexualität handelt. Wie jedes Wesen — anatomisch gesehen — Restbestände des anderen Geschlechts in sich hat, Spuren des embryonalen Hermaphroditismus, so gibt es auch auf der psychischen Ebene immer Tendenzen, die dem anderen Geschlecht zugehören und die das Ich nie freiwillig als solche erkennt. Wenn diese Tendenzen ausarten, kann man von einer wirklichen Inversion sprechen. Meist erreicht diese Inversion nicht die Grenze des Bewußtseins, da sie energisch verdrängt wird. So gibt es eine sehr große Anzahl von Männern und Frauen, die invertiert sind, ohne es zu wissen, die sogar — um das innere Gleichgewicht herzustellen — in ihrem bewußten Urteil die Homosexualität um so härter verdammen, als es ihnen Mühe bereitet, ihre eigene latent zu halten. Diese Menschen sind es — sofern ihre psychische Konstitution sie dazu bringt, ihre Projektionen zu übertreiben (etwa infolge einer Schwäche des Ich-Bewußtseins) — die bereit sind, ihre. Partner jener Triebwünsche zu beschuldigen, die sie an sich selbst nicht entdecken wollen. Eine Frau von männlicher Haltung würde ihren Mann verdächtigen, Sexualverkehr mit ihren liebsten Freundinnen zu suchen, wobei in ihrem Bewußtsein ihre eigenen homosexuellen Wünsche völlig ausgelöscht werden. Es gibt sogar eine beträchtliche Anzahl von Männern, die ihre Frauen — ohne sich dessen bewußt zu sein — in die Arme ihres besten Kameraden treiben, als delegierten sie sie dorthin, um ihre eigene erstrebte Frauenrolle zu spielen; die gleichen Männer verfallen in wilde Eifersucht, wenn die entstandene Situation ihnen bewußt wird. Diese Art von Eifersucht muß man gut kennen; ihr spezifischer Charakter besteht darin, die besten Freunde oder solche Personen zu beschuldigen, für die der Eifersüchtige selbst sich am meisten interessiert. Außer durch solche Mechanismen gibt es keine Eifersucht! Natürlich ist es normal, wenn ein Liebender, der einen Rivalen fürchtet, leidet, aber dabei fehlt die verfolgungssüchtige Tyrannei, das Kennzeichen der wirklichen Eifersucht. Tatsächlich versucht der Liebende in solchen Fällen — sofern er kein Psychopath ist — die Entscheidung zu seinen Gunsten anzustreben, und zwar mit Hilfe des einzigen normalen Mittels, d. h. indem er mehr liebt und sich damit auch liebenswerter macht. Der Eifersüchtigte dagegen, der nie zur Ruhe kommt, bemüht sich keineswegs um Liebenswürdigkeit, sondern versucht durch Kraft zu imponieren, also durch Besitzgier, die dem Wesen der Liebe widerspricht. Man braucht wirklich keine große psychologische Erfahrung zu besitzen, um zu entdecken, daß die Eifersüchtigen keineswegs die großen Liebenden sind, ganz im Gegenteil! Man kann sagen, daß Eifersucht sich zur Liebe verhält wie Krankheit zur Gesundheit: »Wenn man der Allerweltsmeinung nach dem Munde reden wollte, sagt Caëffeteau, könnte man getrost zustimmen, daß die Eifersucht wirklich ein Zeichen der Liebe sei, aber nur genau so, wie Fieber ein Zeichen des Lebens ist ... wenn man es nicht vertreibt, kostet es das Leben; wenn man die Eifersucht nicht vertreibt, zerstört sie schließlich die Liebe.« (Das Bild der menschlichen Leidenschaften, von der Liebe, Kap. V.)

Eifersucht ist immer regressiv, auch wenn es sich um die Furcht vor der Verlassenheit handelt, wie man sie in so intensiver Form bei kleinen Kindern findet und mit der primitive Eltern ihr dummes Spiel treiben: »Man wird dich hier ganz allein lassen, du wirst keine Eltern mehr haben« usw.; auch bei Kindern handelt es sich um den Wunsch nach absolutem Besitz.

Der Wunsch nach absolutem Besitz, vor allem auf dem Gebiet der Gefühle, ist ausgesprochen infantil. Das Kind wünscht die ständige Gegenwart, die ständige Fürsorge der Mutter, die ausschließlich für es da zu sein hat. Es stellt sich die Liebe als konkreten Gegenstand vor, der in dem Maße dahinschwindet, als andere daran teilhaben. Es kann nicht begreifen, daß die Liebe eine Strahlung ist, oder besser, eine Melodie, an der sich jeder in dem Maße erfreuen kann, in dem er dazu fähig ist, sei er allein oder im Wettstreit mit anderen. Der an die Wirklichkeit angepaßte Erwachsene muß zur Kenntnis nehmen, daß sein Partner noch andere Gefühlsbindungen hat, und sei es nur an Brüder, Schwestern, Eltern. Wenn man also zur Kenntnis nimmt, daß die Gefühlsbeziehungen mit fünf oder sechs Jahren beginnen und daß die Zeit des Heranwachsens durch Probebeziehungen gekennzeichnet ist, die zahlreich und flüchtig zu sein pflegen, muß es unmöglich sein, ein erwachsenes Wesen zu finden, das nicht bereits oft und oft geliebt hätte; und natürlich sind es die vom Standpunkt des Herzens Begabtesten, die das reichste Gefühlsleben geführt haben und die besonders oft und besonders tief liebten. Ein Erwachsener, der durch Zufall niemals von der Liebe berührt gewesen sein sollte, wäre ein armes Wesen, unbegnadet und recht uninteressant.

Umgekehrt braucht man nur das eigene Herz zu befragen, um zu erfahren, daß es neben der zentralen Liebe, die es besetzt hält, noch viele kleine Herde gibt, die zweitrangig sind, deren Vorhandensein aber die große Liebe keineswegs abschwächt, sondern sie vielmehr durch das Anheben des allgemeinen Gefühlspegels verstärkt. Jeder weiß, daß er seinen bevorzugten Partner nicht mehr lieben könnte, wenn er mit ihm allein eine einsame Insel bewohnte; im Gegenteil: Der tägliche Austausch zahlreicher gefühlsmäßiger Anziehungen mit anderen Personen ist im Ergebnis nur vorteilhaft, indem er das Bewußtsein noch mehr für die Liebe öffnet.

Der normale Erwachsene verwirft auch sehr bald seine kindlichen Ansprüche auf eine quantitative Totalität im Bereich der

Liebe, um sich statt dessen dem qualitativen Ideal zuzuwenden und zu versuchen, eine sehr vollständige, sehr vollkommene, sehr fortgeschrittene Liebe zu verwirklichen; das Ziel ist nun nicht mehr, der einzig Geliebte zu sein oder gewesen zu sein, sondern in der Liebeserfahrung weiter zu gehen als die anderen und zum Schluß der am vollkommenste Geliebte zu sein; es gilt einzusehen, daß die höchstentwickelte Liebe auch am meisten wohltut, daß sie am wenigsten tyrannisch, daß sie im Gegenteil die selbstloseste ist.

Wie viele Männer und Frauen leiden noch daran, daß sich innerhalb ihres Liebeshorizonts diese oder jene mögliche Rivalität abzeichnet. Wie plagen sie sich, um sie wegzuwischen oder mit äußeren Mitteln niederzukämpfen (durch Zwangsmittel, Kriegslisten, Verführungstricks usw.). Sie alle stehen in Wirklichkeit mit dem Rücken zur Liebe. Sie wissen nicht, daß niemand ihnen ihre Liebe nehmen kann, solange sie lebt. Nur der Kadaver ihrer Liebe könnte ihnen entrissen werden, so daß vom Standpunkt des reinen Gefühls aus durch alle ihre negativen Mittel, durch alle ihre Schlachten nichts Wertvolles gerettet werden kann. Sie sind unfähig, das quantitative Ideal der Kindheit durch das qualitative des erwachsenen Menschen zu ersetzen; sie haben nicht begriffen, daß man über mögliche Rivalen nur triumphieren kann, indem man die Qualität der Liebe hebt.

Aus allen diesen Gründen kann man den Schluß ziehen, daß Eifersucht pathologisch ist. Nicht jener liebt am stärksten, der am anspruchsvollsten ist, sondern jener, der bemüht ist, sich verdient zu machen; nicht jener, der tryrannisiert, sondern der sich opfert, wenn es darauf ankommt; er ist es, der dem Glück am nächsten kommt.

Der beste Beweis dafür, daß eine Liebe gesund ist, besteht in dem Wohlbefinden, das ihr entspringt, wenn alle Spannung und alle unvermeidliche Unruhe des Beginns überstanden ist, denn jeder Trieb, der sein Ziel erreicht hat, zieht eine charakteristische Befriedigung nach sich. Diese Befriedigung ist die Entspannung nach dem Einsatz der Kräfte, sie ist das Siegeszeichen des Lebenserfolges. Deshalb trifft es zu, wenn behauptet wird, das Schönste an der Liebe sei nicht das Geliebtwerden, sondern das Lieben, nicht das Nehmen, sondern das Geben. Wenn die Liebesprojektion unter günstigen Bedingungen vollzogen ist, hat das Ich eine Hälfte seiner selbst, und zwar die kostbarere Hälfte, aus den Grenzen der eigenen Person herausgenommen, es lebt nun in zwei Personen.

Dadurch entsteht ein Gefühl des Weiterwerdens der Persönlichkeit, das die besondere Lust der Liebe auf psychischem Gebiet ausmacht und der nichts Vergleichbares in der Entwicklung der anderen Instinkte an die Seite gestellt werden kann. Dieses Aus-sich-Heraustreten ist eine ungeheure Tatsache. Nach dem langwierigen Prozeß der Selbstbezogenheit, der von der Geburt bis zum Liebesalter reicht, bedeutet es, daß ein Lebewesen initiiert wird für den Beginn des umgekehrten Prozesses, nämlich des Prozesses der Bezogenheit auf ein größeres Ganzes; von diesem geglückten Beginn hängt die weitere Entwicklung des Menschen ab.

Man wird vielleicht einwenden, eine solche Befreiung aus den Grenzen des eigenen Ich sei eine Art Gnade. Jene, die sie auf dem normalen Wege der Liebe nicht zu finden vermögen, suchen sie im Rausch, in Drogen, wenn nicht unmittelbar im Tode; andere versuchen es mit mystischer Askese oder intellektuellen Übungen. Der Mensch kennt das Glück nicht, es sei denn in dem Maße, als es ihm gelingt, sich selbst zu vergessen. Ausschließlich in der Liebe bewirkt das Heraustreten aus dem Ich zugleich die Verwirklichung der Einheit, der Ganzheit der Persönlichkeit.

Es ist das Leiden des Menschen, aus den verschiedenartigsten Bestandteilen zusammengesetzt zu sein; denn seine Zellen enthalten etwas von allen Elementen, aus denen unsere Erde besteht, und seine Seele ist ein Echo aller Naturkräfte, sein Leben heißt, das Titanenwerk vollbringen, aus diesem Universum im Kleinen eine Einheit zu gestalten. Den tiefsten Kern seiner Seele, den das klare Bewußtsein am wenigsten zu erfassen vermag, weil es der materiellen und sinnlichen Oberfläche verhaftet ist, projiziert der Mensch durch die Magie der Liebe auf ein ihn ergänzendes Wesen, und dank dieser inneren Aufteilung und der äußeren Verkörperung seines psychischen Doppelgängers in einem Du kann die innere Aufgabe der Harmonisierung in objektiverer Weise, im Bereich des Makrokosmos, gelöst werden, indem das Selbst und dieses von ihm auserwählte Wesen eins werden. Die innere Synthese, die innere Einheit des Menschen soll die Harmonie des Makrokosmos widerspiegeln. In der Einsamkeit kann der Mensch dieses Ziel nicht erreichen, wohl aber, indem er seine Verbindung mit der Welt erweitert. Die Liebe ist der erste Durchblick, der dem Menschen zeigt, daß er zugleich sein Nächster ist, der ihn ahnen läßt, daß er auch das All ist. Deswegen empfindet er, wenn die Liebe geglückt ist, eine unaussprechlich heitere Entfaltung; die Liebe ist das »Tor zum Himmel«.

Wer von Liebe erfüllt ist, tritt in eine stärkere, freundliche Beziehung zu allem, was ihn umgibt. Es ist eine bekannte Tatsache, daß Verliebte mehr Freude an Blumen, am Sonnenuntergang, am Gesang der Vögel haben. Man muß lieben, um die Natur in ihrer ganzen pulsierenden Wirklichkeit zu entdecken. Daraus entsteht ein übergreifendes, starkes Gefühl der Solidarität. Alle Liebenden ähneln dem Heiligen Franziskus von Assisi, der sich als Bruder des Flusses und als persönlicher Freund der Insekten empfand. Die Güte lebt nur in Herzen, die die Liebe kannten; und deshalb ist die Kindheit immer grausam.

Zugleich mit einem Gefühl räumlicher Universalität schenkt die Liebe das Empfinden der Ausdehnung auch in der Zeit und einen Vorgeschmack der Ewigkeit, weil die Liebenden sich in ihrer gegenwärtigen Liebe in alle vergangenen Lieben zurückversetzen, die es gegeben hat, seit das Leben des Gefühls seine ersten Aufschwünge nahm. Man hat das Gefühl, als steige irgend etwas in uns aus der Tiefe der Zeiten empor, als setze man in der gegenwärtigen Liebe Dinge längst vergangener Leben fort. Man spürt in der Begattung, daß man von etwas überwältigt ist, das unendlich größer ist als wir, vom Genius der Art oder der Seele der Welt. Weil das Leben, das weitergegeben werden soll, ewig ist, haben wir den Eindruck, daß auch unsere Liebe nie verlöschen könnte. Es gibt in der Liebe der höchsten Stufen eine Ekstase, die mit nichts verglichen werden kann und die den Glanz des Göttlichen mit sich bringt.

Es ist dies, was Frau von Staël ausdrücken wollte, als sie den Grafen de Guibert liebte:

Dein Leben nennst Du mich,
Nenne mich Deine Seele.
Ich bitte um einen Namen Dich:
Nicht für den Tag ihn wähle.

Das Leben schwindet hin.
Ein Hauch verlöscht die Glut.
Unsterblich nur ein Gewinn:
Seele und Liebe erstickt keine Flut.

Und etwas später:

Dein Name, Dein Gedächtnis und Dein Ruhm versinken,
Nur Deiner Seele wird die Ewigkeit winken,
Und die Unsterbliche wird Erinnerung trinken.

(Poésies nouvelles, Briefe an Lamartine)

Man begreift, daß in unvollkommener und gestörter Liebe das Bedürfnis, sich der eigenen Persönlichkeit zu entledigen und sich ins All und in vergangene Zeiten aufzulösen, infolge der zufälligen Herabwürdigung und Entartung gerade der eigenen Liebe zum Wunsch nach Vernichtung werden kann. Es ist bekannt, daß Liebende bereit sind, sich mit unglaublicher Leichtigkeit das Leben zu nehmen. Es braucht nur ein starkes Schuldgefühl ihre Liebe zu belasten, dann ist der Freitod Sühne und zugleich das große Erlebnis, das in einer totalen Projektion es möglich macht, die gegenwärtige Persönlichkeit ohne Wunsch nach Wiederkehr zu verlassen und die Ebene des Übernatürlichen zu erreichen. Es sind nicht bloß die verhinderten Verliebten, die in ihrer Unfähigkeit, einem Rivalen zu widerstehen oder Schwierigkeiten zu überwinden, oder infolge reflektierter Aggressivität den Tod wollen, sondern manchmal auch die überschwenglich Liebenden. Es hat romantische Liebespaare gegeben, die sich den Tod gaben, um nach den erfahrenen Ekstasen nicht mehr in den Alltag zurückkehren zu müssen.

In den niedrigen Formen der Liebe rufen die Liebenden nicht den Tod herbei, sondern möchten töten; dies geschieht, wenn in ihren regressiven und verdorbenen Seelen sich eine scheußliche Mischung all dieser Antriebe bildet. Wenn der Tod gern um die Liebe streicht, so geschieht es, weil die Liebe die heilige Wegzehrung ist, welche es leichter macht, den Tod zu empfangen.

V

Mechanismus und Entwicklung der Liebe

Die Liebe, als gegenseitige Projektion, zieht Partner mit einander ergänzenden Charakteren an und hält sie in einer Weise fest, die sehr qualvoll werden kann; sie zielt aber dennoch darauf ab, ihre gegenseitigen Bedürfnisse oder ihre beiderseitigen Neurosen zu befriedigen. Wenn es der idealen Projektion nicht gelingt, sich zu verwirklichen, ergibt sich eine unentschiedene Antwort oder ein Umwandlung in eine Haß-Projektion. Es ist wichtig, daß das Liebesgefühl beider Partner einer ähnlichen Kurve folgt. Nach dem Anfangsstadium der besitzgierigen Suche nach dem Partner, der Überraschung durch das Neue der sinnlichen Anziehung, tritt etwa um das gemeinsame dritte Jahr herum die beiderseitige psychische Umwandlung ein, wobei jeder zunehmend die Qualitäten entwickelt, die der andere an ihm liebt (gegenseitige Anpassung). In dieser Phase lösen sich auf: die Bipolarität, die sexuellen Schuldgefühle, die innere Ambivalenz, das Minderwertigkeitsgefühl, die Auseinandersetzungen mit dem Über-Ich. Die dritte Phase bringt die Lösung der Bindung. Die gleichzeitige Entwicklung ist um so schwieriger durchzuhalten, weil die beiden Geschlechter in dieser Hinsicht dazu neigen, einem ungleichen Rhythmus zu folgen. Es können partielle Abweichungen eintreten, so sexuelle Unzuträglichkeiten nach einer Phase erfolgreicher gegenseitiger Anpassung (die Bewährung des zehnten Jahres)

So, wie die Fülle der Blüten eines Obstbaumes im Frühling dazu bestimmt ist, zu verschwinden, um im Herbst einer relativ geringen Zahl von Früchten Platz zu machen, so ist es nur wenigen Vereinigungen, die in der Jugend zustande kamen, bestimmt, die letzte Reife der Liebe zu erreichen. Im allgemeinen ist die Natur reich an Keimen und Möglichkeiten, aber sie gönnt nur ausnahmsweise einer Minderheit die Gunst, das höchste Ziel zu erreichen.

Viele Ehen sind vom Ursprung an gestört, weil einer der beiden Partner psychisch nicht gesund ist. Schon hier ist zu beachten, daß die ausgewogenen Persönlichkeiten, die wirklich normalen Individuen, eine seltene Elite darstellen. Meist sind die beiden Glieder eines Paares gleicherweise defekt, weil in der Liebesvereinigung die Unnormalen sich unbewußt suchen und anziehen.

Die Liebesprojektion erfordert, um sich entwickeln zu können, ein Mindestmaß an Ähnlichkeit zwischen dem Ideal und der

Wirklichkeit. Es besteht daher stets eine gewisse Beziehung zwischen dem psychischen Kern des Liebenden und dem Charakter des Geliebten. Es ist die Folge dieser Übereinstimmung, daß Liebe fast immer eine Antwort weckt, wo eine wirkliche Entsprechung gegeben ist. Außerdem setzt die Liebesprojektion, um wechselseitig zu sein, eine Annäherung zwischen dem Ideal des einen und der Realität des anderen voraus, was gelegentlich durch die sich gegenseitig ergänzende Unähnlichkeit des Offensichtlichen verschleiert sein kann. So schließt sich ein Ängstlicher an einen Menschen mit einem abenteuerlichen Lebensweg an, weil in seinem Kern ein ungestillter Traum von Abenteuern lebendig ist, der nun den ihm ähnlichen findet, während jener, der in ein abenteuerliches Leben verstrickt wurde (oft als Folge einer Neurose) in sich die Sehnsucht nach Sicherheit und Frieden bewahrt, die er gern in einem friedlichen, ja ängstlichen Partner verkörpert sehen möchte. So hat in einer Ehe, wo wirkliche Liebe herrscht, jeder seinen Lebensgefährten als Abbild seiner eigenen verborgenen Natur gewählt. Daher braucht auch ein Defekt, eine Unsicherheit, ein unsympathischer Aspekt, der an sich abstoßend wäre, die Anziehung keineswegs zu verhindern, er kann — im Gegenteil — einen positiven Anstoß geben. Der eine verwirklicht eine verdrängte und unausgesprochene Seite des andern und erlaubt dem Beobachter, die Kehrseite zu erkennen. »Sage mir, wen Du liebst, und ich werde Dir sagen, wer Du bist.«

Hätten die Menschen, um ihre Gefühlswahl zu treffen, nur das Licht ihrer Vernunft und ihre Urteilskraft, die Irrtümer wären grotesk, denn sie würden ihre unbewußten Strebungen übersehen und sich vom logischen Anschein fangen lassen; aber es ist der Instinkt, der mit der unmittelbaren Sicherheit seiner Aufschlüsse, mit seiner spontanen Hellsichtigkeit die Liebe leitet; er siegt über die Kurzschlüsse und das Tasten des »wissenden« Intellekts. So leitet eine Art wunderbarer psychischer Übereinstimmung die Geschicke der Liebenden, die sich begegnen. Es ist ihr größtes Glück, wenn ihr psychischer Zusammenklang stimmt und wenn sie insgesamt von verwandter Art sind; es ist ihr größtes Unglück, wenn die auseinanderstrebenden Teile ihrer pathologischen Persönlichkeiten sich in den komplementären Lastern gegenseitig verklammern.

Ein Beispiel: Ein Mann, im Gefühl zurückgeblieben, der eine Nährmutter sucht, um seinen Müßiggang zu unterstützen, seinen Aufwand, seine Trunksucht, seine Spielwut, findet eine neurotische Frau, die instinkthaft Furcht oder Abscheu vor wahrer Männlichkeit empfindet und — unfähig, sich liebend hinzugeben — sich bemüht, mütterlich zu lieben, indem sie finanzielle Opfer bringt; die aber zugleich die krankhafte Situation aufrechterhält, die

Überlegene, die unersetzliche Versorgerin zu sein. Frauen, die infolge ihrer kindlichen Phantasien nichts Gutes vom Manne erwarten, scheinen sich mit Taugenichtsen zu verbinden, die sie im Grunde ihres Herzens verachten können; sie wollen um jeden Preis die Gefahr vermeiden, sich an einen Mann binden zu müssen, der ihren Respekt und ihre Achtung erzwingen, der seine Überlegenheit beweisen könnte. Es handelt sich hier um ein infantiles Mittel (das Unbewußte ist immer infantil), um sich Unabhängigkeit und moralische Überlegenheit bewahren zu können, ohne Rücksicht auf den Preis, der dafür bezahlt werden muß.

Ein sadistischer Mann, der nicht in der allgemeinen Säuglingsphase verharrt, wie im vorstehend geschilderten Fall, sondern in der besonderen Phase des Zahnens, der Verdauungstätigkeit, wird sich eine masochistische Frau als Opfer auserwählen, die unbewußt von starken sexuellen Schuldgefühlen erfüllt ist und unter neurotischen Selbstbestrafungsmechanismen leidet. Man begegnet oft solchen leidensgierigen Geschöpfen, die — wenn ihnen der Glaube fehlt und sie nicht Karmeliterinnen werden können, um hart zu schlafen und sich zu kasteien — sich zum Ersatz mit Männern zusammentun, die sie schlagen und leiden lassen. Der Sadist wird tausend Mittel finden, sein Opfer zu quälen, angefangen mit den wiederholten Fehlgeburten, bis zu Eifersuchtsszenen, die als Liebesbeweise gelten sollen; und wenn er sie eines Tages erschießt — wobei von Liebesleidenschaft die Rede zu sein pflegt —, kann er sicher sein, freigesprochen zu werden. Aber er kann auch feinere Mittel ersinnen: Er kann sie verlassen, ihr Geld rauben, sie bedrohen, er kann systematisch alles zerstören, was sie lieben könnte, er kann sogar die Kinder mißhandeln, die sie zärtlich liebt, angeblich, um sie väterlich zu bessern, im Namen der üblichen »strengen Erziehung«. Es sind nur die Naiven, die sich dem Urteil der Geschworenen stellen, obwohl es so einfach ist, ohne Risiko grausam und ein Mörder zu sein. Die Frau ihrerseits sieht die Erscheinung des »Croquemitaine« der Kindheit, des »Rübezahl«, sich in den trotz allem beruhigenden Dimensionen eines gewöhnlichen Mannes verkörpern; der gnadenlose Konflikt mit ihrem Über-Ich, mit ihren grundlegenden Instinkten, wird so nach außen, in eine objektive, überschaubare Situation verlegt: Auch die schmerzlichste Wirklichkeit scheint beruhigender, scheint vorteilhaft, im Vergleich zur reinen Neurose, die stets erschreckender ist, weil sie sich in den unfaßbaren Phantasieräumen abspielt. Eine solche Frau wird mit unglaublicher Geduld alle Leiden ertragen, die ihrer Imago entsprechen; manchmal wird sie sich gegen tatsächlich viel weniger schwerwiegende Angriffe wehren, sofern diese nicht Bestandteil ihres »inneren Programms« sind.

Der masochistische Mann — unbewußt allen Möglichkeiten der

Kastration ausgeliefert — wird, umgekehrt, ohne Mühe eine Frau entdecken, die, schwierig, verschwenderisch, untreu, von ihrer Frigidität nicht zu reden, auch Liebe verweigert. Die Geduld, die er, von allen bewundert, ihr gegenüber an den Tag legt, alle Mißlichkeiten seiner beklagenswerten Ehe sind nur eine durchaus erträgliche Tauschgabe für die Erleichterung, den neurotischen Selbstbestrafungen von unerhörter Härte, bis hin zu den Verlockungen des Selbstmordes, entgehen zu können. Solche Art »Sühne« vermag die krankhaften sexuellen Schuldgefühle zu neutralisieren, wodurch Erfolge in anderen Lebensbereichen, berufliche und auch finanzielle, möglich werden.

Der Homosexuelle, der sich einigermaßen mit seiner Perversion einzurichten vermag, wird eine etwas hermaphroditische Frau ausfindig machen, die als sein eigenes, etwas weiblicheres Bild erscheint, so daß er sich neben ihr männlicher fühlen kann; es kann eine glückliche Verbindung entstehen, in der Kameradschaft die Liebe ersetzen muß. Der Invertierte jedoch, der unbewußt Abscheu vor seiner eigenen Weiblichkeit empfindet, wird eine Gefährtin vorziehen, die auf einer sehr niedrigen, animalischen Ebene Weib ist und die jene Regungen verkörpern müßte, die er in sich selbst unterdrücken muß; neben ihr würde seine Männlichkeit echter erscheinen. Er würde diese Frau von niedrigem Niveau, die er erwählt hat, so behandeln, daß ihr der Zustand, Frau zu sein, als möglichst peinlich erscheinen müßte, damit er sie deshalb — als Frau — verachten könnte.

Was die invertierte Frau betrifft, so könnte sie — falls sie ihre männlichen Neigungen ohne allzu große Konflikte akzeptiert — die richtige Partnerin eines homosexuellen Mannes sein, der den gleichen Typus vertritt. Sie könnten eine Ehe unter Kameraden führen, von der Art, wie wir sie bereits geschildert haben. Wahrscheinlich würden sie gemeinsam Sport treiben. Wenn die Frau jedoch ihre männlichen Tendenzen unbewußt bekämpft, würde sie es vorziehen, diese Tendenzen in einem brutalen, groben Mann verkörpert zu sehen, gemäß den Kindheitsphantasien, die sie sich von der Männlichkeit gemacht hat. Wenn sie außerdem stark masochistisch veranlagt ist, würde sie sich der Prostitution hingeben und einen Zuhälter wählen. Denn die Prostitution ist eine Neurose, die vor allem durch unbewußte psychische Faktoren hervorgerufen wird.

Der Mann, der an seiner sexuellen Kraft zweifelt, könnte sich mit einer sehr infantilen Frau zusammentun, die an die Säuglingsphase fixiert ist. Er würde eine bedeutungslose Puppe aus ihr machen und die Unzulänglichkeit (die wirkliche oder krankhaft vermutete) seiner Potenz durch Geldopfer ausgleichen. Er würde seine Frau sehr großzügig, als Luxusobjekt, unterhalten.

Er würde ihr nicht nur keine Vorwürfe wegen ihrer Verschwendungssucht machen, sondern wäre ihr fast dankbar, ihm so die Gelegenheit zu geben, zu zeigen, daß er doch zu etwas gut sei: Dies ist der klassische amerikanische Ehemann. Zum Ausgleich würde er alles an ihr verabscheuen, was Kraft wäre, sei es intellektuelle, sei es moralische. Er wünscht sie sich vor allem hübsch und als Null.

Viele Ehen werden so durch krankhafte Bande zusammengehalten, die dennoch sehr stark sein können. Man stellt immer wieder mit Erstaunen fest, bis zu welchem Grade die geprügelte Frau oft ohne ihren Partner nicht auskommen kann, und bis zu welchem Grade der schlecht behandelte Ehemann seiner schwierigen Gattin ergeben bleibt. Dies sind die geheimen Gründe des Herzens, die »der Verstand der Verständigen nicht kennt«, weil sie auf der Ebene des Unbewußten wirken. So ist die Liebe immer mächtig, selbst wenn sie — von ihrem Ziel abgelenkt — nur minderwertige und entartete Elemente umfaßt.

Die Liebe muß nicht nur die Schwierigkeiten bei der Herstellung einer wertvollen Projektion überwinden, um den rechten Standort zu gewinnen, den richtigen Partner zu entdecken und Gefühlsbande mit ihm anzuknüpfen. Sie muß auch, wie alles Geformte, die Bewährung der Dauer bestehen und sich bemühen, den Kreislauf der Reifung zu vollenden. Dies ist das schwierigste Problem, denn der Großteil der Gemeinschaften bricht — zumindest seelisch — mit der Zeit auseinander: Und viele aus den Reihen der Minderheit, die standhält, erreichen es nie, sich zu entwickeln wie sie sollten, so daß ihre verkümmerten Früchte am Ast verdorren. Die Ehen, die am Abend des Lebens alle Stufen der Liebe erklommen haben, sind Ausnahmen.

Vor allem ist die Gefühlsprojektion, welche die Liebe bestimmt, stets in sich zerbrechlich und unstabil. Sie ist wie eine ungewisse Fata Morgana, die es jedem möglich macht, seinen Partner zu finden, ihn irgendwie »wiederzuerkennen«. Wenn sie aber nicht auf eine echte, objektive, konkrete Ähnlichkeit hinführt, bleibt sie eine Illusion, der es bestimmt ist zu vergehen. Im allgemeinen ist die mehr oder minder komplexe Imago, die jeder als Gestalt seines Ideals in sich trägt, zweifellos vieldeutig, aber genauer in einigen ihrer wesentlichen Züge. Dies ist ein Signal für den Instinkt, ein Vorzeichen, ein Ariadnefaden, aber diese Imago hat in sich keinen Bestand. Wenn das Ich, nicht klarsichtig genug, etwas Falsches »erkennt«, wenn es in die Irre geht, indem es einer allgemeinen und entscheidenden Ähnlichkeit nachzugehen glaubt, während es sich nur um eine unwesentliche Einzelheit handelt und die restlichen, wichtigeren Züge nicht übereinstimmen, kann die Illusion trotzdem so lange wirksam bleiben, als die Flamme brennt. Die besondere Erregung bei der Suche nach der Begegnung, dieser höchste Augenblick des psychischen Lebens, wenn die Libido den höchsten Spannungsgrad erreicht, kann zugleich mit dieser Erregung verschwinden, ohne etwas Gültiges zurückzulassen: Die Liebe konnte keinen Bestand gewinnen. Dieser Sturz entspricht der Erfahrung, die man allgemein den »Verlust der Illusion« nennt.

In diesem Augenblick kann die Projektion einfach völlig zu Ende sein. Es ist, als zerreiße ein täuschender Nebel, und es enthülle sich die Wirklichkeit. Das Ergebnis ist Gleichgültigkeit, die beiden Partner stehen einander gegenüber wie zwei Fremde, zwischen denen keinerlei Kontakt und keinerlei tiefere Sympathie mehr möglich sein wird.

Die Liebe ist entflohen und damit jede Möglichkeit, sie wieder frei aufzusuchen, um die Verbindung aufrechtzuerhalten. Dies ist der Augenblick, wenn die Bande der Ehe drückend erscheinen und jeder der Ehegatten auf den Tod des anderen zu warten beginnt, sofern er keinen durchgreifenden Anlaß für eine Scheidung findet. Jeder zieht sich in seine innere Welt zurück, in seine Gedanken, seine Träume, die er von nun an nicht mehr mit dem anderen teilen kann, und das Grab der Liebe, die Gleichgültigkeit, wird immer tiefer. Mehr noch, um die Gefühlswunde vernarben zu lassen, bildet sich eine Zone der Gefühlsunempfindlichkeit, die nun wie eine Mauer jedes Verstehenwollen oder Mitleid, die einer unbekannten oder gleichgültigen Person gegenüber entstehen könnten, abhält. Es gibt Ehen, in denen die Gatten aufgehört haben, einander anzusprechen, und jahrelang stumm bleiben, Familien, in denen die Eheleute — jeder für sich — empfindsam genug bleiben, um sich vom Leiden einer beliebigen Kreatur rühren zu lassen, die ihre Herzen aber endgültig der Verzweiflung des Partners gegenüber verschließen. Aber auch das ist noch eine relativ vornehme Reaktion, denn in der Mehrzahl der Fälle bleibt es unter solchen Umständen nicht dabei: Jeder der beiden bildet sich vielmehr ein, daß der andere für den Irrtum verantwortlich sei, den er selbst begangen hat. Er beschuldigt ihn der Täuschung oder meint, der andere habe sein Verhalten geändert, er gebe sich nun anders. Da er sich deshalb verletzt glaubt, beginnt er, sich zu verteidigen oder sich zu rächen.

Solche Schicksale zeigen uns eine andere mögliche Entwicklung der Liebe nach dem Verlust der Illusionen: Es handelt sich um eine Veränderung des Sinns der Projektion, um eine Veränderung anfänglich positiver Gefühle ins Negative.

Die Seele eines jeden Menschen umschließt jenseits der bewußten Sphäre, in der objektiv geurteilt und kontrolliert wird, eine weite Zone des Unbewußten, in der zwei Bereiche unterschieden werden können: Der eine entspricht dem Besten im Ich, all dem, was Freud das Ich-Ideal genannt hat, die Imago alles dessen, was man liebt, was man gern sein oder werden würde; der andere all das, was man haßt, was man in sich selbst nicht wiedererkennen möchte, alles, was böse und verwerflich ist. Diese düstere Region enthält alle verdrängten Strebungen und ergibt insgesamt eine Art Karikatur des Ich, die C. G. Jung als den »Schatten« bezeichnet hat, und die bei den Okkultisten als der »Hüter der Schwelle« bekannt ist. In der Liebe ist es das Ideal, das projiziert wird. Aber es gibt ungeheuerliche Haßgefühle mit ihrer Last, manchmal unbegründbare Abneigungen, von denen her die Projektion dieses »Schattens« erfolgt, zwar analog dem Mechanismus der Liebe, aber nur auf diesen negativen Elementen beruhend.

Es kommt häufig vor, daß eine enttäuschte Liebe nicht in einen Zustand der Gleichgültigkeit mündet, sondern in einen ebenso intensiven Haß umschlägt. Das ist im übrigen eine bei den Mechanismen des Unbewußten weithin übliche Umkehrung, denn meist verschwindet ein Affekt nicht, sondern ändert seine Richtung, als sei weniger Energie erforderlich, um eine Bewegung zurückprallen zu lassen, als sie nur zu stoppen; die Möglichkeit einer solchen Verwandlung ist in der Ambivalenz enthalten, einer sehr allgemeinen Erscheinung; es ist festzustellen, daß allen Gefühlen eine Spur der entgegengesetzten Tendenz beigemischt ist, die fähig ist, zum Gegenpol zu werden. Die Häufigkeit solcher Umkehrungen erklärt sich auch noch durch die Tatsache, daß eine negative Projektion im psychischen Haushalt des Ich noch eine Rolle spielen kann, während eine verschwundene positive Projektion einen Verlust ohne Ausgleich darstellen würde.

Die Projektion ist für das menschliche Wesen ein Mittel, um, relativ leicht, seine inneren Konflikte aufzulösen. Sie lockert die tiefe Angst, indem sie die Disharmonien nach außen verlegt; das Drama spielt sich außerhalb der Seele ab, jenseits der Schatten des Unbewußten, im Licht einer objektiven Situation, in überschaubaren Grenzen.

Es bringt immer Erleichterung, wenn innere Auseinandersetzungen zwischen Kräften, die unbewußt sind, durch eine analoge Situation in der Außenwelt ersetzt werden. Es ist, als ob die agierenden Kräfte sich abschwächen und humanisieren, indem sie sich personifizieren, als würden sie weniger schrecklich, wenn sie ein menschliches Antlitz tragen, möge es noch so böse sein; nun glaubt man, sie leichter rühren oder besiegen zu können. Das klare Bewußtsein vermag so, sich mit dem Ideal zu messen, von dem es verurteilt, bestraft, vernichtet wird, und zugleich auch mit dem »Schatten«, dem Gewissen, der Versuchung, die zu überwinden es bemüht ist; es ist der ewige Kampf zwischen Gut und Böse, zwischen Gott und dem Teufel im Menschen, der Kampf zwischen dem Bilde dessen, was man zu sein wünscht und dem, was man nicht sein will. Ist das Ideal durch Projektion einmal in einem anderen menschlichen Geschöpf verkörpert, so hört es auf, eine rächende und furchtbare Gottheit zu sein. Kann man erreichen, von ihm geliebt zu werden, so ist der Friede gesichert. Dies ist der Einsatz im Spiel der Liebe, und es handelt sich dabei nicht um eine Vorspiegelung, sondern um eine wirkliche Katharsis, wie Aristoteles sie als Wirkung des Theaters beschrieben hat, das ebenso die großen Konflikte der menschlichen Seele nach außen zu verlegen und aufzulösen vermag. So geschieht es, daß wer liebt, besser wird; er erfährt, indem er wiedergeliebt wird, den Beweis, daß er von seiner wirklichen oder eingebildeten Unwürdigkeit erlöst ist, daß seine Verdienste bestätigt werden. Er fühlt das Heil, er ist erlöst.

Entsprechend erleichtert sich das Unbewußte, indem es auf die Gestalt eines Schuldigen die Last der eigenen Fehler überträgt. Dieses unfaßbare Gefühl der Schuld, das im Unbewußten wogt, ohne zu wissen, wo es sich niederlassen, wo es zur Ruhe kommen soll (denn es handelt sich in solchen Fällen immer um eine neurotische Empfindung), ist daran interessiert, sich in einer greifbaren Person verkörpert zu sehen. Man kann nun sagen, daß die Schuld »drüben« ist, nicht mehr innen, nicht mehr im eigenen Selbst, und man kann diesen Stellvertreter mit so vielen Verbrechen beladen, daß man sich selbst leicht und unvergleichlich rein fühlen kann. Wie oft träumen jene, die ein schlechtes Gewissen haben, von dem großen Bösewicht, dem Schuldigen an allen Übeln; jene, die einen bestimmten Makel tragen, wissen nun von einem Wesen, das unendlich viel verworfener ist als sie selbst! Dies ist ein alltäglicher Vorgang. Die Primitiven nutzen in ihren Bräuchen das Sühneopfer, den Sündenbock; wir Modernen lesen in den Illustrierten die Berichte von Hinrichtungen großer Mörder mit dem gleichen psychischen Ergebnis. Und auch Menschen, die durch sorgfältige Erziehung ihre wilde Natur überwunden haben sollten, fehlt die Kraft, die Versuchung zu vertreiben, wenn sie sich bei dem Gedanken erleichtert fühlen, daß der Schuldige (nicht sie selbst!) gerichtet werden soll! Alle Energie, die sie sonst darauf verwenden, auf dem rechten Wege zu bleiben, verwandelt sich in das Wüten gegen den Angeklagten. Deshalb sind die Unreinen die grausamsten Richter.

Daher kommt es auch, daß es so leicht ist, gestützt auf Rachegefühle und Täuschungen den Partner mit einer negativen Projektion zu versehen und mit allen Missetaten zu beladen, wenn erst die Liebesprojektion sich als unmöglich erwiesen hat. Von der Liebe ist es nicht weit zum Haß, und diese Verwandlung ist eine der gewichtigsten Ursachen der Verbrechen aus Leidenschaft. Wer seinen Gefährten nicht mehr zu lieben vermag und sein Idol fallen sah, ist stets versucht, aus den Trümmern seiner idealen Identifizierung eine Höllengestalt zusammenzusetzen, die dann zum Schreckgespenst seiner Seele und zu seinem Sündenbock wird. Wo ein Geliebtes fehlt, das uns liebt und erlöst, geben viele sich damit zufrieden, eine Zielscheibe für ihre Beschuldigungen zu haben, um sich selbst reinzuwaschen. Wem das eine fehlt, der kann sich an dem anderen befriedigen.

Aus diesem Grunde beginnen die meisten Ehepaare, die aufgehört haben, sich zu lieben, sich zu hassen und zu verfolgen. Die negative Projektion entsteht gleichzeitig von beiden Seiten, und der Austausch böser Vorwürfe ist gegenseitig. Manche Menschen scheinen tatsächlich eine böse Lust daran zu finden, wenn ihr Partner sich entwürdigt. Sie ertragen geduldig seine schlechte Behandlung, um des Vergnügens willen, ihn immer noch etwas verächtlicher finden zu können. Ihr Unbewußtes möchte ihn viel häßlicher sehen, als sie sich in ihren Neurosen selbst empfinden, und entsprechend seinen masochistischen oder sadistischen Anteilen, die in jedem von uns vorhanden sind, wird der eine mehr zum Opfer, der andere mehr zum Henker. Der Masochist sieht in seinem Verfolger eine, dennoch vermenschlichte, Spiegelung der Selbstbestrafungswünsche seiner Neurose: Für ihn ist es vorteilhaft, seinen unabsehbaren inneren Schrecken gegen schlechte Behandlung in der gesicherten Banalität des Alltags einzutauschen, und er akzeptiert bereitwillig diese Lage.

Es gibt Paare, die ihre Zeit damit verbringen, sich zu streiten und zu prügeln. Jedesmal, wenn gute Freunde sich einzumischen wagen, um sie zu trennen, ziehen sie sich — und das ist typisch — die Wut beider Partner zu, die einander bedürfen, um erfolgreich das Spiel ihrer Privathölle spielen und sich der Katharsis versichern zu können. Das chronische Geschimpfe in vielen primitiven Familien ist daher nur die Außenseite der unbewußten Konflikte, die sich bei beiden Partnern in ihrer unausgeglichenen Psyche abspielen.

Dies sind die wichtigsten Disharmonien, die entstehen können, wenn eine Liebesprojektion allzu sehr von Illusionen getragen war und deshalb nicht aufrecht erhalten werden konnte, nachdem die blinde Begeisterung des Beginns erloschen war. Aber selbst wenn die Liebe auf durchaus gültigen Grundlagen verwirklicht wurde, muß sie noch bei beiden Partnern gleichzeitig reifen können. Die Aufwärtsentwicklung muß parallel verlaufen.

Tatsächlich trägt die Liebe nicht ohne weiteres ihre kostbarsten Früchte. Es handelt sich dabei um einen psychischen Prozeß von längerer Dauer, der neue Erfahrungen an jeder Lebenswende in der Spanne zwischen Heranwachsen und Alter erforderlich macht. In das Leben des Menschen eingebettet, muß die Liebe alle Etappen des unumkehrbaren Ablaufs der menschlichen Existenz erhellen. Der große Irrtum junger Liebender ist es, sich einzubilden, ihr Gefühl habe eine unabänderliche Gestalt: Die Empfindung der Synthese, die sie zu Beginn haben, läßt das Streben nach fester Dauer der Bindung in ihnen entstehen, aber es gilt zu erkennen, daß ein solcher Zustand der Tod der Liebe wäre, der Ersatz der lebendigen Realität durch eine Erinnerung. Der innerste Rhythmus der Liebe ändert sich täglich in ungreifbarem Ausmaß, genau so wie der Organismus vom Zustand der Kindheit zum Alter fortschreitet, einschließlich aller physiologischen oder anatomischen Veränderungen, die sich daraus ergeben. In der Liebe des gleichen Liebespaares gibt es stets Unterschiede zwischen gestern, heute und morgen. Und es genügt auch nicht, daß die Liebe einmal vollkommen gewesen ist; auch ihre Weiterentwicklung in der Zeit muß bei beiden Partnern im gleichen Schritt und Tritt erfolgen.

In dieser Liebesentwicklung gibt es typische Perioden und Zeitalter, doch ist die Kurve, je nach der Kraft des Einzelnen und den Lebensumständen, verschieden. Die Entwicklung kann in sehr verschiedenen Tempi und auf sehr verschiedenartigen Ebenen vor sich gehen. Einige sind infolge ihrer psychischen Beschaffenheit unfähig, ein bestimmtes Stadium zu überschreiten, sie können deshalb nur einen Teil der Kurve durchlaufen. Daraus entstehen Schwierigkeiten, die Liebe zu erhalten und ihre letzte Fruchtbarkeit zu erreichen. Es handelt sich hier nicht mehr um die Beunruhigungen, die einer unvollkommenen Liebe zustoßen können, sondern um Schicksalswendungen in einer zu Beginn erfolgreichen Liebe, während sie ihren letzten Phasen zustrebt, wie auch einem gut eingefahrenen Gespann in seinem Lauf Unfälle zustoßen können.

Die erste Phase der Liebe ist die Suche und Entdeckung des Partners. Die Projektion des Ideals entwickelt in diesem Augenblick die stärkste Flamme, die sich später mildert. Es ergibt sich daraus eine einmalige Begeisterung: »Das Leben ist schön, wenn man liebt.« Diese psychische Phase wurde durch die Entfesselung der sexuellen Anziehung und der Begierde vorbereitet, die ebenfalls durch den Zauber des Neuen und die Überraschungen der gegenseitigen Anpassungen einen Höchststand erreichen. Die gesamte Libido der Liebenden während dieser Phase zielt darauf ab, sich eines dauerhaften Besitzes zu versichern und die Bande zu vervielfältigen, um vor allem die Stabilität der Vereinigung zu gewährleisten. Dies ist die Zeit der ewigen Schwüre. Während dieser Zeit wird eine untrennbare Ehe gern akzeptiert. Natürlich ist diese Phase von Besitzstreben durchtränkt; beide Partner sind von einer Art Durst nacheinander getrieben, mit allem Egoismus und aller Gier, die diese Ernährungsinstinkte mit sich bringen. Diese Phase ist natürlich — je nach Art der Paare — von verschiedener Dauer, doch scheint es, daß für die meisten von ihnen das dritte Jahr eine kritische Zäsur anzeigt. Dies ist der Zeitpunkt, zu dem im allgemeinen die sexuelle Anziehung sich wenn auch nicht unbedingt verringert, so doch sättigt. Es gibt nun auf diesem Gebiet nichts Neues und keine Überraschungen mehr, und eine Art Gewohnheit beginnt die Empfindungen abzustumpfen. In diesem Augenblick läßt die Magie der Projektion nach, und wenn sich über die körperliche Beziehung hinaus noch keine tiefere Bindung herausgebildet hat, dann gerät die Vereinigung dieser zwei Menschen ins Wanken.

Eine solche tiefere Bindung beruht auf der tatsächlichen Ähnlichkeit eines jeden der beiden Partner mit dem Idealbild, das sich der andere von ihm gemacht hat. Die notwendigen Züge, die zu Beginn nur potentielle Möglichkeiten zu sein brauchen, müssen sich nun verwirklicht haben. Die Tatsache, um einer bestimmten Eigenschaft willen geliebt zu werden, steigert übrigens die psychische Kraft, diese Qualität wirklich zu entwickeln. Es ist eine unbezweifelbare Tatsache, daß eine gesunde Liebe die Menschen verschönt; jeder ist bemüht, das Beste aus sich zu machen, und es durch Gewohnheit zu behalten. Wer vergöttert wird, wird fast vergöttlicht, und diese Vervollkommnung ist eine der großen Wohltaten, welche die Liebenden sich gegenseitig durch ihren wechselseitigen Kult erweisen: Jeder wird besser, als er es ohne die Liebe gewesen wäre.

In der Legende von Tannhäuser heiligt die Liebe der Frau den Helden; der Ritter Parsifal reinigt und segnet wiederum durch seine Liebe die Frau. Durch die Projektion, die sie ausführt, durch die Bewältigung von mehr oder weniger neurotischen Bewährungssituationen, durch die Lösung psychischer Widersprüchlichkeiten verwandelt die Liebe den Menschen bis auf den Grund seines »Gefühlshaushaltes« und dadurch sein Geschick, denn durch geheimnisvolle Entsprechungen sind wir alle bestrebt, um uns herum die Bilder konkrete Gestalt werden zu lassen, die unser Unbewußtes bevölkern — darin besteht das Schicksal! Eine Liebe leben ist deshalb, nach Péladan, »seine Karten im Spiel des Lebens auswechseln«. Man kann geradezu sagen, daß der Beweis für eine tatsächlich verwirklichte Liebe diese gegenseitige Verwandlung der

Seelen durch Berührung und Austausch ist; sie verknotet die Geschicke der Partner in einer Art, die es unmöglich macht, sie rückgängig zu machen oder zu vergessen. Die Existenz eines jeden Wesens ist die Frucht seiner einstigen Lieben.

Zu Beginn der zweiten Liebesphase, in dem Augenblick, wenn die rein sinnlichen Beziehungen alltäglich zu werden beginnen, werden die Liebenden einander durch unvergleichlich tiefere und entscheidendere Dinge nähergebracht: durch eine Art sich gegenseitig ergänzender psychischer Verwandlung. Wenn die Frau sich stärker in der äußeren Erscheinung verwandelt, so der Mann in seiner Tiefe; jedenfalls sind in allen geglückten Fällen in dem Augenblick, da die Illusionen einstürzen, die anfänglichen Projektionen des Möglichen zu Realitäten geworden.

Die Auflösung der psychischen Schwierigkeiten eines jeden, die sich wie in einem Vorspiel angekündigt hatte, wird nun konkreter und endgültig; diese zweite Phase wird durch eine Art von Objektivierung dessen gekennzeichnet, was zuerst nur ein Leitbild gewesen war.

Das erste Ergebnis der geglückten Liebesprojektion ist die Auflösung der sexuellen Ambivalenz. Heranwachsende sind normalerweise unsicher in ihrer Sexualität; sie behält stets etwas Psychisches, eine Art Hermaphroditismus durch Undifferenziertheit. In der Liebe sehen Jünglinge und Mädchen im Partner jene Strebungen verkörpert, die ihrem eigenen Geschlecht nicht entsprechen. Der Mann wird durch Gefühlsbeziehungen zu einer Frau männlicher, und umgekehrt. Alle homosexuellen Komponenten müssen unter der Einwirkung einer geglückten oder vollständigen Liebesprojektion endgültig verschwinden, und der wirklich eigene Geschlechtscharakter, der bis dahin durch die ergänzenden Tendenzen mehr oder weniger neutralisiert war, ist nun freigestellt; die psychischen Bedürfnisse werden nun selbstsicher. Deshalb macht eine wirkliche Liebeseinweihung auch im psychischen Bereich den Rückfall in einen weniger differenzierten Zustand unmöglich, in dem keusche Männer oder liebeleere alte Jungfern verharren können.

Gleichzeitig befreit — ebenfalls auf psychischer Ebene — die Verwirklichung der Liebe die menschlichen Wesen vom Sexualtabu, diesem eigentlichen Sündenfall, der, als Ergebnis des Konflikts zwischen der Sexualität und den Forderungen der Gesellschaft, ihr Unterbewußtes belastet. Was das Unbewußte neurotischerweise der Sexualität an Schuldgefühlen anheften konnte, verschwindet nicht nur bei legalen Bindungen mit ihren Riten der Eigentumsübertragung durch die Eheschließung, sondern in allen Fällen allein durch die Begattung. Es ist eine Tatsache, daß ein psychischer Konflikt stets durch die Realisierung seiner Vorstellungen beruhigt wird; die Zwangshandlungen oder der Tick durch die Ausführung der automatischen Handlungen, an die sie gebunden sind, der Trieb durch seine Befriedigung usw., denn jede Aktion ist erkennbar und meßbar an ihrer Kehrseite, der Angst, aus der sie entspringt. Bei der offiziellen Ehe wird der Sexualakt durch moralische und materielle Auflagen ergänzt, die seine Sühne und Rechtfertigung bilden. Wenn ein Mensch, der an krankhaften sexuellen Schuldgefühlen leidet, die Spiegelung seiner eigenen Wünsche in der Sexualität des Partners wiederfindet, fühlt er sich nicht mehr einsam einem widerwärtigen Geschick ausgeliefert, sondern erhält so etwas wie eine Erlaubnis in der Zustimmung des Gefährten und eine Art Verzeihung durch die Befriedigung, die er diesem verschafft. Schließlich füllt die Fruchtbarkeit des Paares, die es aus Gatten zu Eltern macht, die Kluft zwischen ihnen und ihren Nachkommen, während zugleich die gegenseitige Bestätigung ihrer sexuellen Wünsche erfolgt und die Reste des Ödipuskomplexes damit verschwinden. Die Fortpflanzung, eine gesellschaftliche Tat, bewirkt auch die moralische Anerkennung der sexuellen Aktivität, die bis dahin von nicht nur offiziellen, sondern auch von unbewußten Verboten umgeben ist.

Auf einer noch ausschließlicher psychischen Ebene verwandelt die Liebesprojektion das unfruchtbare Schwanken der gegensätzlichen Tendenzen im Innern eines jeden Menschen in einen Rhythmus nützlicher Aktivität zwischen den beiden Liebenden. Jeder Mensch trägt tatsächlich ein Nein und ein Ja in sich, die beiden Kräfte, die sein Verhalten regulieren, wie die beiden Enden einer Balancierstange es beim Seiltänzer tun. Ist er psychisch allein, wird er viel leichter zum Schlachtfeld zwischen einer bestimmten Strebung und ihrem Gegenteil, mit allen Bedrängnissen, die ein solcher innerer Konflikt mit sich bringt. Die Liebesprojektion, die einen der beiden Balancepunkte in die Person des Partners verlegt, verwandelt in eine klare Entscheidung, was bis dahin qualvolles Zögern und Schwanken gewesen war. Dazu kommt, daß es nicht eine beliebige Entscheidung zwischen beliebigen Personen ist, sondern eine ausgewogene Entscheidung zwischen zwei Menschen, die zur Ergänzung füreinander geworden sind.

So wird der allzu kühne Mann, statt angesichts zu gewagter Unternehmungen zu zögern, weil das Gefühl der freien inneren Entscheidung doch etwas Angst mit sich bringt, anfangen, auf die Stimme seiner Gefährtin zu hören, die vernünftige Einwendungen vorbringen und ihn, ergänzend, mäßigen kann. Ihre Dialoge können Licht in manche Sache bringen, weil jeder der Gesprächspartner seine Strebungen in Worte kleiden kann, welche der Vernunft nachprüfbar sind, während in der einsamen Unentschiedenheit der ganze Widerpart des Unbewußten vage und ungreifbar bleibt. Die Frau aber, statt sich zu einer Initiative zwingen zu müssen, die für ihre einsame Angst zu schwer ist, findet im Gefährten das Beispiel der Verantwortlichkeit. In so differenzierten Ehen spricht das Unbewußte eine deutliche und vernunftgemäße Sprache. So kann die Ambivalenz im Verhalten und den Entscheidungen des Tages überwunden werden.

Auch das in der Menschheit weitest verbreitete Übel, das unbewußte Schuldgefühl mit seiner üblichen Ergänzung, dem Minderwertigkeitsgefühl, kann in der Liebesprojektion aufgelöst werden, indem ein Partner dem anderen die unerläßliche Gewißheit seines Wertes gibt. Hinfort geht es nicht mehr um den Konflikt zwischen dem unbewußten Ich und dem inneren Doppelgänger, der so unsichtbar und dessen Stimme so beunruhigend ist: Das *alter ego* nimmt menschliche Gestalt an und zeigt ein freundschaftliches, ein liebendes Gesicht, auch wenn es das moralische Bewußtsein, das Gewissen, verkörpert. Das Ich kann sich mit sich selbst versöhnen, indem es den Partner zärtlich in die Arme nimmt.

So übt die Liebe ihre beruhigende Wirkung auf die Qualen der Seele aus, auf die Angst der Neurose; sie kann dem rasenden Mechanismus des Masochismus ein Ende bereiten, sie kann die Konflikte durch innige Harmonie des Paares ersetzen —, und dies ist eine der wunderbarsten Wirkungen ihrer Magie.

Endlich, nachdem die Liebe die sexuellen Wünsche angefacht hat, beruhigt sie sie auch wieder. Sie klärt diese Mischung aus Instinkt und lichter Vernunft, die Menschenseele, und ermöglicht es so den höheren Gaben, sich zu befreien und in reinerer Weise zu entwickeln. So erhält der Mensch seine geistige Freiheit zurück.

Auf diese Weise durch tägliche und wiederholte Korrektur, durch greifbare und wirksame Objektivierung bewirkt die Liebe eine Abklärung der Persönlichkeit der Liebenden und befreit sie von inneren Hemmungen. Dieser Prozeß kann sich über einen Großteil des Lebens erstrecken, nicht nur, um alle Komplexe, Restbestände der infantilen Entwicklung aufzulösen, sondern auch um — soweit es notwendig ist — alle Defekte auszugleichen, die das Leben vielleicht hervorgerufen haben könnte. Durch diesen ständigen Austausch entwickeln die Liebenden untereinander einen immer stärkeren Zusammenhalt und eine lebendige Solidarität. Mit Geduld und in Einzelheiten verwirklichen sie so das ursprüngliche Gefühl der Einheit, das sie in der Begeisterung des Anfangs verspürten. Geformt durch den ständigen Austausch ihrer Gesichtspunkte, gewohnt, Lösungen in gemeinsamen Beratungen zu finden, geprägt durch das gemeinsame Leben und die gemeinsamen Erfahrungen, werden sie tatsächlich »ein Fleisch«, entsprechend einer gegenseitigen und völligen Anpassung. So kommt es, daß manche alten Eheleute sich sogar in ihrer körperlichen Erscheinung ähnlich zu werden beginnen.

In dem Maße, in dem das Paar eine organische und harmonische Einheit wird, in dem Maße, als es seine Einigkeit vollkommen macht, sich so als abgeschlossenes Ganzes festigt, sterben die Liebenden in gewisser Weise als getrennte Individualitäten ab. Die Synthese verleiht ihrer Gemeinschaft jene Individualität, die sie jedem von ihnen teilweise nimmt. Wenn diese Gemeinschaft vollkommen ist, darf man sagen, daß nicht mehr ein Mann und eine Frau existieren, sondern ein Ehepaar, das biologisch und psychisch nicht getrennt werden kann — oder eine Familie. Gewiß ist diese Symbiose vorteilhaft für beide Teile, da sie die Differenzierung bringt, die wir untersucht haben, und auch, weil dadurch die vitale Oberfläche erweitert wird, d. h. weil diese gesamte Oberfläche größer ist als die Summe, welche die beiden beisteuerten; aber es ist auch das Opfer alles dessen notwendig, was in diese Synthese nicht einbezogen werden konnte, weil es allzu persönlich war. Liebe bedeutet stets eine gewisse Absage an das eigene Selbst. Zu Beginn dieser zweiten Phase der Kurve, der Phase der gegenseitigen Angleichung, ist die Liebe gezwungen, mit Rücksicht auf die Fortpflanzung, die sie im allgemeinen mit sich bringt, den Elterninstinkten Platz zu machen. Dies ist ein wichtiger Faktor der Opferbereitschaft. Die Hingabe an die Nachkommenschaft fegt alles an Egoismus und Überwältigungswünschen hinweg, was in der ersten Phase des Kontaktbeginns vorhanden gewesen war. Die Liebe ist die Schule des Opfers.

Die dritte und letzte Phase der Liebesentwicklung ist die der Loslösung; sie bezeichnet das Ende der Teilopfer, die voraufgingen. Im Sinne des natürlichen Rhythmus entspricht sie dem Alter der Großväter, diesem Alter des »Sammyassi«, dem die reine buddhistische Lehre empfiehlt, alles zu verlassen, um ein Einsiedlerleben zu beginnen, »nachdem man gesehen hat, wie die Kinder und die Kinder der Kinder geboren wurden«. In diesem Augenblick erlischt die sexuelle Aktivität, die den Anstoß zur ersten Phase der Liebe gegeben hatte, mehr oder weniger. Was an Begierde dem Partner gegenüber verblieben sein könnte, ist erschöpft durch Sättigung und verbraucht. Der psychische Gewinn der Liebe ist völlig abgeerntet, indem die persönlichen Antinomien aufgelöst werden konnten. Der Drang des Gefühls ist nun auf die Nachkommenschaft gerichtet, nicht nur auf die Kinder, die von einem selbst und der erwählten Partnerin geboren wurden, sondern auch auf die Kindeskinder, die nur zur Hälfte der eigenen Quelle entsprangen, zur anderen einem fremden Beitrag. Die Gegenstände der Liebe werden zahlreich und verlieren ihren exklusiven Charakter. Auf ihre unbestimmte Vielzahl richtet sich hinfort der Gefühlsschwung. Man muß lernen, sich mit dieser neuen Größe zu identifizieren, sich in ihr wiederzuerkennen. Besser als junge Eltern, die aus ihrer gegenseitigen Liebe ihre ersten Lehren ziehen müssen, können die Großeltern, am Scheitelpunkt ihres Lebens, sich mit ihren Enkeln identifizieren und durch deren Vermittlung die ideale Erinnerung an ihre eigene Jugend erleben. Diese liebende Identifizierung mit Wesen, die am Anfang ihres Lebens stehen, erlaubt darüber hinaus eine neue Erfahrung, die Wiederherstellung der Kontinuität der eigenen Existenz, indem man die längst vergessenen Ursprünge beschwört. Es ist dies ein Mittel, den Überblick über das Ganze zu gewinnen, bevor es zu Ende geht. Und vor allem ist es eine Gelegenheit, sein Leben neu zu beginnen — auf unpersönliche Weise!

Eine Liebe solcher Art hat nichts mehr zu fordern, aber alles zu geben. Das Menschenwesen, das zu altern gewußt hat, hat im Laufe der Zeit die höchste Lust zu erkennen gelernt: die Lust des Opferns! Es ist wirklich der Augenblick, sein Testament zu machen und die so lange angesammelten Güter zu teilen. Der Greis, der die Liebe bis zu ihren letzten Möglichkeiten reifen zu lassen wußte, hat keinen Egoismus mehr in seinem Herzen. Aber wie viele in einer Generation erreichen dies höchste Ziel? Einige Menschen aus der Elite, die Vorläufer, um zu zeigen, was die Liebe zu sein und zu geben vermag, wenn die Menschheit — heute noch elend und unterentwickelt — fortschreitend lernen würde, sich zu ihrem Gipfel zu erheben.

Die Mehrheit der Sterblichen beherrscht tatsächlich nur das erste Stammeln der Liebe, oder fällt — unfähig, vorwärts zu kommen — zurück. Die überwältigende Mehrheit kennt nur eine ungestalte Karrikatur der Liebe. Unter diesen Umständen ist es eine äußerst seltene Ausnahme, wenn beide Partner einer Ehe gemeinsam die letzte Phase erreichen.

Abgesehen von der Seltenheit der persönlichen Qualitäten, die für eine solche Entwicklung erforderlich sind, scheint auch der übliche Rhythmus der Evolution, je nach dem Geschlecht, etwas verschieden zu sein. Betrachtet man nur die erste und zweite Phase, so sieht man die Frauen, und zwar alle gleichermaßen, viel kürzere Zeit als der Mann in der ersten, rein sexuellen Phase stehenbleiben, vielleicht weil ihre physiologische und Instinktentwicklung zugleich sowohl frühreifer wie auch beschleunigter ist. Auch der Elterninstinkt erwacht bei ihnen früher, bereits vom Stillen des ersten Kindes an, während der Mann seine väterliche Ader tatsächlich erst klopfen fühlt, wenn die Kinder schon groß sind. Um aber auf dem Wege des Opfers weiter zu gehen, finden die Männer günstigere Voraussetzungen in ihrer ausgreifenderen und großzügigeren Natur. Die Frau opfert sich willig im Kleinen, doch die großen und tiefen Opfer — so selten in unserer Menschenwelt — sind öfter Taten der Männer. Die Männer haben gelernt, ihr Leben im Kampf zu wagen und oft zu verlieren. Dieser abenteuerliche Trieb macht sie in den meisten Fällen nicht besser als die Frauen, aber er erleichtert den Männern der Elite den Aufflug, die die Schwelle zur Vollkommenheit überschreiten konnten.

Wie dem auch sei, es ist klar, daß die Liebenden, die im Gleichschritt aufbrachen, dennoch befürchten müssen, ihr stets gefährdetes Zusammenwirken im Zuge der Entwicklung nicht durchhalten zu können. Ohne die zufälligen Umstände in Rechnung zu stellen, die sie trennen könnten — Krankheit oder Tod — bleibt es immer noch möglich, daß sie ihren gegenseitigen Zusammenhalt verlieren, nachdem sie bereits gemeinsam viele Stufen erklommen hatten, und daß sich nun jeder einen neuen Partner suchen muß, um den Weg fortzusetzen. Es gibt Menschen, die in einer neuen Liebe die begonnene Entwicklung der voraufgegangenen wieder aufnehmen. Wenn man bedenkt, daß das letzte Ziel der Liebe nichts anderes ist als eine Ausstreuung der Libido in aller Vielfalt und Breite, dann darf man fragen, ob und in welchem Maße — ungeachtet der Schmerzen und Nachteile der Trennung — ein solcher Neubeginn die Entwicklung beider hemmen muß.

In der Lebenspraxis geschieht es manchmal, daß das Erwachen des Elterninstinkts der Frau bei einer ersten Mutterschaft dem ersten Liebeskontakt mit dem Gatten zu rasch folgt, und zwar, ohne daß die Frau, als Heranwachsende, die unerläßliche Vorbereitungsphase der »Liebe als Spiel« erleben konnte. Sofort wird nun ein Teil der Gefühlsdynamik an die Mutterschaft abgegeben, während der Mann noch weit davon entfernt ist, die Erfahrungen der ersten Liebesphase verarbeitet zu haben. Hier ist eine Ursache für einen Bruch: Der Mann, der auf seine Bedürfnisse keine volle Antwort mehr findet und der noch unfähig ist, in der Vaterrolle Befriedigung zu finden, ist versucht, nach anderen Lieben zu suchen, zumal der Instinkt stets die Neigung hat, eine unterbrochene Erfahrung neu zu beginnen.

Außer der Gefährdung durch die Elternschaft, kann eine teilweise Trennung sich ergeben, wenn die Gatten die sinnlichen Wünsche der Ausgangsphase nicht auszuleben vermochten, obwohl sie durch wechselseitige psychische Projektion in gültiger Weise verbunden sind. Man begegnet solchen Eheleuten, die ihre Rollen in der sich ergänzenden psychischen Entwicklung weiterspielen, während die sexuelle Anziehung frühzeitig gesättigt ist. Sie sind — vom Herzen her — unzertrennliche Freunde, die einander wohltun, aber sie drängen danach, ihre sexuelle Freiheit wiederzugewinnen. Die Hindernisse, die dieser Freiheit entgegenstehen, verbittern ihre Verbindung.

Wie dieser Prozeß der Trennung auch verlaufen möge, es muß beachtet werden, daß das zehnte Jahr, von diesem Standpunkt aus, für die Liebesgemeinschaften das kritischste ist. Die Häufigkeit der Neuanpassungen zu diesem Zeitpunkt fordert die Überlegung heraus, ob es in der Entwicklung der Liebe nicht einen Zyklus von bestimmter Dauer zumindest für solche Partner geben könnte, die sich im Alter von zwanzig bis dreißig Jahren vereinigt haben.

Bleiben die Paare trotz fehlender sexueller Harmonie beieinander, so bleibt ihre psychische Bindung im allgemeinen intakt und wird nie durch neue sexuelle Anziehungen gestört. So ist es verständlich, daß die Liebesentwicklung auch bei polygamen Völkern sich gleichermaßen zu vollziehen vermag. In Wirklichkeit gibt es aber so wenige Menschen, die fähig sind, ihre Liebes-Evolution voranzubringen, daß die meisten mit Leichtigkeit das Maß ihrer Möglichkeiten zu finden vermögen.

Jedenfalls ist der Übergang von der gewöhnlichen Liebe zur geistigen Liebeseinweihung, mit der wir uns nun beschäftigen wollen, so selten wie der Stein der Weisen, den die Alchimisten aus den gewöhnlichsten Stoffen gewinnen zu können glaubten.

VI

Die Liebe und das religiöse Gefühl

Aus der Angst vor dem Tode entspringt das religiöse Problem. Durch die Generationenfolge wird sich der Mensch bewußt, jenseits seines Körpers in Raum und Zeit zu leben. Das kollektive Unbewußte gibt ihm ebenfalls das Gefühl, einer Ganzheit anzugehören, die höher ist als er. Er kann seine chemisch-energetische Zugehörigkeit zum gesamten Universum erspüren. Darüber hinaus kann der Mensch alle Lebenserscheinungen, die für sein Bewußtsein unkontrollierbar sind, »schauen«. Er erahnt etwas Unsterbliches (die Seele) und versucht, darin sein Bewußtsein zu verankern, um sich dem All zu verbinden. Die Religionen lehren, daß die Liebe das beste Mittel sei, dies zu erreichen, wobei sie erkennen, daß die sinnliche und die mystische Liebe von gleichem Wesen sind. Daher enthalten die Schriften der Mystiker eine erotische Note. Das höchste Ziel der Religionen ist die Vereinigung mit Gott, d. h. das Gefühl, eins zu sein mit dem Universum, und das Vergessen der individuellen Gesondertheit. Die Religionen lehren das Überleben eines unsterblichen Prinzips im Sterblichen, woran alle Epochen glauben wollten. Und: Der Mensch erreicht dieses unsterbliche Prinzip durch das Mittel der Projektion, in der Entfaltung der Liebe. Es ist sein Partner, in dem er einen Abglanz dieser Quintessenz entdeckt. Die Ordensleute versagen sich den Ausgang von der sinnlichen Liebe her, bemühen sich aber trotzdem, eine Projektion und Identifizierung zustande zu bringen, wie in der gewöhnlichen Liebe. Die Liebe ist ein Prozeß der Person-Werdung, und dies genügt zum Nachweis, daß sie auf Unsterblichkeit zielt.

Die Tatsache des Todes stellt den Menschen einem Problem gegenüber, das für sein Wissen und seine gegenwärtigen Fähigkeiten zu schwierig ist. Einerseits hat er das Gefühl, an einem Sein teilzuhaben, das gewaltiger ist als das seine; auf der anderen Seite fühlt er sich von diesem höheren Sein durch all das getrennt, was seine Individualität ausmacht. Die gesamte Menschheit ist zutiefst darüber beunruhigt und bemüht — seit Jahrtausenden bemüht — diese Antinomie aufzulösen; denn alle Fragen, die nicht beantwortet werden können, alle Fragestellungen der Vernunft, die nichts zu beschwören vermögen als eine unartikulierte, dunkle

Bewegung des Instinkts, rufen Angst hervor. Man darf wohl sagen, daß die gesamte Menschheit an der metaphysischen Qual leidet, denn überall und allzeit hat sie einen großen Teil ihrer Anstrengungen der Religion geopfert, in dem Bemühen — manchmal mit kindischen, manchmal mit ingenieusen, manchmal mit genialen Mitteln — einem dunklen Empfinden, das aus der tiefsten Tiefe des Unbewußten aufsteigt, Gestalt und Ausdruck zu verleihen.

Wie alles in der Psychologie, muß das »metaphysische Leiden« der Menschheit uns interessante Verbindungen zur Liebe aufzeigen.

Der Mensch hat das Bewußtsein, Bestandteil einer größeren Existenz zu sein. Der Wechsel der Generationen gibt ihm den starken Eindruck, seine Ahnen fortzusetzen, mit denen er Ähnlichkeiten entdeckt, und sich seinerseits in seinen Kindern fortzusetzen. Die meisten Menschen kennen ihre Familenmerkmale und freuen sich, ihre eigenen Züge in ihren Kindern wiederzufinden, als könnte ein Teil ihrer selbst auf diese Weise dem Tode entrinnen. Sie haben also den Eindruck, sie selbst zu sein, zur gleichen Zeit aber, in ihren Ahnen vorgelebt zu haben und in ihren Nachkommen noch in späteren Zeiten gegenwärtig zu sein. Die einfache Tatsache, sich als Glied einer Kette in der Reihe der Generationen fühlen zu müssen, gibt dem Menschen das klare Bewußtsein, jenseits der Grenzen seines Körpers in Raum und Zeit zu leben. Die für diese ununterbrochene Fortpflanzung notwendigen Geschlechtsverbindungen zeigen eine Gemeinsamkeit nicht bloß mit den Ahnen und Nachkommen, sondern auch mit dem gesamten Gewebe des vielfältigen Lebens, das die Sexualität gewirkt hat. Das Bewußtsein der Familie setzt sich so im Bewußtsein der Rasse oder der Art fort, ohne je an endgültige Grenzen zu stoßen. Darüber hinaus können Menschen bemerken, daß tiefer noch als ihr persönliches Unbewußtes, das aus allen ihren verflossenen und vergessenen Erfahrungen besteht, ein Grund von kollektivem Instinkt ruht, aus dem ihnen, wenn sie auf die Welt kommen, angeborene Fähigkeiten ihrer Art oder, insbesondere, ihrer Familie zuwachsen.

Schon bei den Tieren scheint die Beobachtung der erblichen Weitergabe durch den Instinkt gegebener Fähigkeiten zu zeigen. Es ist eine Tatsache, daß die Tiere sich, zum Beispiel, heute zunehmend besser vor Autos in acht nehmen, die es erst seit 50 Jahren gibt. C. G. Jung hat gezeigt, daß das kollektive Unbewußte der Menschheit sich an allen Punkten der Erdoberfläche und zu allen geschichtlichen Zeiten in einer begrenzten Zahl von allgemeinen Bildern ausdrückt, die jeder im eigenen Seelengrunde wiederzufinden vermag. Bestimmte »Komplexe« der Psychoanalyse, so der Kastrationskomplex, übersteigen deutlich die Erfahrungen, die ein Kind machen kann; sie tauchen plötzlich auf, als hätten seit Jahrtausenden verschollene Gebräuche im Gedächtnis des Unbewußten der Art Mensch überlebt. So schwimmt unsere Tiefenpsyche in einer Kollektiv-Psyche, aus der sie Informationen und ein Wissen vom Leben bezieht, das unsere individuelle Existenz nicht hätte erwerben können. Ähnlich vollziehen die Insekten die Entwicklung ihrer Art, ohne sie persönlich erlernt zu haben. Daher stammen zweifellos manche Vorahnungen des Instinkts, die der Verstand weder selbst zu leisten noch zu erklären vermag, als erlaube eine am Grund unseres Ich angesammelte Erfahrung unserer Ahnen in Ausnahmefällen Situationen oder Vorgänge wiederzuerkennen, die wir nie gesehen haben, von denen wir vielleicht nicht einmal vom Hören-Sagen wußten: Das gilt zweifellos für das Vorgefühl des Todes, das in der Reihe unerklärlicher Tatsachen so selbstverständlich erscheint. Alle diese Wahrnehmungen von metaphysischer Art, nebensächlich für die Wissenschaft, aber kostbar und bedeutsam für den Instinkt, bestätigen das Gefühl des Menschen, daß er die Grenzen seines eigenen Körpers überschreiten, in Verbindung mit den Toten treten oder seine Nachkommen an sein eigenes Schicksal binden könne. Diese Erweiterung des Bewußtseins in Raum und Zeit ist zweifellos das Ergebnis der Gefühlsprojektion infolge von Mechanismen, die jenen der gewöhnlichen Liebe analog sind, als öffne Eros, durch dessen Gnade der Einzelmensch sich vom Genius der ganzen Art besessen fühlt, die Tore, um die Gefangenschaft der Person zu beenden.

Und tatsächlich, es ist nicht bloß die Art, an welcher der Mensch Anteil zu haben fühlt, sondern es handelt sich bei diesem Fortfall der Grenzen um das ganze Universum. Der Körper des Menschen enthält sämtliche chemischen Substanzen des Erdballs; in ihm verbinden sich alle Energien der Natur, und das Zusammengesetzte, das sich in ihm verfaßt, spürt zutiefst den Einfluß kosmischer Bewegungen: der Mondphasen, der Sonnenflecken, der Jahreszeiten usw. Und dieses Weltall, mit dem er selbst im Einklang schwingt, gibt ihm das Bewußtsein von einer Vielzahl von Gottheiten oder von einem immanenten Gott ein, der ihn durch eine Entwicklung gehen läßt, der er nicht zu widerstehen vermag.

Im Gegensatz dazu ist der Mensch fähig, sehr deutlich die Grenzen seiner gegenwärtigen Individualität zu erkennen. Er kann die Unsicherheit seiner intellektuellen Erkenntnisse begreifen, seiner Vernunft oder seines Willens angesichts der überlegenen Möglichkeiten des Instinkts und des Bios. Er weiß, daß er die geheimnisvollen Kräfte, die seinen Körper bilden, dessen Struktur und Widerstandskraft aufrecht erhalten, in keiner Weise kontrollieren kann. Er ist sich bewußt, wie ein Kind zu sein, das mit einer so vollkommenen Maschine spielt, wie er sie nie erfinden könnte, deren Wesentliches er nicht fassen kann. Sowie er nachsinnt, wird er, wie Pascal, vom Schwindel zwischen den beiden Unendlichkeiten gepackt: Den Gestirnen und den Atomen. Angst entspringt immer, wenn das Bewußtsein von den Gegebenheiten des Unbewußten berührt wird.

Wenn er sein Einssein mit den kleinsten Teilchen seines Körpers bedenkt, sieht der Mensch dieselben ohne Unterlaß zu Grunde gehen und sich erneuern; wenn er sich auf der anderen Seite als ein das Universum mitbildendes Teilchen fühlt, wird er von der Stabilität und Dauer betroffen, die in ihm den Gedanken der Ewigkeit wecken. Er sieht sich schwankend zwischen dem unendlich Kleinen, Vielfältigen, Gesonderten, Isolierten und dem unendlich Großen, das einmalig, einfach und allumfassend erscheint; er begreift, daß Teilung, Analyse, der Sturz in die Sonderung zu angstvoller Begrenzung führen (dem Gefühl der Hölle), während die Synthese, die Vereinigung mit allem eine heitere, souveräne Sicherheit mit sich bringt (das Gefühl des Paradieses). So erscheint die Liebe, als Kraft der Vereinigung und des Aufbaues, einmal mehr als die »Himmelspforte«. Mit der Trennung, der Teilung verbindet der Mensch den Tod, den Zerfall der lebenden Synthese, den Preis des Gesonderten und Individuellen; durch die Macht der Liebe hofft er, der Ewigkeit zuzugehören.

So spürt der Mensch qualvoll die Antimonie zwischen seiner tatsächlichen Teilhabe an der Welt und seine Isolierung im gegenwärtigen Dasein. In allen seinen Erscheinungen ist das Leben darauf gerichtet, die verschiedenen Elemente zu harmonisieren, die Bestandteile in einem Rhythmus zu versammeln, der sie bindet, um sie länger dauern zu lassen; überall wirkt seine auf Synthese gerichtete Kraft, um die Antinomien aufzulösen, die Abgründe zu schließen. Als lebendes Geschöpf unternimmt es der Mensch, die Qual zu vermindern, die sein Los ist, oder die er besonders schmerzhaft empfindet, und er hofft, daß dies durch eine höchste Form der Liebe, durch ihre vereinigende Wirkung geschehen werde. Er hofft mit ganzer Kraft, einen Teil seines Selbst vor dem tödlichen Zerfall zu retten; er vermutet, dieser unsichtbare und unfaßbare Teil sei der Wesenskern seines Ich, und er flüchtet sich ganz hinein, um zu überleben; aber weil diese Seele, um unsterblich zu sein, am Universum teilhaben muß, so setzt er seine Kraft ein, um sich seiner Persönlichkeit, die sterblich ist, zu entledigen und seine Seele durch die Liebe mit dem zu verbinden, was nicht zugrundegehen kann.

Alle Menschen sind dunkel vom Wunsche getrieben, ihren gegenwärtigen Grenzen zu entfliehen. Jeder will seine gegenwärtige Wirklichkeit vergessen, mancher in den Träumen der Kunst, mancher im Rausch oder durch Drogen, mancher in der Wissenschaft oder der Liebesleidenschaft. Aber es gibt auch ein Mittel des Ausbruchs in Gemeinschaft, das aus Mythen (Kollektivträume) und Zwangsriten besteht und genauer dem gemeinsamen Ziel entspricht. Die Religion ist für den Menschen das Mittel, sich an das All zu binden (reliere), an das Absolute, an Gott; und inmitten aller dogmatischen Wege bleibt die Liebe, in allen Religionen das höchste, geheime Mittel der Wahl.

Hören wir die Jahrtausende alte Stimme Indiens: »Bhakti ist eine starke Liebe zu Gott. — Dies ist der Nektar der Liebe. — Wenn er sie gewinnt, wird der Mensch vollkommen, unsterblich, für immer befriedigt. — Gewinnt er sie, so wünscht der Mensch nichts mehr, er neidet nichts mehr, er freut sich nicht mehr an Nichtigkeiten. Wenn er sie kennt, wird der Mensch vom Geist erfüllt, er ist in Ruhe und kennt keine andere Lust, denn Gott ... Bhakti — die mystische Liebe — ist größer als Karma (die Verdienste der Tat) und größer als Jnana (das Wissen der Ratio), größer als Raja-Yoga (die Beherrschung der Vitalfunktion durch den Willen) — denn Bhakti ist selbst ihr eigenes Ziel, denn Bhakti ist zugleich Mittel und Ergebnis.« (Bhakti Sutras de Narada Kap. I.)

Und darauf antwortet das Christentum, wie ein Echo: »Du sollst Gott, Deinen Herrn, lieben, von ganzer Seele, mit all Deinen Kräften, mit aller Vernunft, und Deinen Nächsten wie Dich selbst.« (Luc. X, 25—29 Deuteromon VI, 5—7.)

Und Johannes empfiehlt: »Liebet einander, denn die Liebe kommt von Gott, und wer liebt ist aus Gott, und kennt Gott. Wer nicht liebt, hat Gott nicht gekannt, denn Gott ist die Liebe.« (Johannes III, 89.)

Alle christlichen Autoren geben den gleichen Rat. Franz von Sales schreibt in »Traité de l'amour de Dieu«, X. Buch Kap. VI bis X: »Die Gottesliebe muß alle unsere anderen Lieben übersteigen und unsere Leidenschaften beherrschen.« Er sagt auch, daß »Charitas größer sei, als der Glaube, die Hoffnung und die Reue«. Und Thomas von Aquin versichert (Summ. theol. II36 9/84—93), daß »die Vollkommenheit im Wesentlichen in der Liebe zu Gott und dem Nächsten« bestehe.

Wichtig ist allerdings, daß die Liebe zu Gott, die als Fundament des religiösen Lebens empfohlen wird, kein isoliertes, übermenschliches, von dem normalen Leben getrenntes Gefühl sein darf. Sie ist von gleicher Art wie die Liebe zum Nächsten. Auch in dieser Hinsicht stimmen Orient und Okzident überein. Prahlada beschwört in Vishnu Purana Brahma folgendermaßen: »Möge die unvergängliche Liebe, welche der Mensch zu den flüchtigen Gegenständen seiner Sinne empfindet, nie mein Herz verlassen, dies Herz, das Dich sucht.« (Vishnu Parana I—XX, 19.) »Wenn die gleiche Liebe, wie wir sie zuvor den Gegenständen unserer Sinne schenkten, auf Gott gerichtet wird, nennen wir sie Bhakti.« Über den Übergang der gewöhnlichen in mystische Liebe schreibt er: »In der Liebesreligion müssen wir alle doppelt anfangen. Gott ist für uns ein abgesondertes Wesen, und auch wir fühlen uns als abgesonderte Wesen. Die Liebe verbindet uns also; der Mensch beginnt sich Gott zu nähern, und Gott nähert sich dem Menschen. Der Mensch nimmt alle menschlichen Beziehungen seines Lebens: Vater, Mutter, Sohn, Freunde, Herren, den Geliebten, und er wirft sie über sein Liebesideal, auf seinen Gott, und das Ziel und Ende des Fortschritts ist erreicht, wenn er fühlt, daß er im Gegenstand seiner Anbetung völlig aufgegangen ist ... wenn dies kleine Ich eins geworden ist mit dem Unendlichen.« (Gespräche über Bhakti Yoga, übersetzt von Reymond und J. Herbert, 1939 S. 28 und 202.) Es ist deshalb nur natürlich, wenn eine nicht sehr zahlreiche indische Sekte — nach einer Yoga-Methode — durch die Praktiken der sinnlichen Liebe einen bewußten Versuch unternehmen will, um sich von der Lust der Sinne zu dieser hohen Schau zu erheben.

Ähnlich lehrt die christliche Theologie, daß man, um Gott zu finden, »nicht im Himmel zu suchen braucht, daß wir ihn um uns, dicht bei uns in den Geschöpfen finden, die uns umgeben«. (Ad. Tanquerey, »Theologie der Mystik und Askese«, Paris Desclée 1923/24 S. 294.) Tanquerey schreibt ausdrücklich, daß es keine zwei Arten von Liebe gäbe, die Liebe zu Gott und die Liebe zum Nächsten, sondern nur eine einzige. Im gleichen Geist klingt ein Gebet, das Olier, ein im katholischen Klerus sehr beliebter Schriftsteller, in Worte gefaßt hat: »Ich liebe Dich, mein Gott, und ich preise Deine Majestät, die in der Erscheinung aller Geschöpfe zutage tritt. Alles, was ich sehe, o mein Gott, dient nur dazu, Deine verborgene Schönheit auszudrücken, welche den Augen der Menschen unbekannt ist.« (Olier, Christliches Tagebuch, 2. Teil — Wenn man in die Felder geht ...).

Unter diesen Umständen ist es nicht verwunderlich, wenn die religiöse Mystik in ihrem Ausdruck eine betont erotische Note behalten hat, welche deutlich ihren klaren Zusammenhang mit der sinnlichen Liebe nachweist. Vivekananda, der darauf hinweist, daß »der Anthropomorphismus uns weiterhin verfolgt«, fährt fort: »Wir können unserem Menschsein nie entschlüpfen; wir können aus unserem Körper nie hinausspringen. So müssen wir Gott lieben, wie wir einander lieben ... Es geschieht oft, daß jene, die Gott anbeten, die göttliche Liebe mit Worten preisen, mit denen die menschliche Sprache die menschliche Liebe in allen ihren Gestalten beschreibt.« (Vorstehender Quellennachweis S. 224 und 198.)

Die indischen Schriften bieten uns diese Liebesworte an: Gott ist der »Gatte«, die menschliche Seele die »Gattin«, und sie schildern ihre geistigen Umarmungen:

»Ein Kuß Deiner Lippen, o sehr Geliebter ... wer einen Kuß von Dir erhalten hat, dessen Durst nach Dir wird für immer bestehen bleiben; all sein Leid wird gestillt und er vergißt alles, außer Dir allein.« (Bhagavata Purana X, XXX, 14.)

Diese Ausdrucksweise ist uns aus christlichen Schriften vertrauter. Bei Mystikern, wie der Heiligen Therese und dem Heiligen Johann vom Kreuz wiederholen sich ohne Unterlaß Formulierungen wie: »Hochzeit ... geistliche Vermählung ... Küsse ... Umarmungen ... göttliche Zärtlichkeit«, nicht zu reden von der »lustvollen Wunde«: »Diese Stimme des Vielgeliebten bewirkt in der Seele eine solche Verzückung, daß sie sich vor Sehnsucht verzehrt ... Aber, wird man vielleicht sagen, welches noch höhere Glück könnte sie sich wünschen? Darauf weiß ich keine Antwort, aber wenn ich einer Sache sicher bin, dann der, daß diese Qual bis in das Innerste ihrer Eingeweide eindringen wird, daß es scheinen wird, als reiße man sie heraus, wenn der Heilige Gatte das Fleisch zurückzieht, mit dem er sie durchbohrte, so groß ist das Gefühl der Liebe, das sie ihm entgegenbringt.« (Heilige Therese, Das inwendige Schloß, 6te Wohnung, Kap. II.)

Solche Einzelheiten haben Schriftsteller, wie Max Nordau, J. H. Leuba, E. Murissier usw. zu der Auffassung veranlaßt, es handele sich bei solchen Ausführungen lediglich um krankhafte Exaltiertheit mit sexuellem Ausgangspunkt. Andere, wie W. James, haben begriffen, daß solche Dinge in ihrem Wesen nicht unbedingt krankhaft sein müssen, und er erklärt: »Wenn die Mystiker die Sprache der menschlichen Liebe benutzen, so geschieht es, weil es keine andere gibt, die geeignet wäre, in analoger Weise die Zärtlichkeit der göttlichen Liebe auszudrücken.« (W. James, Religiöse Erfahrung, übersetzt von Abauzit, 1906, S. 9.) Nur glaubt James, Einwänden gegen die Deutung der Mystiker dadurch entgegentreten zu können, daß er bemerkt, die wirklichen Mystiker hätten eine tatsächlich »heroische« Reinheit praktiziert. In Wahrheit ist es diese Abstinenz, welche am besten den Gedanken einer Umwandlung oder Verarbeitung normaler Erotik nahelegt; es wäre ja auch natürlich, in abgeleiteter Form normale Energien wiederzufinden, die in ihrer üblichen Art nicht mehr in Erscheinung treten.

Das mystische Ziel, die Einheit (Yoga), die Ekstase oder innere Schau bestehen aus einem Gefühl der Einheit mit dem Universum oder mit Gott, wobei entsprechend alles vergessen wird, was man an Individuellem besitzt. Es ist eine gewaltige psychische Dezentralisation, die nichts anderes ist, als das Ergebnis der Liebes-Selbstentäußerung.

Das Bhagavat-Gita sagt: »So, durch ausdauernde Einübung in die Heilige Einheit, spielt der gereinigte Mensch voll Glück in seiner Verbundenheit mit Gott, in einer Seligkeit ohne Ende. Er sieht die Seele (das Göttliche) in allen lebenden Wesen wohnend, und in der Seele (dem Göttlichen) alle seine Geschöpfe, sobald seine eigene Seele sich mit der göttlichen Einheit vereinigt hat, und wenn er allüberall Identität sieht.« (Bhagavat-Gita I a, VI, 28.)

Auch dazu finden wir einen ganz ähnlichen Ausdruck bei den Christen. Thomas von Aquin definiert die Kontemplation als »eine einfache, intime Schau Gottes und der Göttlichen Dinge, die von der Liebe bewirkt wird und auf die Liebe zielt.« Und Franz von Sales: »Eine glückliche, einfache und fortgesetzte Gerichtetheit des Geistes auf Göttliche Dinge«. (Thomas von Aquin, Summa theol. IIa IIae 9. 180 m 9.30, und Franz von Sales, Über die Gottesliebe, VI, 3.)

Vor allem wird dieser Zustand der Vereinigung oder universalen Projektion als das höchste Glück beschrieben. Für die Inder ist es die Nichtung in Gott, das Nirwana, aber auch Christen sagen, genau genommen, nichts anderes. Der ehrwürdige L. de Blois beschrieb so die Kontemplation: »Die Seele, für sich selbst gestorben, lebt in Gott, ohne etwas zu wissen oder zu fühlen, ausgenommen die Liebe, von der sie trunken ist.« (L. de Blois, Geistliche Intuition, XII, 2.). Der Heilige Johannes vom Kreuz spricht vom »Zustand des Wohlbefindens, unvergleichlich, unsagbar«. (Johann vom Kreuz, Nacht, II, 17.) Und P. L. Chardon analysiert die Liebe vom Negativen her: »Ebenso wie man sagen kann, daß die Glückseligen durch Ähnlichkeit Götter geworden sind, desgleichen sehen sich diese Seelen wie verschlungen in der immensen Weite der göttlichen Liebe; keine Spur der Geschöpfe, kein Rest ihrer selbst, auch nicht der Gnade und des übernatürlichen Lichts, keine Erinnerung dessen, was sie sind, noch dessen, was sie waren, oder dessen, was sie taten ... sie wissen nichts, außer, daß sie nicht wissen; sie wissen nichts, außer Gott; sie fühlen nicht, sie kosten nicht, sie tasten nicht, sie erfahren nichts, außer seiner köstlichen Liebe.« (P. L. Chardon, Das Kreuz Jesu, IItes Gespräch, Kap. X.)

Wenn man nach diesen Zitaten urteilt, scheint es, als hätten die Christen Unrecht, dem Buddhismus seine Vorstellung des »Darüber«, des sozusagen »Leeren« vorzuwerfen, das ein Nichts sei. In Wirklichkeit ist es verblüffend zu beobachten, wie der Mensch in allen Breiten, zu allen Zeiten die Erlösung und Beruhigung seiner metaphysischen Qual in analogen Bildern gesehen hat.

Gewiß bleibt die große Mystik eine Ausnahme, aber die weit-

weite Verbreitung der Religionen zeigt bei allen Menschen dieses Vorhandensein eines grundlegenden Gefühls der Teilhabe seiner Individualität am Kosmos, mit der Sehnsucht, sich immer enger mit dem All zu verbinden, möge dies Gefühl manchmal auch nur in Ansätzen gegeben sein. Diese Sehnsucht weckt das Bestreben, alles abzustreifen, was an der menschlichen Person sterblich ist und das Ganze seines Seins auf diesen Punkt der Teilhabe am All auszurichten. Doch es zeigt sich, daß das Sterbliche alles umfaßt, was sichtbar und berührbar ist, während das geheimnisvolle »Ombili«, durch welches das Menschenwesen Verbindung mit dem All findet, unfaßbar für die Sinne ist, als Substrat der Seele. Der Mensch besitzt von diesem unsterblichen Kern in seiner Person ein so tiefes, intensives Wissen, daß er stets und überall das Bewußtsein davon sich immer neu erschafft; und er ist erstaunt zu sehen, wie das Bewußtsein so allgemein einer ausschließlich intuitiven Gabe Platz macht.

Zweifellos festigt sich das Leben durch fortgesetzte Anstrengungen gegen die Desintegrierung; es will um jeden Preis bis zum Maximum des Möglichen dauern; und der Mensch, als Lebewesen, besitzt den gleichen Trieb, sich zu erhalten, so daß er intuitiv darauf ausgerichtet ist, gegen den Gedanken vom Tode anzukämpfen, ihn so gut als möglich zu leugnen und die erschreckende Wirklichkeit durch tröstliche Träume zu verdecken. Ein solcher Trieb würde genügen, meint man, um alle Religionen stets neu zu schaffen, und damit er universell werde, bedürfe es keiner entsprechenden Realität; aber alles, was wir über die Anpassung der Lebensinstinkte hinaus wissen, zeigt eine solche Übereinstimmung, eine solche Präzision, daß sie uns die Idee einer Zielgerichtetheit eingibt, einer Finalität; und die Tatsache, daß die gleiche Idee bei allen Menschen vorhanden ist, nicht als vager Traum, sondern als uranfängliches Bestreben, mit einem unsichtbaren Teil unserer Person den Tod zu überwinden, dies allein könnte uns eine Art Gewißheit geben, auch wenn sie nicht bewiesen werden kann. Es fällt schwer, in einer solchen Sache und angesichts einer solchen Einmütigkeit über Räume und Zeiten hinweg einen weltweiten Irrtum zu vermuten, denn es steht fest, daß ein tiefverwurzelter Instinkt — im Gegensatz zu den freischwebenden, vergänglichen Konstruktionen des Intellekts, nie ohne Grundlage ist; im Gegenteil, es scheint, daß nur das kollektive Unbewußte, als einziger Bestandteil des Wesens Mensch, befähigt ist, eine Tatsache wie den Tod, die jenseits aller individuellen Erfahrung ist, zu erkennen. Dies nebenbei; denn Gegenstand unserer Untersuchung sind die Beziehungen zwischen der Liebe und dem religiösen Gefühl, nicht die Beurteilung des objektiven Wertes der Auffassungen der Spiritualisten.

Obwohl das Unbewußte, an Art und Umwelt gebunden, aus dem gesammelten Erbe der Urahnen stammt und der endlichen Rückkehr ins Kollektive zustrebt, bemüht sich der Mensch des öfteren, sein klares Bewußtsein mit dieser psychisch dunklen Zone zur Deckung zu bringen, die ihn an das Universum bindet; aber — trotz aller asketischen Übungen und des Yoga — er erreicht dies Ziel nie, es sei denn in den flüchtigen Erleuchtungen, wie der Ekstase. Doch die Liebesprojektion kann dieser unzulänglichen, unmittelbaren Vision nachhelfen; diesen entscheidenden Kern seines Ich, verborgen unter der Hülle des Unbewußten, kann der Mensch wie in einem Spiegel als zurückgeworfene Vision entdecken, wenn er ihn auf das geliebte Wesen projiziert. Das Ideal, das so in der Liebe projiziert wird, spiegelt das Bild der unsterblichen Liebe wieder, des inwendigen Gottes, ein Bild, das damit sichtbar in Erscheinung tritt. Dies alles ist dem Bewußtsein so nahe, daß es Liebenden selbstverständlich ist, einander »meine Seele« zu nennen, oder sich gegenseitig zu erklären, sie seien »ihr Leben«, »ihr Himmel« usw. Indem sie die Liebesekstase erreichen, tritt durch gegenseitige Spiegelung — diese verborgene Flamme in ihr Bewußtsein.

Die Liebe ist ein einfaches und natürliches Mittel, diese bestätigende Vision zu erleben, der die Menschen in ihrer religiösen Unruhe unermüdlich nachjagen; doch die meisten Lehren, Kulte und Philosophien haben diese Möglichkeit nicht entdeckt, weil die Liebe, so sinnlich, so nahe, ihnen von den mystischen Ekstasen zu weit entfernt schien; sie glaubten einen Gegensatz zu sehen, wo es Verbindung und Einklang gibt, denn das Gefühl neigt dazu, vom Positiven zum Negativen hinüberzuwechseln. Das allgemeine Vorurteil sieht einen Gegensatz zwischen der Liebe des Fleisches und der religiösen Askese, was einfach eine Folge der Forderungen der Gesellschaft ist, welche die Liebe verdammt.

Allerdings: Der Zugang zum Religiösen durch die sexuelle Liebe ist die seltene Gabe an solche Liebende, denen es gelang, den höchsten Gipfel dieses Gefühls zu erreichen.

Vielleicht würde ein solches Ziel, den noch vulgären Massen in der Praxis angeboten, wie in einigen Kulten der Antike, das spirituelle Ideal der Elite mehr verdunkeln als es diese Massen zu erheben vermöchte; die übliche Methode der Religionen, welche die Anschauung des Universums empfehlen, bringt sicher weniger Schwierigkeiten mit sich — aber ist das so sicher? Auch hier sogar finden wir die Wirkung der Schranken, welche die Gesellschaft gegen die Liebe errichtet hat.

So bleibt den Mystikern nichts weiter übrig, als das Problem in einem anderen Sinne anzugehen. Statt ihren eigenen Kern in einem Wesen zu suchen, das sein Bild trägt, um dann das Universum auf dem Grunde ihrer so erleuchteten Seelen wiederzufinden, suchen sie im Kern, in der Ganzheit des Universums, und durch Identifizierung, eine Spiegelung ihres eigenen Seins zu finden; aber auf keine andere Weise können sie das Ziel erreichen, als durch Projektion und Identifizierung, d. h. durch den grundlegenden Mechanismus der Liebe. Nun handelt es sich bei solchen Versuchen nicht um das Zentrale der Liebe im Zuge der Projektion auf ein einmaliges Objekt (zweite Phase), es handelt sich vielmehr um Verlängerung und Betonung der letzten Phase (vielfältige Projektion).

Wenn der Mensch seine gegenwärtige und sterbliche Persönlichkeit vergessen will, um ausschließlich in dem Gefühl des Teilhabens am Universum zu leben, vollzieht er eine ganz ähnliche Projektion wie in der Liebe, nur daß sein Gegenstand viel größer, die Hingabe viel ausschließlicher ist. In gleicher Weise wie der Liebende aufhört, er selbst zu sein, um Teil eines Ehepaares zu werden, vergißt der Gläubige seine Persönlichkeit, um Teil des Alls zu werden, oder — wenn es um den unsichtbaren Wesenskern des Alls geht — um Teil Gottes zu werden. Die Systeme der Askese und des Yoga bilden die technische Seite dieser Projektion, indem sie alles Stoffliche, alles zum Untergang Bestimmte als Illusion betrachten *(maya)*, während nur das Unsichtbare wesenhafte und unvergängliche Existenz hätte *(sat)*.

Das »Große Opus« der Alchimie, das im Grunde nichts anderes war als die verschleierte Transkription der alten arischen Religionen, war bemüht, das Ewige im Vergänglichen zu entdekken; es symbolisierte manchmal die Vereinigung der unsterblichen Prinzipien, die ihre zufällige und individuelle Gestalt abgelegt hatten, als die »Hochzeit des Königs und der Königin«, als die chimische Begattung, wobei die klassischen Ausdrücke von »Bräutigam und Braut« wiedergefunden wurden, um die universelle Seele und die individuelle Seele zu bezeichnen, die sich wollüstig vereinen; so verblüffend sind die Gefühlsanalogien zwischen Mystik und Liebe. Überall da, wo eine einigende psychische Kraft darauf zielt, zwei Wesenheiten zu einer harmonischen und eine Einheit seienden Ganzheit zu verbinden, offenbart sich diese Kraft als Liebe.

Liebe ist ein psychischer Prozeß der Entpersönlichung. Sie lehrt die Menschen, sich nicht nur in ihrem eigenen Körper gefangen zu denken, sondern auch als im anderen gegenwärtig; wobei dieser andere zuerst der sexuelle Partner, dann eine Vielheit der Nachkommen ist. Es genügt, diesen Prozeß fortzusetzen, und das Individuum fühlt sich als »die anderen«, als »alle anderen«, als alles, das da lebt. Die Liebe lehrt, im Ich das zu festigen, was dem Geliebten ähnelt, und sich von den zufälligen Besonderheiten abzukehren, welche die Unterschiede ausmachen. Um in der Vereintheit wahre psychische Lust der Liebe zu erfahren, muß man bereits einen Teil seiner selbst abstreifen, wie die Keimzellen, um sich vereinigen zu können, einen Teil ihres Kerns opfern. Dies Abstreifen, das höchste Geheimnis der Liebe, befreit von aller niedrigen Kleinlichkeit und entspricht tatsächlich der Selbstverleugnung des Mystikers; es nimmt der menschlichen Natur ihre Roheit und befähigt sie dazu, die Synthese zu schaffen, sich in die Kollektiv-Seele einzufügen.

Das Ei, in dem die Keimzellen, durch die Reifung von äußerem Schutz entblößt, zusammenfließen, entwickelt sich; und das Wesen, das ihm entspringt, überlebt normalerweise seine Erzeuger. Wer weiß, ob aus den psychischen Verbindungen, die von Menschen realisiert werden, die ihre Liebe zu den höchsten Stufen hinaufführten, nicht eine Ganzheit entsteht, die zugleich fähig ist, sie beide fortzusetzen? Wer weiß, ob — was den Tod der Person überlebt — nicht nur die Seele der Paare ist, die zu einer Ganzheit wurden? Die Alchimisten lehrten, daß die erste Stufe des »Großen Opus« die Gewinnung der *res bina,* der doppelten Sache, sei, wobei ihre allegorischen Darstellungen die Vermutung nahelegen, daß sie dabei an die Synthese der beiden Geschlechter dachten, die Synthese aller Möglichkeiten der menschlichen Seele. »Rebis« (*res bina*), sagten sie, sei unzerstörbar, sei ewig. Péladan drückte den gleichen Gedanken durch seinen »himmlischen Androgynen (Hermaphroditen)« aus: »Die arischen wie die semitischen Lehren«, schreibt er, »sehen im Eros die bewußte Rückkehr zum Anfang. Die Liebe hätte danach das einzige Ziel, aus einem Mann und einer Frau einen Dämon zu machen, ein Wesen zwischen den Sterblichen und den Unsterblichen.« (Péladan, *La science de l'amour,* Paris 1910, S. 139.) Das Paar wäre damit für die Sexualwesen das gleiche wie das Molekül für die Atome; das Zusammengesetzte, das ein immer vielfältigeres Leben ergibt, sowohl nach Ausmaß wie nach Komplexität, bis hin zu den Riesenmolekülen des Protoplasmas.

Die Mystiker lehren, daß — um die Stufe des Geistes zu erreichen — die Seele sich mit dem unsterblichen Prinzip des Kosmos (Seele der Welt, Gott) vereinigen müsse; diese Vereinigung sei die Antwort auf einen Ruf, der wie eine Begierde sei, und die Vereinigung sei dann wie eine Begattung; sie lehren weiter, daß die Weltseele sich zuerst in Wesen bewußt werde, die sie belebte, und die man dann vor allen lieben müsse. Danach wäre die Liebe der Führer der Seele zu ihren unsterblichen Möglichkeiten; während das Fehlen der Liebe den Sturz in die Begrenzung, in die Zerstückelung, die Isolierung, in den Tod, also die

Hölle, bedeuten würde. Plato meinte dasselbe mit seiner universalen Übereinstimmung der Ideen: Nachdem die Liebe die Menschen in diesem Leben zum Glück geführt habe, würde sie ihm die Pforten des Todes öffnen und ihn in die Unsterblichkeit mit sich nehmen.

VII

Die Liebe und die allgemeine Evolution

Die Menschheit ist — weil der Zusammenklang von Intelligenz und Gefühl fehlt — von einer Kollektiv-Neurose befallen. Unsere Kulturen sind die Gaben dieser Neurose. Auf sexuellem Gebiet ist die psychische Entwicklung der physiologischen Funktion nicht gefolgt. Vermutlich handelt es sich dabei um einen gesellschaftlich-sexuellen Gegensatz, dessen Schwerpunkt in den Familienproblemen liegt. Wenn die Menschheit eines Tages gerettet werden soll, so kann es nur geschehen, wenn die Liebe ihren Ort und ihre Rolle als unersetzlicher Faktor der Evolution und des psychischen Fortschritts zurückerhält. Jeder einzelne Mensch sollte stärker sein als die Einflüsse der Umwelt, und die Neurose überwinden. Die Gemeinschaft müßte die Atmosphäre, die die Kinder umgibt, reinigen und das Erwachen der Sexualität bei Kindern und Heranwachsenden leiten, anstatt es zu durchkreuzen. Eine Menschheit, in der die Liebe zu voller Entwicklung erblühte, könnte relativ glücklich sein.

Wer klar sieht, ist sich des allgemeinen Mißbehagens der Menschheit bewußt. Auf der einen Seite wird sie von einer endlosen Unruhe getrieben, immer weitere Fortschritte zur Vollkommenheit zu erstreben: Ihre Bemühungen, mehr zu begreifen, mehr zu wissen, Kunst und Technik zu vervollkommnen, scheinen ein Unternehmen für Titanen. Es gibt kein Opfer, das die Menschen sich für ihr Ideal nicht auferlegt hätten: Viele von ihnen geben willig ihr Leben für ein Ziel, das sie als gerecht und schön empfinden. Auf der anderen Seite findet man bei dem Geschlecht Kains Bosheiten und Perversionen, durch die Menschen tiefer sinken als Tiere: Schlemmerei und Prasserei, die Trunksucht, durch die so viele Menschen verdummen, schließlich die Grausamkeit, die so viele Leute Vergnügen am Leiden anderer finden läßt; sie sind nicht gleichgültig, wie Tiere, wenn sie töten, um sich zu verteidigen oder sich zu ernähren, sondern grausam in einer spezifisch »menschengemäßen« Weise; man schlachtet den Nächsten zum Vergnügen, bemüht sich, seine Angst zu verlängern; die Folter, die Tortur gehören zu den besonders bezeichnenden, spezifischen Erfindungen des Menschen.

Was an unserer Spezies wohl am meisten verblüfft, ist die tiefe Kluft zwischen den materiellen Möglichkeiten der Bedürfnisbefriedigung (dank der Technik und der Wissenschaft) und dem tatsächlichen Elend, in dem die Mehrzahl aller Menschen lebt, die hungern, sich nicht kleiden können, in übervölkerten Elendsquartieren vegetieren müssen. Und weiter gibt es die Kluft zwischen der Kultur in der Theorie, zwischen all den hohen Lehren einer idealen Moral, die von der gesamten Menschheit immer wieder proklamiert werden, und der Brutalität im tatsächlichen Verhalten, den erbarmungslosen Konkurrenzkampf, der unüberwindlichen Neigung, Ungerechtes zu tun und Gewalt anzuwenden. Wenn Tiere im Dschungel kämpfen, so haben sie wenigstens keine Gerichte, keine Moralisten, keine Prediger; ihre Kämpfe bleiben im allgemeinen vereinzeltes Geschehen innerhalb der wilden Mitschuld einer ganzen Art; sie sind auf unmittelbaren Vorteil gerichtet; es gibt keine Kreuzzüge aus unvermitteltem Haß. Während wir bei den Tieren ein Verhalten beobachten, das einen gewissen Ausgleich zwischen ihrer Intelligenz und ihren Handlungen zeigt, ihrer Fassungskraft und ihren Affekten, zerfallen bei den Menschen diese Elemente völlig; auf der einen Seite sind sie mit einer feiner entwickelten Intelligenz begabt, auf der anderen Seite sind sie fähig zu wüsteren Grausamkeiten als das Tier; zwischen diesen beiden Polen irren sie umher, von einem zum anderen gerissen. Es gibt in diesem Sinne einen menschlichen Wahn, dessen Anblick das Herz zerreißt, eine Art Fluch, der auf dem Schicksal der Menschheit lastet.

Von diesem Standpunkt aus kann man sagen, daß die Menschheit krank ist. Es handelt sich nicht um eine einfache Entwicklungshemmung, ein Verharren des Menschen auf einer Stufe animalischer Brutalität, was bereits einen unausgeglichenen Gegensatz zu seiner psychischen Entwicklung bedeuten würde; es geht um viel Schlimmeres: eine wirkliche Regression, eine Entartung ins Abartige, gegen die Natur gerichtet, wovor die Tiere in der Regel bewahrt bleiben. Der Mensch scheint das Privileg der Maßlosigkeit zu besitzen, einer Maßlosigkeit, die seine Lebensbahn verkürzt; er ist schmutzigstem Geiz verfallen, so daß er verurteilt ist, inmitten des Reichtums im Mangel zu leben; er kann hassen bis zum Exzeß, er hat die Macht, Leiden zu verhängen, und er ist fähig, zu zerstören, was er hüten und bewahren sollte. Die Psychologie des Unbewußten hat ohne große Mühe feststellen können, daß die Kultur als solche, auf welche die Menschheit so stolz ist, nur die Reaktion auf eine krankhafte Angst ist, das pathologische Bedürfnis, zu wissen und zu begreifen, um sich weniger fürchten zu müssen.

Nachdem irgendwann das Zusammenspiel seiner Instinkte durch irgendeinen Urkonflikt gestört war, nachdem einmal dies »Licht der Natur« für ihn erloschen war, das aus dem Einklang von Bewußtem und Unbewußtem erstrahlt, hat der Mensch einen unruhigen Verstand entwickelt, um sich gegen die Verführungen seiner dunklen Kräfte zu verteidigen. Er hat seine Psyche polar aufgespalten und hat dem krankhaften Schrecken vor dem Tode die unvorstellbaren Verdammungen im Jenseits hinzugefügt. Seine Leber ist zerfetzt, wie bei Prometheus, und er ist gefesselt, während die himmlischen Feuer der geistigen Intuition ihn brennen und das brutale Gewicht des Felsens ihn drückt. Er ist hinabgestiegen von Leiden zu Leiden, bis zu den harten Gesetzen der Eisenzeit. Er hat das Paradies verloren.

Was wir von den individuellen Neurosen wissen, kann uns helfen, die Kollektiv-Neurose der Menschheit zu verstehen. Es handelt sich um ein Trauma der psychischen Entwicklung. Die Skala der Instinkte erschien, und legte sich in einer endgültigen Ordnung fest: Die Verdauungstriebe der frühesten Kindheit, die Sozialtriebe der Vorpubertät, dann die Sexualtriebe, schließlich der Todestrieb. Jede Gruppe von Trieben findet ihre Form, festigt sich im Verlauf des Lebens, indem sie zu ihrer Zeit dominiert, sich dann endgültig einordnet, um den ersten Platz dem nachfolgenden Prozeß zu überlassen. Wenn ein Trieb in seiner Entwicklung einem unüberwindlichen Hindernis begegnet, das die Befriedigung seiner Strebungen unmöglich macht, beginnt er, die Verrichtung zu wiederholen, die dem kritischen Augenblick der Unterbrechung voraufging, genau wie es bei Insekten geschieht, wenn ein Forscher ihre Entwicklung unterbricht. Es folgt eine Entwicklungshemmung in dem Sinn, daß die Wucht der Lebenskraft ihre Bahn nicht weiter verfolgt, um neue psychische Möglichkeiten in Gang zu setzen, sondern sich am »Unfallort« festsetzt, so daß immer das gleiche, unterbrochene Teilziel des Unbewußten ein ganzes Leben lang weiterverfolgt wird.

Nehmen wir an, daß die Nahrungs-, die Selbsterhaltungstriebe während der Entwicklung des Säuglings während der Entwöhnung schwer beeinträchtigt wurden; ein solcher Mensch wird sein Leben lang seine besten psychischen Kräfte darauf verwenden, sein ständiges Mangel- und Entbehrungsgefühl zu stillen. Seine wichtigste Befriedigung werden die Tafelfreuden sein, er wird vielleicht auch zum Trinker, er wird nach Reichtum streben oder Sammlungen anlegen. Er wird kaum Kraft übrig behalten, um Sympathien zu gewinnen, um seine Sozialinstinkte zu entwickeln. Das Leben in der Gesellschaft wird ihm nur insoweit als neues Wirkungsfeld erscheinen, als er seinen Appetit befriedigen kann, etwa den Geschmack am Reichtum; und während seiner sexuellen Entwicklung wird ihm jede Kraft fehlen, um auch nur den geringsten Anflug von Großzügigkeit, von Großmut zu zeigen; er wird auch in dieser neuen Rolle nur die Befriedigung seines Egoismus, seiner verschlingenden Besitzgier suchen; alle

Selbstlosigkeit müßte im Ansatz erstarren oder völlig fehlen. Er wird sich dem Leben der Erwachsenen kaum je anpassen können.

Die Neurose entsteht also, wenn eine Entwicklungshemmung eine Gefühlshemmung hervorruft. Manchmal handelt es sich nicht nur um einen Stillstand der Entwicklung, sondern um eine Regression, um einen Rückfall in zurückliegende Phasen der Entwicklung. Die meisten Neurotiker erreichen nie eine normale Sexualität, und gerade in diesem Bereich, wie er sich entwickelt nach dem verletzenden Schock, in seiner Unzulänglichkeit und seinen Perversionen, enthüllt sich das einstige Trauma.

Man vermutet, daß die Evolution der Gruppe von Lebewesen die individuelle Evolution wiederholt. Es gibt menschliche Gesellschaften, die, als Ganzes, der Phase des Selbsterhaltungstriebes (Nahrung, Verdauung) den Vorrang geben; andere ziehen die Phase der Sozialtriebe vor. Wie bei der Einzelperson ergeben sich bei den Gruppen Neurosen durch Hemmung oder Regression. Daher die Bedeutung des »man« und die Erziehung in einem bestimmten Sinn. Daraus folgt, daß jedes Einzelindividuum dieselbe Entwicklungsform zeigt, richtiger dieselbe Entwicklungshemmung, wie seine Umgebung oder seine Vorgänger.

Aus den Kriterien der Entwicklung im allgemeinen und der Sexualität im besonderen ist festzustellen, daß die Menschheit als ganzes zu Beginn der sexuellen Phase von der Neurose befallen wird, denn es gibt kaum einen Punkt der Erdoberfläche, wo die Liebe nicht mit irrationalen Hemmungen umgeben würde, die in allen Einzelheiten mit pathologischen Zwangsmechanismen vergleichbar sind. Die Eingeborenen der Pazifik-Inseln tragen — wenn man zutreffend über sie berichtet — in allen sexuellen Dingen eine große Leichtigkeit zur Schau: Es sollen zugleich friedliche und glückliche Menschen sein, die einzigen, an denen wir erkennen können, wie ein normal entwickeltes Triebleben ohne traumatische Belastung sein könnte. Überall sonst ist die Liebe mehr oder weniger dasselbe wie die Sünde; die Sexualverbote nehmen zu, die Tabus breiten sich aus, die unterdrückten Leidenschaften verursachen Katastrophen, die sexuellen Abartigkeiten verbreiten sich, alles an der Sexualität gewinnt einen beherrschenden, unwiderruflichen, besessenen Charakter — das Merkmal der pathologischen Psyche.

Man kann sagen, daß die Menschheit ihre Sexualfunktionen physiologischer Art mit mehr oder weniger Schwierigkeiten erfüllt, jedoch ausreichend, um die Fortpflanzung zu sichern, während sie unfähig ist, diese Sexualität auf der psychischen Ebene, also die Liebe, zu verwirklichen; es gelingt selten, der Angst auf diesem Gebiet zu entkommen. Wir finden hier Adams Sünde wieder, der durch seinen Biß die Frucht verdarb, die bestimmt war, seine Ambivalenz aufzulösen, und der damit den Einklang zwischen seinem Geschlecht und seinem Herzen zerstörte. Es muß gesagt werden, daß die Priester diese Sünde großartig fortgesetzt haben: Sie können nichts als Sinnenkitzel sehen, wo es sich darum handelt, die Synthese der Seele zu erreichen und ihre Antinomien aufzulösen.

Der Ursprung dieser Menschheitsneurose dürfte wahrscheinlich in einem Konflikt zwischen den Sozial- und den Sexualtrieben zu suchen sein, der entstehen mußte, als eine Gesellschaft in ihren ersten Ansätzen bemüht war, sich ins Gleichgewicht zu bringen, während die Sexualität, nicht so sehr als individuelle physiologische Funktion (die bereits bei der ersten lebenden Zelle zu finden war), wohl aber als eine kollektive Affektspannung, als umfassende Zärtlichkeit und Selbstlosigkeit, zu früh in Erscheinung trat, bevor sie sich dank einer fortgeschrittenen Kultur hätte realisieren können.

Wir wissen natürlich nicht wirklich konkret, wo der Ausgangspunkt des ursprünglichen Konflikts zwischen Sexus und Gesellschaft lag, aber wenn wir das Unbewußte der Einzelnen erforschen, begegnet uns der Ödipuskomplex mit einer solchen Konstanz, daß er als ein Menschheitskomplex erscheint, der im kollektiven Unbewußten vorgegeben ist, bevor er unter den besonderen Umständen einer jeden Kindheit in Erscheinung tritt; er kann als Restbestand eines archaischen Konflikts gedeutet werden, zugleich deutlich zeigend, worin dieser Konflikt bestand.

Es war also das Verbrechen Kains, d. h. der Inzestkonflikt, das — in Verbindung mit der Psyche und Physis heillos voneinander scheidenden Sünde Adams — die gesamte Neurose der Menschheit verursacht hat: Die Liebe wurde ausgeschlossen, der weitere Weg der psychischen Entwicklung geriet in eine Sackgasse. Die Menschheit steht damit — festgefahren — vor der verfehlten Entwicklungsstufe der sozial-sexuellen Phase der Triebintegration, unfähig, in ihrer psychischen Evolution fortzuschreiten. Mehr noch: Nicht nur kein Fortschritt ist möglich, sie verstrickt sich auch in Regressionen in Richtung auf die grauenhaften Zwänge der Verdauungstriebe. Das führt schließlich dazu, daß sie — auf dem Gipfel ihres Sadismus — beginnt, ihre sexuelle Erregung, losgelöst von Selbstlosigkeit und Zärtlichkeit, nur noch mit der Grausamkeit zu verbinden; damit wird die Erotik, Verbündete des Friedens und der Barmherzigkeit, in den Dienst des Verbrechens gestellt. Dies ist es, was die Menschheit zu einem Geschlecht der Verdammten gemacht hat.

Es nutzt nichts, wenn die Menschen ihren Sadismus in Masochismus verkehren; wenn ihr kollektives Unbewußtes sich den Mythos vom Messias schafft, der dem Vater geopfert werden muß, um die reine Liebe der Mutter-Gattin wiederzufinden; oder die Mythen der keuschen und geopferten Wagnerhelden; es ist vergeblich, wenn die Menschen auf dieser Bahn an ihre Brust schlagen und sich Asche aufs Haupt streuen, um sich selbst Leiden und Sühne aufzuerlegen. Vielleicht gelingt es ihnen eines Tages, auf diese Weise ihre tiefe Angst zu mildern, indem sie durch das rein physische Leiden des Leibes verdeckt wird. Sie werden den Weg ins verlorene Paradies so nicht wiederfinden, der Weg in die Harmonie, in die süßen Opfer der Liebe. Der Erfolg dieser keuschen Büßer, das ist das Grauen der Kirchengeschichte mit dem Gestank verbrannten Fleisches, das sind die Annalen der »Religion der Liebe«, die die Liebe profaniert hat, jene Annalen, welche die blutigsten und schwärzesten der gesamten menschlichen Vergangenheit sind.

Es ist nicht gewiß, ob die Menschheit aus der Neurose und Perversität, in die sie sich verstrickt hat, noch errettet werden kann. Natürlich ist es ihre Bestimmung, wie die jeder Art von Leben, eines Tages zu verschwinden; aber wichtiger als ihr eigenes Geschick ist die Gefahr, ihre Aufgabe in der Evolution zu verfehlen, bei der es gilt, die Fortschritte derer, die voraufgingen, an jene weiterzugeben, die folgen werden; die Menschheit riskiert, wenn sie in ihrer Tollheit zugrunde geht, in der kosmischen Evolution einen Bruch zu bewirken.

Jedoch: die Hoffnung darf so lange dauern, bis nicht beim letzten Lebenden das kühne Streben erstickt ist, die Liebeseinheit zu erreichen, so lange, bis dieser Letzte nicht vergessen hat, zumindest in seiner zärtlichen Jugend, die vollkommene und erlösende Liebe herbeizusehnen. Wenn die Menschheit eines Tages gerettet werden soll, muß die Gesellschaft vorher aufhören, die freie Entfaltung der Liebe zu fesseln.

Jeder einzelne von uns muß zu seinem Teil vor allem den Konflikt der Sexualtriebe mit den Verboten der Gesellschaft überwinden; es ist eine schwere Aufgabe, die uns, wenn wir sie erfüllen, zum offenen Widerstand gegen die scheinheilige Moral der Gesellschaft führen muß, gegen eine Moral, die jedermann verkündet, ohne daran zu glauben oder sie zu befolgen. Wir müssen die Einflüsse überwinden, denen man uns in der Kindheit unterwarf, als man uns einredete, die Liebe sei Sünde und Hölle, und Hölle die Strafe für physiologische Befriedigungen; während hinter allem die Schatten der grauenhaften Phantasmen standen, mit denen man die Sexualität umgab. Der Mensch muß sich vom Ödipuskomplex befreien, die Schachzüge seiner Familie überspielen, die darauf lauert, das Aufblühen seines Gefühlslebens zu ersticken; er muß Drohungen und Flüchen die Stirn bieten, um seine ersten Lieben zu bewahren.

Vieles geht in diesen Bewährungen unter, ergießt sich in die Neurose und wird zur geheimen Angst, die verleugnet wird; so entsteht der »wunderliche Charakter«, das Gehaben des »Sonderlings«; dies alles sind krankhafte Unangepaßtheiten — bis hin zu den großen Zwangssymptomen, der Hysterie, den Phobien und anderen klinischen Fällen.

Alle Neurosen entstammen irgendeiner Einschränkung der Gefühlsmäßigen oder sexuellen Möglichkeiten, einer Beschneidung der Großmut und der Großzügigkeit, einem Verlust an Auftrieb. Jede Neurose bewirkt weitere Neurosen durch den direkten Einfluß der Erziehung oder die weitverzweigten Suggestionen der Gesellschaft. Man kann es als Regel betrachten, daß alle Neurosen die Folge einer Verletzung der Liebesfähigkeit sind; sie machen den Einzelnen in einer ganz bestimmten Weise bösartig, was manchmal hinter einer sittsamen Tartüfferie verborgen wird: Der Teufel ist das entartete Unbewußte.

Die schweren Neurosen können nur durch eine umständliche, komplizierte Behandlung geheilt werden. Kleine Unausgewogenheiten können durch die Mittel geheilt werden, über welche die Natur als Arzt auch auf psychischem Gebiet verfügt: Meist heißt der Zaubertrank »begeisterte Liebe«; aber auf jeden Fall muß der Jugendliche den Teufelsdrachen vor der Liebeseinweihung besiegen. Auf jeden Fall geben die erschreckenden Zahlen von fünfundsechzig frigiden Frauen auf hundert und von fünfzig potenzgestörten Männern auf hundert einen. Hinweis auf das Ausmaß der Verluste in diesem Kampf gegen den Teufel. Dies ist die Folge unserer westlichen Religionen, die aus dem menschlichen Bedürfnis entstanden, die Angst zu überwinden, die aber dies ursprüngliche Ziel verfehlten, die es im Gegenteil durch unmenschliche Verbote erst recht unmöglich machten, es je zu erreichen.

Damit die Menschheit gerettet werde, müßten die Erwachsenen, welche sich vor psychischen Entgleisungen bewahren konnten, zur Mehrheit werden, statt — wie bisher — knapp ein Zehntel unserer Zeitgenossen auszumachen. Erst dann könnte sich eine kollektive Neugeburt der Menschheit vollziehen, deren Grundlage eine umfassende Umwandlung und Erneuerung unserer Sitten und unserer Moral im Hinblick auf das Gefühls- und Sexualleben sein müßte. Die Botschaft der Liebe ist den Menschen oft von geisterfüllten Propheten verkündet worden; sie ist von den verblendeten Massen nie zur Kenntnis genommen worden, die nur auf ihre »Erbsünde« starren; und die Gebräuche haben sich nicht gewandelt. Vor allem anderen müßte die sexuelle Atmosphäre um unsere Kinder gesünder werden; sie müßten über diesen Lebensbereich belehrt werden, wie über andere Dinge auch; und entsprechend hätten alle sado-masochistischen Bilder zu verschwinden, durch die man sie verdirbt. Das Erwachen der Sexualität dürfte nicht mehr als Fluch empfunden werden, angesichts einer Moral, die mit Biologie und gesundem Menschenverstand nichts zu tun hat. Die Erwachsenen müßten aufhören, mit der erstaunlichen Einmütigkeit von Komplizen die erste Liebesbegeisterung der Jugend zu verfolgen. Die Sitten und Gebräuche der Gesellschaft, soweit sie die sexuellen Beziehungen betreffen — bisher, wie Stendhal feststellte, an Paulus und dem Katechismus ausgerichtet — müßten sich dem tatsächlichen Verhalten der Menschen von heute anpassen. Die Moral dürfte nicht mehr lediglich die Proklamation irrationaler, offenbarter und zwanghafter Verbote sein, sie müßte sich auf die wissenschaftlichen Erkenntnisse von den gesunden Strebungen des Menschen gründen und seinen möglichen Verhaltungsformen angepaßt sein. Mit einem Wort, eine Moral wäre notwendig, der die Mehrheit nachleben könnte — also das Gegenteil dessen, was heute in der sogenannten »wohlmeinenden Gesellschaft« üblich ist. Wenn man allerdings die Dauerhaftigkeit solcher Sitten bedenkt wie die rituellen Verstümmelungen, etwa die Beschneidung der Juden oder der Mohamdaner, kann man die Ausbreitung des Irrationalen in bestimmten Institutionen der Gesellschaft begreifen. Das gleiche gilt für die Fülle von eingewurzelten Vorurteilen, die über die Ehe, den Ehebruch, die Prostitution usw. verbreitet sind; sie alle zeigen diese Merkmale des Heiligen und Unbezweifelbaren, wie sie für psychische Krankheiten charakteristisch sind. Im übrigen erinnert die Moral, wenn sie sich darauf versteift, absolute Gesetze zu diktieren, ohne den besonderen Fällen Rechnung zu tragen, mehr an einen Massenwahn als an würdige Weisheit. Es wäre notwendig, daß die Moralisten die Liebe nicht mehr als niedrige Lüsternheit oder einfach als physiologische Funktion betrachten, sondern ihren wahren Sinn als uranfängliche psychische Funktion entdecken.

Dies scheinen nur negative »Ausschluß«-Bedingungen zu sein, aber wenn die Gesellschaft ihre Heranwachsenden Erziehern anvertrauen könnte, die als erfahrene, in feinster pädagogischer Technik geübte Menschen, das Erwachen der Sexualität begleiten könnten, in jenem Alter, da die jungen Herzen sich den Idealen eröffnen, wenn die Jugend von der Liebe den Eindruck der Würde, der Bedeutsamkeit, der Schönheit erhielte, wie es der Offenbarung dieses höchsten Lebensgeheimnisses zukommt, statt der bisher üblichen gegenteiligen Eindrücke, dann kann man sicher sein, daß die kommenden Generationen fähig sein werden, dieses wunderbarste Mittel zu nutzen, das zu Fortschritt und Vollkommenheit führt: die Liebe.

Die Liebe treibt, wie wir gesehen haben, die psychische Ent

wicklung des Menschen von der Besitz-, Verdauungs- und Überwältigungsphase zur Phase der Selbstlosigkeit, d. h. vom Egoismus zum Altruismus, von der Grausamkeit zur Güte. Die Menschheit, als Ganzes gesehen, besitzt kein anderes Mittel, um das Ideal zu erreichen, das sie mehr oder weniger dunkel begreift, von dem sie sich aber in der Regel, von der Neurose verwirrt, abkehrt. Alle Religionen verkünden, daß das Heil des Menschen aus der Barmherzigkeit komme — aber was ist denn diese allgemeine Liebe der Zukunft, auf die wir hoffen? »Dieses Ziel«, sagt Péladan, »übersteigt so sehr die Maße der menschlichen Seele, daß es als Täuschung erscheint, und zwar als die schlimmste von allen. Jedenfalls sah ich nie ein Beispiel; es muß eine übernatürliche Tugend sein.« Die einzige Liebe, zu der sich der Mensch erziehen könnte, bevor es um die universale Barmherzigkeit geht, ist die opferbereite Bindung an den Sexualpartner. Von dieser Art Altruismus kann man Beispiele sehen, und wenn seltene Einzelne zu wahrer Barmherzigkeit erwachen, so geschieht es, nachdem sie die psychische Entwicklung der einfachen Liebe erlernt hatten, der realen oder der sublimierten. Der Sexualverkehr ist nicht unbedingt unerläßlich, um diese Vervollkommnung zu erreichen, auf jeden Fall aber ist jede Liebe im Bereich der Sehnsucht, im Bereich der Begierde angesiedelt. Franz von Assisi, der einzige christliche Heilige, der seine Barmherzigkeit auf alles ausdehnt, was lebt, der sein Mitleid dem kleinsten Insekt schenkte, hatte Clara mit ganzer Liebe geliebt. Welches Paradies wäre die Erde, wenn sie von Menschen bewohnt wäre, die ihm gleichen! Die Menschen insgesamt kennen die Barmherzigkeit nicht, weil sie — mit Ausnahme einer seltenen Elite — die psychische Evolution der wollüstigen sexuellen Liebe nicht erleben. Die Liebe ist das menschliche Gefühl, das zum Altruismus führt, das die Schönheit des Opfers offenbart, indem es fähig macht, an der Freude anderer teilzuhaben. Aus diesem Grunde neigt die Liebe dazu, ihre Opfertaten zu vervielfältigen. Es ist wie in der »Wandlung« der Theologen, wo der durch die Liebe gerettete Mensch, der die Liebe kannte, mit seinesgleichen buchstäblich solidarisch wird und sich für das Heil der anderen zu opfern bereit ist. Dies tat auch — lehren die Buddhisten — der »Buddha des Mitleids«, der selbst die große Befreiung erreicht hatte.

Es darf nie vergessen werden, daß die Liebe des Menschen und der Natur, die Barmherzigkeit der Christen und das Bhakti der Inder in direkter Linie zu jenen Seelenzuständen führen, welche die Mystiker so ungewöhnlich beschrieben haben: Teilhabe an der Weltseele, höchste Glückseligkeit und höchstes Ziel. Nie haben die Menschen Höheres ahnend erschaut als diesen Weg der Liebe.

7-4-10-6-5